ちくま新書

ヨーロッパ近代史

君塚直隆
Kimizuka Naotaka

1377

ヨーロッパ近代史【目次】

はじめに「ヨーロッパ」とはなにか

フランスがフランスとして、スペインがスペインとして、イギリスがイギリスとして、それぞれが固有の習慣、伝統、同一性《アイデンティティ》を保有しているときに、ヨーロッパはまさしくより強力になるでしょう。それをなにかモンタージュ写真のような、ヨーロッパというひとつの人格にはめ込もうとするのは、愚かなことなのです。

これはいまから三〇年前の一九八八年九月二〇日、ベルギーの水の都ブルージュにあるヨーロッパ研究の「メッカ」欧州大学院大学で行われた有名な演説の一節である。演説を行ったのは、時のイギリス首相マーガレット・サッチャー（一九二五〜二〇一三）。ときあたかもヨーロッパ共同体（EC）から、経済・通貨統合と政治統合とをより強力に推進する「ヨーロッパ連合（EU）」形成へと時代が流れていたさなかのことであった。それに水を差すかのような彼女の発言には、当のイギリス国内からも批判が挙がっていた。

ところが、この演説から二八年後の二〇一六年六月二三日、イギリスは国民投票の結果、加盟していたEUからの「離脱（Brexit）」を決めてしまう。投票の鍵を握ったのは、皮肉にもサッチャーが進めた経済改革から「置き去りにされた人々」であった。

それでは、ここでいう「ヨーロッパ」とはいったい何なのか。サッチャーが念頭に置いていた「ヨーロッパ」と、この演説の三年後にオランダのマーストリヒトでEUの発足を決めた欧州理事会の主要メンバーにとっての「ヨーロッパ」、さらには二〇一六年にEUからの離脱を決めたイギリスの人々にとっての「ヨーロッパ」はいずれも違うものなのか。

そもそも現在われわれが「ヨーロッパ」と呼んでいる地域の人々が、自分たちのことを「ヨーロッパ」と意識するようになったのはいつごろのことなのか。

「ヨーロッパ」という言葉の語源は、現在の中東に広大な帝国を築いた古代アッシリア（紀元前二五〇〇〜前六一二年）の「日の沈むところ（ereb）」に由来するという。対する自分たちは「日の昇るところ（asu）」であり、こちらは「アジア」の語源になったとされる。このアッシリア語が、古代ギリシャに引き継がれ、さらにその後裔ともいうべき古代ローマ帝国では、「日の昇るところ」は「オリエント」に、「日の沈むところ」は「オクシデント」へとラテン語に変化した。

言葉だけを見れば地理的な東と西という意味だけにも考えられる。しかし、この「日の浮き沈み」は、やがて文化的にも現実のものとなっていく。

紀元前後に強大な勢力を誇った古代ローマ帝国であったが、西暦三九五年に帝国は東西に分裂し、西ローマはラテン語を共通語としながらもやがていくつもの小国に分裂した。東ローマは帝国としての形体（ビザンツ帝国）を保ちながら、ギリシャ語を共有していた。七世紀頃には東方からイスラーム帝国が登場し、その勢力が西へと進んでいくなか、同じくキリスト教を信奉していた東西ローマの宗教的対立も先鋭化した。西ローマの後裔諸国はローマ教皇を戴いた西方教会（のちのカトリック教会）に、東ローマ帝国はコンスタンティノープル総主教を戴くビザンツ教会へと、信条も慣習も儀式もどんどん乖離《かいり》していった。

一〇五四年の東西教会の分裂で亀裂は決定的となり、イスラームからの聖地奪回（十字軍遠征）で一時的に行動をともにしたが、一二〇四年にはそれも終焉を迎える。

†ルネサンスとともに始まった「近代」

帝国と教会が分裂して以降は、特に西ローマの後裔諸国は、経済・軍事・文化いずれをとってもビザンツ帝国はもとより、さらに東方の諸帝国とは比べものにならない程度の力しかもっていなかった。

のちにヨーロッパにおける「三大発明」などと呼ばれる、印刷術、火薬、羅針盤はいずれもモンゴル帝国やその影響を受けたインド、アラビアでもともと生み出されたものだ。ヒンドゥー＝アラビアで始まった計算法が伝わるのも、東方の文物を求めたイタリア諸国の商人の手を経て、一三世紀になってようやくだった。足し算や引き算、かけ算にしても、いまのヨーロッパに伝わるのは一五世紀のことである。

こうして香辛料（スパイス）や奢侈《しゃし》品に限らず、優れた文化をも手に入れようと、「日の昇るところ」へ命がけで向かったのが、「日の沈むところ」に住む商人たちであった。やがて一四五三年に東ローマ帝国がイスラームのオスマン帝国によって滅ぼされ、東方への渡航が困難をきたし始めたとき、当時最新の「科学」の力を借りて「西方に向かってもインドにたどり着ける」と信じて大西洋に向かったのが、言わずとしれたジェノヴァの商人クリストファー・コロンブス（一四五一～一五〇六）だった。一四九二年以降の彼の航海により、のちに「アメリカ（新）大陸の発見」と呼ばれる事態に人々は遭遇した。

いまやオスマンに支配されたかつてのビザンツ帝国（主に東ヨーロッパ）を除き、西欧の人々が自らを「ヨーロッパ」と自覚するようになったのはこの頃からとされている。

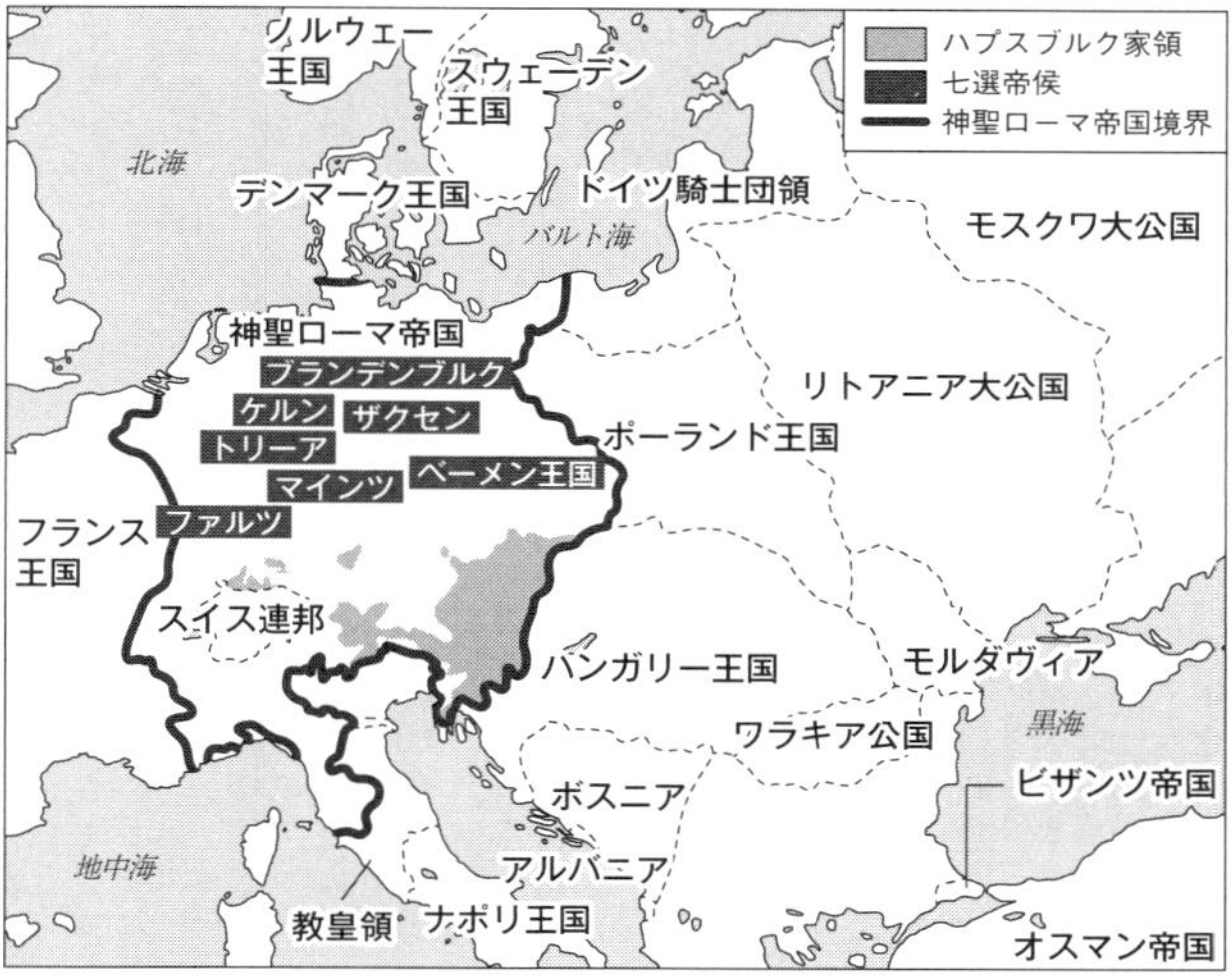

【地図】15世紀後半のヨーロッパ

さらに彼らヨーロッパの人々が、遠くは元朝や明朝の中華帝国や、インド、ペルシャ、アラビア、オスマンといった諸勢力から多くの刺激を受けながら、独自の文化を形成していく契機となったのも、ビザンツ帝国が滅んだのと時を同じくした一五世紀以降のことであった。一九世紀になってから、この時代は「ルネサンス（再生）」と名づけられた。

これ以前のヨーロッパは一般に「中世」と呼ばれ、まさに「日の沈むところ」を象徴するかのように「暗黒時代」などとも形容された。しかし別の言い方をすれば、中世の西欧世界は「神の時代」だったのである。それはローマ教皇を頂点に戴く、キリスト教(西方教会)によって統一された世界であった。政治であれ、国際金融であれ、もちろん学問や芸術であれ、あらゆるものが宗教と切り離すことなどできなかった。

それが古代ギリシャやローマの文化を吸収したアラビアの文化などが、かつてのローマ帝国の末裔の地へと「逆輸入」されたとき、キリスト教布教以前の「人間を再発見する」文化が西ヨーロッパで花開くことになったのである。第一章でも述べるが、ルネサンスはまさに「神と人」「聖と俗」が融合した時代であった。

それはまた、自分たちを「ヨーロッパ」と自覚し始めた人々が、「近代」へと向かっていく時代の始まりでもあった。

†本書の視点——宗教と科学の相剋

このように「ヨーロッパの近代」は、ルネサンスとともに始まったといっても過言ではない。とはいえ、ルネサンスと呼ばれた一四〇〇〜一六〇〇年の間のヨーロッパも、当時はまだ世界を席巻《せっけん》できるほどの経済力も軍事力も、さらには文化的な力も備えてなどいなかった。第二章に登場するハプスブルク帝国の盟主カール五世(一五〇〇〜一五五八)は、今日の西ヨーロッパに巨大な領土を有し、皇帝や国王など七一もの称号を帯びていた。

しかしその彼の「帝国」でさえ、明朝（一三六八〜一六四四年）の中華帝国やインドのムガール帝国（一五二六〜一八五八年）、サファヴィー王朝のペルシャ帝国（一五〇一〜一七三六年）、さらにはカール自身が脅かされたオスマン帝国（一二九九〜一九二二年）に比肩できるような強国ではなかった。事実、彼の「生前退位」（一五五六年）とともに、帝国は二分され、ヨーロッパは再び群雄割拠《ぐんゆうかっきょ》の時代に突入していく。

ところが第八章の主人公ともいうべき、ウラジーミル・レーニン（一八七〇〜一九二四）が『帝国主義論』（一九一七年）を発表する頃までには、ヨーロッパはまさに世界全体を支配するまでに拡張していた。彼自身が示した統計によれば、一九一四年の時点で、イギリスやロシア、ドイツ、フランスという四大国だけで地球の陸地面積の六〇パーセントを占有し、世界の人口の約半分を支配していたのである。

このカール五世からレーニンに至るまでの四〇〇年ほどの間に、ヨーロッパは地球大に拡がった。それは産業化による大量生産と、世界大に流通させる交易ルートの拡張と確保、さらにこれらを支える金融の拡充とが、軍事的な侵略とともに世界を席巻した「帝国主義」により実現したものであった。しかしそれも、のちに第一次世界大戦（一九一四〜一八年）と呼ばれる未曾有の大戦争により、ヨーロッパは自らの首を絞める結末となった。ルネサンスに始まり、第一次世界大戦によって終焉を迎えるこの「ヨーロッパ近代史」

については、これまで様々な碩学《せきがく》たちが数多くの論稿を残している。特に彼らの関心が、「なぜヨーロッパはこの時代に世界を席巻することができたのか」であった。「禁欲的なプロテスタンティズムの倫理と資本主義の精神」（マックス・ヴェーバー）、「技術革命」（リン・ホワイト）、「資本主義の勃興」（ロバート・ブレンナー）、市場経済や国民国家の形成という「ヨーロッパの奇跡」（エリック・ジョーンズ）、「民主主義の確立」（ジョン・ホール）、「自然環境の優位」（ジャレド・ダイヤモンド）、イデオロギー・経済・軍事・政治という「四つの〈力《パワー》〉の結晶化」（マイケル・マン）などなど。

彼らはみな、一七世紀以降のアジアに見られた「旧弊な」歴史や伝統を否定的にとらえ、ヨーロッパの「革新的な」慣習や諸制度が世界の歴史を変えたと主張するため、「ヨーロッパ中心史観《ユーロセントリック・ヒストリー》」として批判されることも多い。しかしそれぞれに難点はあるものの、説得力もあり、興味深い議論を展開している。

さらに、明治以降の日本が「近代化」のお手本として積極的に吸収しようとしたのが、まさに近代のヨーロッパに形成された、立憲君主制、議会制度、法体系、資本主義、陸海軍、教育制度の数々であったことは周知の事実である。のちの昭和天皇（一九〇一〜一九八九）も皇太子時代には東宮御学問所で「フランス語」を学ばされた。二〇世紀初頭までは、外交で使う国際言語はフランス語だった。イギリスが世界中に植民地を獲得し、アメリカが大国として参入すると、国際言語は英語に取って代わられていく。いずれにせよ、明治時代から現在に至るまで、日本では「ヨーロッパ近代史」に対する関心も高い。

つい最近の、しかもこの筑摩書房から刊行された書籍だけに限っても、巻末の「主要参考文献」に見られるように、示唆に富む興味深い著作が次々と出されている。

本書では、これまでに数多く蓄積された国内外の優れた研究ももちろん参考にしながら、「ヨーロッパの近代」を「宗教と科学の相剋《そうこく》」という視点から眺めていきたい。

なぜ「宗教と科学」なのか。先にも記したとおり、近代のヨーロッパを最初に形作った「ルネサンス」は、まさに「聖と俗」とが融合したところから始まった。それがヨーロッパの躍進の原動力にもなった。そしてこの時代に「聖」はもちろんキリスト教という宗教であるが、「俗」の世界で人類の生活を飛躍的に発展させたのが科学だったのだ。

†「神の時代」から「人間の時代」へ

ここでひとつ「しりとり」をしてみたい。しりとりとは言っても、それは単語の語頭と語尾に基づくものではない。ある人物たちの生没年のしりとりである。

まずはイタリア北部のフィレンツェで生まれたルネサンスの巨匠ミケランジェロ（一四七五～一五六四）。次いで、同じくイタリアのピサで生まれた天文学者ガリレオ・ガリレイ

（一五六四〜一六四二）。そして最後にイングランド東部のリンカンシャの寒村で生まれ育った物理学者のアイザック・ニュートン（一六四二〜一七二七）である。*

お気づきのとおり、この誰もが知っているであろう「ヨーロッパ人」三人は、お互いに顔を合わせたことはないが、それぞれの生没年によってつながっているのだ。

ユリウス２世（ラファエロ画）

そればかりではない。この三人の人生を見ることによって、各々の時代の「ヨーロッパ近代」の特質もかなりの程度が見えてくるのである。

芸術家として鼻っ柱が強く、第一章に登場するレオナルド・ダ・ヴィンチ（一四五二〜一五一九）ともやり合ったミケランジェロであったが、その彼でさえ頭が上がらなかった相手が当時のローマ教皇ユリウス二世（在位一五〇三〜一三年）だった。自分は彫刻家であるとの強い自負心に燃えたミケランジェロに、皮肉にも彼の最高傑作とも呼ばれる絵画を強引に描かせたのがこの教皇にほかならない。ローマ教皇庁の総本山ヴァチカン宮殿のシスティーナ礼拝堂を彩る天井画『天地創造』（一五〇八〜一二年）である。のちに同じ礼拝堂の祭壇の部分に、『最後の審判』（一五三六～四一年）も描くことになるが、ミケランジェロは敬虔なキリスト者であり、ローマ教皇の権威もいまだ絶大であった。

そのミケランジェロが八八歳という長寿を全うしてローマで亡くなった年に、そこから北へ三六〇キロほどの古都ピサで生まれたガリレオは、ミケランジェロに負けず劣らずの敬虔なキリスト教信徒であった。ユリウス二世が崩御したわずか四年後に始まった「宗教改革」（第二章で詳述）により、ガリレオの時代にはすでにヨーロッパにはカトリックとプロテスタントの両派が混在し、各地で死闘を続けていた。そのようななかでもガリレオはカトリックの熱心な信者であった。

その彼が教会を批判し、愚弄するような学説を提唱するはずもなかったのに、第三章で詳細に述べるように、彼はヴァチカンにより宗教裁判にかけられ

『最後の審判』（ミケランジェロ画）

（一六三三年）、自身の「地動説」を否定させられる。

晩年に視力を失ったガリレオが、フィレンツェ近郊の町で七七歳にしてひっそりと息を引き取ったその年に、はるか北西のイングランドで生を受けたのがニュートンであった。彼の両親は文盲であったとも言われるが、学問好きだったニュートンはケンブリッジ大学に進み、科学者の道を歩んだ。もちろんガリレオの研究も学び、世に知られた万有引力の発見（一六六五年）や光学・天文学にも巨大な足跡を残した。当時のイングランドは、すでにカトリックは少数派（人口の一パーセント程度）になっており、ヴァチカンの影響力は及ばなかったが、それでも彼の研究がイングランド国教会から非難を浴びることなどなかった。むしろ彼は時のアン女王（在位一七〇二〜一四年）から勲爵士《ナイト》に叙せられ（一七〇五年）、「サー」・アイザック・ニュートンとして栄光に包まれた余生を過ごした。八四歳で亡くなると、彼はイギリスの文化人として最高の栄誉と言われているが、ロンドンのウェストミンスター修道院に厳かに葬られたのである。

ヨーロッパは、「神の時代」であった中世から、「人間の時代」である近代へと徐々に移り変わっていった。この三人の人生はそれをよく物語ってくれている。

†両輪としての宗教と科学

とはいえ、それは人間の生活や価値観を左右する「主役」が、宗教から科学へと単線的・発展段階論的に交替したことを意味するわけではない。科学は宗教から生まれ、科学によって宗教も姿を変えていったのだ。

先に示したとおり、近代のヨーロッパが政治・経済・社会・文化・軍事・外交の各分野で活動力《ダイナミック》を示し、それが世界を席巻した根底には、この「宗教と科学」が複雑に絡み合いながら、そのダイナミズムを前進させる「両輪」のように手をたずさえていたといえるのではないだろうか。本書でヨーロッパ近代史の秘密を解く鍵として用いていきたいのが、まさにこの「宗教と科学」なのである。

しかし、著者はもともとはイギリスの政治外交史などを研究してきた一学徒にすぎない。ヨーロッパ全体の宗教史も科学史も専門に学んだことはない。ましてやそれをひとさまにわかりやすく伝えるような学識も経験も持ち合わせてはいない。

そこで本書では、この五〇〇年(一四〇一～一九一八年)におよぶヨーロッパ近代史を八つの章に区切り、それぞれの時代を代表するような人物たちに、各章で登場してもらうことにしよう。彼らが文明の息吹《いぶき》を感じたヨーロッパ、彼らを取り巻いたヨーロッパとは、いったいどのようなものだったのか。それぞれの時代に、それぞれの特色があったことであろう。また彼らが生活した地域によっても違いが見られたことであろう。

本書で採り上げていく人物たちは、活躍をしていた舞台はそれぞれ異なるが、いずれも各人が生きた時代精神を体現した存在であった。彼らを取り巻き、また彼ら自身が影響を与えていったのは、政治・経済・社会・文化・軍事・外交など、ありとあらゆる分野に及んでいた。したがって、彼らとその時代を見ることによって、ヨーロッパの近代史全体を俯瞰《ふかん》することも可能となる。

なおひとつだけあらかじめ断っておきたい。本来であれば、東欧や北欧などにも細かく目配りをしなければ、「ヨーロッパ」全体を読み解いたとは言えないかもしれない。しかし、これまで述べてきたような「ヨーロッパのダイナミズム」を直接的に生み出してきたのは、イタリア、ドイツ、フランス、イギリスといった主に西欧の国々なのである。

この見解にも異論があるかもしれないが、本書ではこれらの国々で活躍した人物を中心的に採り上げていきたい。ただし、本書で最後に登場する人物は西欧人ではない。もとは西欧の人々から「野蛮なアジア人扱い」をされ、一八世紀からヨーロッパ国際政治に参入した「新参者」の国で生まれ、二〇世紀に新しい思想にめざめ、故国はもちろん「ヨーロッパ近代」をも破壊した、ひとりのロシア人なのである。

それではヨーロッパ近代史の旅を始めていくことにしよう。まずはいまから六〇〇年前のルネサンスの「花の都」フィレンツェにみなさんをお連れしたい。

＊ニュートンが生まれたのは、現在使われている西暦（グレゴリオ暦）では「一六四三年一月四日」となる。この暦は、一五八二年に当時のローマ教皇グレゴリウス一三世（在位一五七二〜八五年）によって提唱されたもので、スペインやフランスなどカトリック諸国ではすぐに採用されたものの、イングランドなど非カトリック諸国では採用が遅れた。このためニュートンの生年月日は、当時まだイングランドで使われていた旧暦（ユリウス暦）では、「一六四二年一二月二五日」となる。イングランド（イギリス）が新暦（グレゴリオ暦）を採用するのは、ニュートンの没後四半世紀を経た一七五二年のことである。

第一章　ルネサンスの誕生

レオナルド・ダ・ヴィンチ（1452～1519）

第一章関連年表

西暦	出来事
1415	ヤン・フスが異端者として教皇庁により処刑（ドイツ南部）
1429	ジャンヌ・ダルクの活躍でシャルル7世がランスで戴冠（フランス）
1452	レオナルド・ダ・ヴィンチ生まれる（イタリア中部・フィレンツェ近郊）
1453	東ローマ（ビザンツ）帝国がオスマン軍により滅亡させられる
	ボルドー陥落：英仏百年戦争（1337年開始）でイングランドの敗北が決定へ
1455	イングランドでバラ戦争開始（～85年）
1478	フィレンツェで反メディチ家の反乱（80年までには収束、メディチが復権）
1485	イングランドにテューダー王朝（～1603年）成立
1492	グラナダ陥落：スペインの国土回復戦争が終結
	クリストファー・コロンブスが西方への第1回航海に出発（バハマ諸島に到着）
1493	神聖ローマ皇帝にマクシミリアン1世（ハプスブルク家）即位
1494	イタリア戦争（～1559年）
	トルデシリャス条約：スペインとポルトガルの勢力圏（境界線）が確定
1495	ヴォルムスの帝国議会：ドイツの永久平和令を布告
1498	ヴァスコ・ダ・ガマがインド航路発見
1499	チェーザレ・ボルジアがロマーニャ地方の征服開始（～1502年）
1501	アメリゴ・ヴェスプッチがブラジル沿岸を探検し、大陸を「新世界」と確認
1503	スペインが西インド貿易の拠点としてセビーリャ通商院設置
	スペインがフランスを破りナポリ王国を制圧
	ヴェネツィアがオスマン帝国と講和を結び、レパント地域を放棄へ
1507	『世界誌入門』がアメリゴ・ヴェスプッチの名から新大陸をアメリカと命名
1508	教皇ユリウス2世の提唱でカンブレー同盟結成：翌09年に北イタリアを制圧
1511	デジデリウス・エラスムスが『痴愚神礼讃』を刊行（ネーデルラント）
1515	フランソワ1世即位（ダ・ヴィンチがフランスに招聘へ）
1516	カルロス1世即位（スペイン）
	トマス・モアが『ユートピア』刊行（イングランド）
1517	マルティン・ルターが「95カ条の提題」発表：宗教改革の始まり
1519	神聖ローマ皇帝選挙でカルロス1世とフランソワ1世が激突 →カルロスが当選し、皇帝カール5世に即位
	レオナルド・ダ・ヴィンチ死去（フランス中部・アンボワーズ）

この章でとりあげる時代（一四〇一～一五二〇年頃）は、それまで「暗黒時代」と形容されることの多かった中世ヨーロッパが、近代へと跳躍する契機のひとつと考えられている「ルネサンス」（一四〇一～一六〇〇年頃）の前半期である。

「中世（Media aetas）」を暗黒時代と称した発端は、イタリアの詩人で人文主義者ペトラルカ（一三〇四～一三七四）にあるとされる。古代ローマ帝国が東西に分裂し（三九五年）、現在のヨーロッパの大半を占める「西ローマ帝国」が四七〇年代に崩壊したことで、様々な民族が群雄割拠する地域がヨーロッパ西部に生みだされた。やがてこれらの地域にキリスト教が普及し、イエスの弟子のひとりで殉教したペテロの墓の上に、ローマ教会が建設された。それが今日にも続くローマ教皇庁の起源である。

ペトラルカが生きた一四世紀のヨーロッパは小氷期に突入した時代であり、湿気が多く気温も急激に下がった。このため飢饉（一三一四～一七年）や伝染病が広がった。特に、一四世紀半ば（一三四七～五二年）にピークを迎えたペスト（黒死病）は、ヨーロッパの人口のおよそ三分の一もの人々の命を奪ったとされる。こうしたイメージがペトラルカをして「暗黒時代」の中世ヨーロッパという形容を生みださせたとしても不思議ではない。

しかし中世ヨーロッパは決して暗い時代ではなかった。それは「はじめに」でも述べたとおり、「神の時代」であり、ヨーロッパはキリスト教によって人々の生活が律せられた

「神の国」だったのだ。政治にも、外交にも、そして国際金融取引や学術・芸術、さらに庶民の日常生活にいたるまで、信仰は人々の心の中に深く浸透していた。

八〇〇年に新たなる「西ローマ皇帝」に即位したカール大帝（シャルルマーニュ）が、サン・ピエトロ大聖堂でローマ教皇の手により帝冠をかぶせられて以来、各国で皇帝や国王たちはキリスト教の祝福の下で神聖性と永続性を与えられた「戴冠式」を執り行った。

またヨーロッパ各地に結成された商人や職人たちのギルド（同職組合）にも、それぞれキリスト教の聖人が守護者として掲げられるようになった。

教会は王侯間の紛争を解決する調停者になった一方で、異教徒（イスラーム）から聖地イェルサレムを取り戻そうと彼らに訴え、中東への十字軍遠征まで主導した（一〇九六～一二七二年）。それはかたちを変え、一五世紀末までには「聖地への十字軍」という名目で、ヨーロッパとその周辺よりもさらに外の世界への遠征にも利用されていった。これが「大航海時代」に拍車をかけたのである。

画家や彫刻家、建築家、さらには音楽家にしても、その作品はひたすら「神のおんため」に作られ、自らは一歩も二歩も引き下がり、彼らは作品に署名することさえしなかった。しかしそれだからこそ、自らの技量を見せつけ虚栄心を満たすための制作ではなく、神の栄光を讃えるための人間としての偽らざる気持ちが作品に現れていたのかもしれない。

中世ヨーロッパにおいては、「人間はいやしい」存在にすぎず、学問や芸術の対象にはなりえなかった。これに風穴を開けたのが、古代ギリシャで興隆を遂げた「人間のすばらしさ」を強調する学問や芸術を自らの言語（アラビア語）や技術で吸収したイスラーム世界から、今度はラテン語と自らの技術でそれを逆輸入したヨーロッパの人々であった。

その中心的な担い手となったのは、イスラーム世界などとの東方貿易で巨万の富を築き、東西文化の架け橋にもなったイタリアの商人たちだった。ここに「個人の発見」の端緒となる新たなるヨーロッパの文化と、その牽引役となった「ルネサンス」とは、まさにこのイタリアを舞台に生みだされ、やがてヨーロッパ全土へと拡がっていくことになる。

†花の都のコンクール

イタリア中部のトスカーナにいまも中世の面影を残しながら静かにたたずむ街、フィレンツェ。

一九八二年に中心部の「歴史地区」がユネスコ（国際連合教育科学文化機関）の「世界遺産」に登録されたこの街は、二一世紀の今日《こんにち》でも赤い屋根と白い壁の建物で統一され、その高さも制限されている。このため、いまだにフィレンツェで最も大きな建造物は、街のシンボルともいうべき「花の聖母マリア大聖堂《サンタ・マリア・デル・フィオーレ》」である。

ヨーロッパで一五世紀の幕が開けた一四〇一年、この大聖堂の西側に位置する聖ヨハネ（サン・ジョヴァンニ）洗礼堂の北側の扉に、浮き彫り《レリーフ》を施す作者を決めるコンクールが開催された。お題に選ばれたのは「イサクの犠牲」。旧約聖書に登場するアブラハムが、神の命に従って一人息子イサクを生け贄に捧げようとして、天使に押しとどめられようとする有名な場面である。コンクール形式で制作者が決められる初期のことである。

ここにトスカーナ各地から集まった七人の応募者が現れ、最後に候補は二人に絞られた。フィレンツェの金細工師の家に生まれたロレンツォ・ギベルティ（一三七八〜一四五五）と同じくフィレンツェの公証人の息子だったフィリッポ・ブルネレスキ（一三七七〜一四

サンタ・マリア・デル・フィオーレ

四六)。ギベルティは二三歳、ブルネレスキは二四歳と、いずれも無名の新人であった。

市民たちが長時間に及んで審議した結果、勝者はギベルティとなった。彼はこののち、およそ四半世紀の歳月をかけて北側の扉を完成させ(一四二五年)、さらに依頼を受けた東側の扉も見事に仕上げている(一四五二年)。この東側扉がのちに巨匠ミケランジェロ(一四七五〜一五六四)により「天国への門」と名づけられる、優美な扉である。

美術史家の高階秀爾《たかしなしゅうじ》も指摘するとおり、この一五世紀初めに行われたコンクールには、ふたつの重要な意味が秘められていよう。

まずは当時のフィレンツェ市民が有した「実力主義」というものの考え方である。中世以来、公共の建造物、とりわけ教会や大聖堂といったキリスト教信仰の中枢となる建物に関わる建築や装飾品については、特定の有力者と縁故や恩顧関係《パトロネージ》で結ばれた職人が担当するのが普通であった。それが年齢や経験、そして何より縁故に関係なく、個人の能力だけで勝敗が決まるのである。

それは西洋史家の西村貞二も述べているとおり、ヘレニズム時代(紀元前三世紀頃)のストア学派と呼ばれる哲学者たちが考えだした「自然法」思想が、この時期にヨーロッパで復活したことにも関わっていたのかもしれない。ストア学派によれば、すべての人間は自然の法によって支配される普遍的《コスモポリス》な世界の一員である。すなわち、いっさいの身分的な差別を超越して、出自や地位にかかわりなく、個人の才能だけで世に立つことができるという考えにそれはつながり、後世に大きな影響を残した。

コンクールのもうひとつの意味は、市民全体がこぞって「審査」に加われるということだった。市民たちの批判精神が旺盛であるということの風土こそが、一五世紀の始まりとともにフィレンツェを他の追随を許さぬ芸術の中心地に押し上げる要因のひとつとなった。ただしそれは、時として今日の言葉でいう「ポピュリズム(大衆迎合主義)」にも陥りやすい。先に見たギベルティとブルネレスキの作品を見比べてみると、前世紀からのゴシック的(繊細で工芸的)な表現がまだ色濃く残るギベルティに対して、より躍動感に溢れたブルネレスキの作品のほうがずっと斬新であった。フィレンツェ市民には、このブルネレスキの「新しさ」をまだ受け入れることができなかったというのが現実だったのである。

†「商人の共和国」フィレンツェ

自信作を出品したのにコンクールに敗退したブルネレスキの失望は大きかった。しかしここで彫刻から建築へと進む道を変えたのが、彼に新たな機会をもたらした。一四一八年に大聖堂の大円蓋《クーポラ》の設計コンクールで、今度はブルネレスキが見事に勝利をつかんだ。

フィレンツェの代名詞ともいうべきサンタ・マリア・デル・フィオーレは、一三世紀末から建設が始められ、完成したのは実に六〇〇年後の一八八七年のことだった。ただし、その中核となる部分は一四〜一五世紀に主には造られている。

大聖堂の隣に立つ鐘楼《しょうろう》はルネサンスの先がけを担った画家で建築家のジョット（一二七〇頃〜一三三七）により設計された。大聖堂の頂塔に輝く金色の十字架と球は、フィレンツェ随一の工房を構えるヴェロッキオ（一四三五頃〜一四八八）が制作し、彼の工房で働いていた本章の主人公レオナルド・ダ・ヴィンチ（一四五二〜一五一九）も、地上からクレーンでこれを取り付ける作業に加わっていた。

さらに大円蓋を彩る絵画『最後の審判』を描いたのは、のちにルネサンスの芸術家列伝を著す画家のジョルジョ・ヴァザーリ（一五一一〜一五七四）であり、大聖堂内部に置かれる彫刻群はドナテルロ（一三八六頃〜一四六六）やミケランジェロらの手によった。まさにこの大聖堂そのものがルネサンスの最高傑作といっても過言ではない。

しかしなぜ、一五世紀のフィレンツェでこのような傑作が生みだされたのであろうか。先ほども記した「市民の存在」が重要であるが、それとも関わる「商人の共和国」としてのフィレンツェ自体の成り立ちもこれに大きく影響していた。

古くから交通の要衝として栄えたフィレンツェは商工業が盛んであった。一二世紀以来、共和制をとるようになり、その中枢を占めたのが富裕な市民層からなる同業者組合だった。羅紗《らしゃ》（毛織物の一種）業や絹織物業、さらに金融業などが大組合を形成し、肉屋、鍛冶屋、靴屋などが小組合を構成した。彼らが街の経済を支えただけではなく、優れた文化を生みだす原動力ともなった。本章の冒頭に見た一四〇一年の洗礼堂北側扉のコンクールにしても、羅紗業組合が主催するものだったのである。

なかでも絶大な力を誇ったのは金融業の組合であろう。「はじめに」でも論じたとおり、アジアとの東方貿易を通じて、一三世紀から北イタリアにはヨーロッパの富が集中していた。確かにヨーロッパの政治や軍事は土地に経済基盤を置く王侯貴族たちが支配していたかもしれない。しかし、一三四七年頃からヨーロッパ全土を襲ったペスト（黒死病）は、こうした封建的領主たちから農業労働人口を奪い取ってしまった。商工業者はもとより、王侯たちまで金融業者からの多額の借金によりかかるようになった。

一九世紀からは世界に冠たる「大英帝国」の都として国際金融センターになりおおせていくロンドンにしても、一四世紀の段階では北イタリアから支店を出していた一〇行ほどの銀行によって経済が牛耳られていた時期があった。

こうしたなかで、フィレンツェを代表する銀行として台頭したのが、メディチ家だった。もともとはフィレンツェ郊外の農民の出自とも言われるメディチ家は、薬種業で最初に財をなしたとされる。それゆえ家名も「医学《メディシン》」に由来するわけである。やがてジョヴァンニ（一三六〇～一四二九）が一三九七年に創設したメディチ銀行は、東方からその原理が伝えられた複式簿記や銀行為替のシステムをいち早く導入し、海上保険や両替業など手広く商売を行い、やがては「神の銀行」としてローマ教皇庁にも出資した。

このジョヴァンニの息子としてメディチ家の富と名声とを揺るぎないものにしたのが、コジモ（一三八九～一四六四）である。彼の時代には、ヨーロッパの王侯でメディチ家の融資を受

コジモ・デ・メディチ
（ポントルモ画）

けていないものなどいないとまで言われた。やがてフィレンツェの国政にとってもメディチ家は不可欠の存在となり、コジモがつねに気にしていたのが民衆からの支持であった。こののち、メディチ家はたびたび政変によって、追放の憂き目や暗殺事件などに巻き込まれていくが、必ず最後には市民たちからの支持によって復活を遂げていく。

「祖国の父」とも呼ばれたコジモは、他方で芸術の庇護者でもあった。ブルネレスキやドナテルロ、画家のフラ・アンジェリコ（一三九五頃〜一四五五）やフィリッポ・リッピ（一四〇六〜一四六九）など、数多くの芸術家たちがコジモから莫大な金額の支援を受けていった。当時は、絵の具の材料も高価であり、大理石像ひとつ造るにしても山から石を切り出すところから始めなければならなかった。ましてや教会や邸宅を造るなど、相当な資金がなければ不可能である。芸術を生みだすには、莫大な富を持つ庇護者《パトロン》が必要だった。ローマ教皇庁を頂点に頂くキリスト教会や同業者組合とともに、メディチ家のような個人の資産家も庇護者としての役割を果たしていったのだ。

†工房からうまれた「万能の人」

こうしたさまざまな「富」を背景に、後代にも残る数々の優れた芸術作品が生みだされていくが、これを実際に制作するうえで欠かせなかったものが、「工房《ボッテガ》」の存在である。

それは「親方《マエストロ》」を中心に、大勢の「助手《ガルツオーネ》」が支える作業組織であった。

たとえば、先の一四〇一年のコンクールで優勝したギベルティは、洗礼堂の北側門扉を制作するために、彫刻家や青銅の鋳造家はもちろんのこと、下絵を描く画家、仕上げを施す金工家、門扉を取り付ける建築家など、総勢三〇名の助手の力を借りていた。

サンタ・マリア・デル・フィオーレの頂塔につける十字架と球を制作したヴェロッキオの工房も、当時フィレンツェに四〇ほどあった工房のひとつであった。彼の工房にも種々多様な分野に関わる専門家たる助手たちがひしめいていたが、親方（ヴェロッキオ）自身も金細工、彫刻、版画、絵画、建築などあらゆる分野に精通する「万能の人」であった。

このフィレンツェでも随一のヴェロッキオの工房の門を一四六六年頃に叩いた人物こそが、レオナルド・ダ・ヴィンチであった（以下、レオナルドと呼ぶ）。

日本では、一〇年に及び京の都を破壊し尽くした「応仁の乱」（一四六七〜七七年）がまさに始まろうとしていたときのことである。

レオナルドは、ヴェロッキオの工房に助手として入り、ここで彼自身もありとあらゆる技術と知識を身につけ、ルネサンスに特有の「万能の人」へと成長を遂げていった。

†「ルネサンス」とはなにか——人間の発見

ここで「ルネサンス」という言葉についてあらためて考えてみたい。

もともとフランス語のRenaissanceという言葉は「再生」を意味する。かつて古代ギリシャやローマの時代に栄えた、人間を中心とした文化が、「神の時代」ともいうべき中世ヨーロッパには一度衰えてしまい、東方（特にアラビア）にこの文化が伝えられたのちに新たなかたちに整えられ、再びヨーロッパに入って人々を魅了した文化、芸術、社会などの変容を総称してこのように呼んでいる。

一四〇〇年前後のイタリアに発祥し、一六〇〇年までにはイングランドや北ヨーロッパにも伝わり、ヨーロッパ全体で広く見られた現象だった。

しかしなぜイタリア語のRinascita（リナシタ）ではなくフランス語なのであろうか。一五〜一六世紀のヨーロッパを席巻《せっけん》した「人間を再発見する」文化現象としての「再生」という意味でこの「ルネサンス」という言葉が初めて使われたのは、実は同時代のことではないのだ。これより三〇〇年ものちの一九世紀のフランスにおいてであった。

一九世紀半ばを代表するフランスの歴史家ジュール・ミシュレ（一七九八〜一八七四）は、全一九巻からなる大作『フランス史』を著したが、その第七巻（一八五五年刊行）のなかで、「ルネサンス」という言葉を初めて使用した。ミシュレは言う。「ルネサンスとは、世界の発見であり、人間の発見である。一六世紀までには、コロンブスからコペルニクスへ、コペルニクスからガリレオへ、地球の発見から天空の発見へと人類はたどりついたのである」。

そのミシュレにとっては、ローマ教皇庁が跋扈《ばっこ》するイタリアを中心とした「暗黒時代」の中世からヨーロッパ文化を引き離し、近代に誘《いざな》ったのがルネサンスだった。それゆえ、ミシュレが考えたルネサンス発祥の地は、一五世紀のイタリア諸国ではなく、一六世紀の北西部ヨーロッパ（フランス語圏）となったわけである。

先にも少し述べたが、中世ヨーロッパは「神の時代」であった。キリスト教会が世俗の王侯たちの紛争を解決し（「神の平和」「神の休戦」と呼ばれた）、法と秩序と信仰のすべてを支配した。学問の最高峰は「神学」であり、人間など学問の対象にするには卑しい存在にすぎなかった。芸術の世界でも、イエスやマリアの聖画や彫像が造られることはあったが、それは「この世には存在しないような御姿《みすがた》」でなければならなかった。

しかしそれが、東方からある意味で「逆輸入」のかたちで伝えられた、古代ギリシャやローマの学問・芸術の影響のおかげで、人間を考察や観察の対象にしても決しておかしくはない、むしろ人間の肉体も精神も実に美しいものではないかとする考え方が広まった。

ここに中世においては「公式」なものとされた「聖（宗教）」の世界と、「非公式」とされていた「俗（人間）」の世界とが融合し、学問、文学、美術、音楽などあらゆる分野において「ルネサンス」が始まったのである。

たとえば、レオナルドは「人間の姿態は内なる魂の意向を啓示すべきである」と述べ、これを実現するため、解剖学の探究にも積極的に取り組み、筋肉の動きや骨の付き方などを徹底的に観察した。それが彼の作品に独特なあの写実的な人物描写につながったのだ。

†北西部ヨーロッパの意味——ルネサンス音楽の拠点

それではなぜ、ミシュレはレオナルドなどが活躍したイタリアではなく、北西部のヨーロッパに注目したのであろうか。

すでに述べたとおり、芸術や文化を花開かせるためには、有力な庇護者《パトロン》が必要であった。美術や建築の世界でこれを主に担ったのがフィレンツェのメディチ家やローマ教皇だったが、音楽の世界では北西部ヨーロッパに巨大な所領を有したブルゴーニュ公爵がこの役割を果たしていたのである。ブルゴーニュ公の所領は、ワインの生産で有名な今日のフランス北東部の一帯だけではない。現在のベネルクス三国（ベルギー・オランダ・ルクセンブルク）やドイツ西部などもその支配下に置いていたのである。

一五世紀までに、地中海のイタリア諸国の港と並ぶような、北ヨーロッパで最大級の港町となっていたのがアントワープ（現ベルギー）だった。川や海を利用した交易により、アントワープは商業港として栄えただけではなく、街には数多くの銀行が軒を連ねていた。またそのすぐ南の郊外にはヨーロッパで最先進の毛織物生産の中心地フランデレン地方が拡がっていた。このすべてを支配するブルゴーニュ公爵は、メディチ家などと並ぶほどの莫大な富を有していたのである。

そのブルゴーニュ公の宮廷に集う作曲家たちが、それまでの宗教音楽一辺倒の音楽界を変容させ、「非公式」なものと蔑まれていた世俗の曲まで自ら作るようになっていった。

ここでヨーロッパにおける音楽史の流れにも簡単に触れておきたい。二一世紀の今日、全世界で聴かれている音楽の大半が「西洋音楽」かもしくはその影響を強く受けたものであることは読者もおわかりであろう。演奏家や歌手がヨーロッパ以外の人間であろうと、奏でる楽器や演奏の要となる楽譜の記譜法は、そのほとんどがヨーロッパで誕生したものだったという意味である。より古くから文明が栄えたはずの、アジア（中国・インダス・メソポタミア）やアフリカ（エジプト）ではなく、ヨーロッパで音楽の主流が形成された背景には、「キリスト教」という宗教の特性が隠されていた。

人が宗教に帰依《きえ》する際には、神や仏の姿や声に接することが大切になってこよう。仏教では仏像や仏画などの偶像崇拝を認めており、それがこの宗教の栄えた地域に「美術」の発展をもたらした。鎌倉時代までの日本美術を見てもそれは明らかであろう。

しかしキリスト教は基本的に偶像崇拝は禁止している。そこで信徒たちが信仰の拠り所にしたのが、「神のお姿を目で見る」のではなく、「神のお声を耳で聴く」という行為であった。中世キリスト教世界では、教会や修道院を中心に神のための聖歌が次々と作られていった。

ちなみに、同じく偶像崇拝を禁じているのがイスラームである。二〇〇一年にアフガニスタンを支配していたイスラーム主義を掲げるターリバーン政権が、古代都市バーミヤンの石仏を破壊した事件は、読者の記憶にも新しいのではないか。しかしイスラームは同時に、音楽を「人の心を乱すもの」と断じ、宗教音楽の作曲も演奏も否定している。代わりに彼らが力を注いだのが、この世に「天国・楽園」を再現しようと築いた祈りの場モスクにも代表される、建築の世界であった。

これとは反対に、音楽を信仰に利用した中世キリスト教会は、ヨーロッパ各地にラテン語で歌われる様々な聖歌を生みだしていった。それをひとつにまとめるべきであると提唱したのが、初期キリスト教会の改革に尽力したローマ教皇グレゴリウス一世（在位五九〇～六〇四年）だった。日本では聖徳太子が摂政に就任した（五九三年）頃のことである。

実際にこれらの聖歌の集大成が完成するのは九世紀頃のことではあったが、それらは象徴的に「グレゴリオ聖歌」と呼ばれることになった。

グレゴリオ聖歌の音楽的な特徴は「単旋律音楽」である。すなわち全員が同じ声部《パート》を歌う「斉唱」のかたちをとる。やがて一一世紀頃にはそれぞれの声の高低に応じた「多声音楽」が登場するようになるが、中世ヨーロッパの音楽の主流はあくまでも宗教音楽であり、世俗音楽は「非公式」のものとして蔑まれていた。

さらに一五世紀半ば（一四五〇年頃）から、「ポリフォニー（各声部の独立した進行を重視する音楽構成法）」と呼ばれる形式が現れた。近年、われわれがよく耳慣れている曲は最高声部（ソプラノ）やそれにあたる楽器（オーケストラでは第一ヴァイオリン）もしくは歌手（ロックバンドではヴォーカル）が主役となって、それ以外の声部もしくは楽器は脇役としてこれを支える「ホモフォニー」と呼ばれる形式で作られている。ポリフォニーには主役も脇役もなく、あえて表現すれば全員が主役として主旋律を奏でていく。

この洗練されたポリフォニーが誕生したのが、ブルゴーニュ公爵の宮廷だったのである。ギョーム・デュファイ（一四〇〇頃〜一四七四）から始まるブルゴーニュ楽派を嚆矢《こうし》に、やがて一五世紀末〜一六世紀にはフランドル楽派へと継承された。その最大の巨匠であり、レオナルドと同世代にあたるジョスカン・デ・プレ（一四五〇頃〜一五二一）は、中世の

「公式」な音楽であるミサ曲（キリスト教の儀式ミサで歌われる作品）を数多く作曲する一方で、一六世紀で最大の「ヒット曲」とも呼ばれたシャンソン（中世フランス語の世俗歌曲）『千々の悲しみ《ミュ・ルグレ》』まで世に送り出していた。しかもこの曲をこよなく愛したのが、第二章に登場する一六世紀前半のヨーロッパ最大の実力者で、六歳にしてブルゴーニュ公に即《つ》いた、神聖ローマ皇帝のカール五世（在位一五一九～五六年）であった。

†「個人」の発見——職人から芸術家へ

このように音楽の歴史を振り返ってみれば、確かにミシュレの言うとおりルネサンスの中心はブルゴーニュやフランドルといった北西部ヨーロッパに見られたのかもしれない。しかしこれとは少し異なる有力な見解が、ミシュレのすぐあとに登場してきた。

一九世紀後半にスイスで活躍した歴史家ヤーコプ・ブルクハルト（一八一八～一八九七）である。一八六〇年に刊行した『イタリア・ルネサンスの文化』のなかで、ブルクハルトはルネサンスが「人間の発見」とともに、「個人の発見」をもたらしたと述べている。彼によれば「ルネサンスとは人間が精神的にも個人になった瞬間」であった。

その意味からも、ブルクハルトにとって「ルネサンスの始まり」とは、ミシュレの説く一六世紀の北西部ヨーロッパではなく、一五世紀初頭のイタリアだったのである。先にも紹介した「自然法」の「再生」のおかげもあって、有力者との縁故や恩顧関係ではなく、個人の実力によって学者も画家も彫刻家も名をなしていける時代になったのだ。

さらに一六世紀に入ると、親方＝助手（徒弟）という階層も徐々に弱まり、それまでは職人（アーティザン）として扱われていた画家や彫刻家、建築家たちも、「芸術家（アーティスト）」として「個性（個人）」を表に出していけるように変わっていった。彼らはそれが自分の作品であるということで、絵画や彫刻に「署名（サイン）」を入れるようになった。それまでは、ただ信仰のため、神のために、自らはずっと後ろに引っ込んで署名など施さなかった作家たちが、自身の作品として堂々と世に問うことができるのである。

これもまた「聖」という「公式」の世界が中心であった時代から、「俗」という「非公式」の世界がこれと融合できるようになった時代への変容を意味していた。

ただし、それは近代的な「個人主義」が早くも登場したという意味ではない。あくまでも貴族や上層市民階級などの上流社会、それとも関わる学者、芸術家という知識人階級の間でのみ見られる「個性（個人）」の確立であったといえよう。

そのルネサンスで最大の個性（個人）こそが、レオナルドであったのかもしれない。

†近代外交の始まり――政治文化の中心地イタリア

レオナルド・ディ・セル・ピエーロ・ダ・ヴィンチがこの世に生を受けたのは、ルネサンスの拠点であるフィレンツェから二〇キロほど離れた郊外にあったヴィンチ（イタリア語で「しだれ柳」の意）村である。一四五二年四月のことだったとされている。父はフィレンツェ裁判管区の公証人を務めていたが、レオナルドはその私生児だったようである。彼の幼年時代についてはほとんど記録が残されていない。

レオナルドが生まれた当時のイタリア北部は、経済や文化だけではなく、政治外交の面でもヨーロッパの最先端を走っていた。

レオナルドが一歳の誕生日を迎えた直後の一四五三年五月、東ローマ（ビザンツ）帝国の首都コンスタンティノープルがオスマン軍の攻撃により陥落し、ここに帝国は滅亡した。それまではこの帝国の存在のおかげで、西ヨーロッパ諸国（かつての西ローマ帝国の末裔）は、イベリア半島をのぞき、イスラームの勢力と直接隣り合わせになることはなかった。しかしその脅威が、東ローマ帝国の消滅でいよいよ彼らの目前に迫ってきたのである。

こうしたなかでイタリアでは今日にも続く「外交」の原型が姿を現すようになっていた。一五世紀半ばのイタリアは、地図にも見られるように、統一されたひとつの国家ではなかった。ローマ教皇や国王、大公、公爵らが治める君主国から、フィレンツェやヴェネツィアのような商人を中心とする共和国に至るまで、大小二〇ほどの国々がこのイタリア半島にひしめいていたのである。これらの国々は大きさもまちまちであったが、イタリア全土を支配するような強大な権力者はおらず、お互いが「対等の関係」で結ばれていた。

「外交」という関係が人と人、国と国との間で成り立つためには、お互いが「対等性」を認め合っていなければならない。その意味でもさまざまな政体を持つ小国家が乱立するイタリア半島には、「外交」が誕生しやすい土壌が備わっていた。これらの国々は東方との貿易や西欧諸国との取り引きなどで財をなしており、もちろん境界も接していた。ここから関税の額をめぐる交渉や国境問題などが頻繁に生じた。最速の交通手段が早馬や船ぐらいしかなかった時代のことである。

【地図】ルネサンス期のイタリア

問題が起こってから交渉に乗り出すのでは遅い。

そこでお互いに自国の利益を代弁する「常駐大使」を派遣しあったほうが都合がよい、との考えが出てきても不思議ではない。レオナルドが生まれる六年前、一四四六年にミラノ公国がフィレンツェ共和国に送った外交官が、史上最初の「常駐大使《アンバサダー》」と言われている。さらにレオナルドが三歳の年、一四五五年には同じくミラノ公国からジェノヴァ共和国に派遣された大使のために「常駐大使館《エンバシー》」も設置されるようになった。

こうした慣例はやがてイタリア中の国々に模倣されただけでなく、一五世紀が終わろうとする頃までには、西ヨーロッパ全体に常駐の大使と大使館が置かれるようになっていた。いわゆる「近代外交」の始まりである。

しかしこうした慣例はアジアの諸帝国には通用しなかった。一六世紀から西ヨーロッパに脅威を与えていくオスマン帝国は、ヨーロッパからの常駐大使の派遣など拒否したばかりか、皇帝《スルタン》が西欧の君主たちに送りつけてくる「親書」も明らかに「上から目線」で書かれていた。また西欧の外交使節が皇帝に拝謁する際には、オスマンの民族衣装（カフタン）を身につけて平伏しなければならなかった。オスマンにとっての対外関係は「不対等性」に基づいていたのである。

同様の「不対等性」は特には明代《みん》（一三六八〜一六四四年）以降の中華帝国にも見られ

た。彼らにとって自ら（中華）を取り巻く周辺の国々はすべて蛮族（夷）であり、こうした「華夷《かい》秩序」に基づき、「朝貢《ちょうこう》（周辺の異民族が皇帝に対して形式的に服従する）」や「冊《さく》封《ほう》（皇帝から封禄《ほうろく》や爵位を与えられる）」、そして「互市《ごし》（周辺の蛮族に交易を許してやる）」といった対外関係のみが存在し、そこには相互依存の関係に基づく「外交」はなかった。

これら東方の帝国が西欧流の「外交」を受け入れるようになるのは、軍事力や経済力に基づく「西洋の衝撃」に遭遇する一九世紀以降のこととなる。

†大航海時代へ

いずれにせよ、レオナルドが生まれた一五世紀半ばの時点では、オスマンやペルシャ、ムガールや中華（明）といったアジアの諸帝国のほうが、軍事的にも経済的にも西欧諸国より圧倒的に強かったのである。さらに一四五三年のコンスタンティノープルの陥落は、それまで東方貿易で潤っていたイタリア商人にも大きな打撃を与えた。東地中海からアドリア海にかけての制海権はオスマン帝国に握られ、イタリアはイスラームという異教徒の勢力からの攻撃に直接さらされる危険性が高まった。

こうしたなかで、かつて十字軍遠征を先導したローマ教皇庁の威光は、もはや西欧諸国にも通用しなくなっていた。特にイタリア諸国は、自国の利益を守ることに汲々《きゅうきゅう》とし、ともに手を携えて東方遠征に乗り出すなど想像だにしていなかった。これらイタリア諸国はオスマンとの結びつきを外交上の武器として、他の国を恐喝する程度しかできなかった。

このような状況はイタリアの政治・経済・軍事的な立場をさらに悪化させた。東地中海への航路が断たれると、別の航路を探して「インド（香料）への道」を確保しようとする動きがヨーロッパの最西端から登場する。一四九二年一月にイベリア半島南端のグラナダが陥落し、イスラーム勢力は六〇〇年に近い支配を完全に終えて、半島から姿を消した。すでに「統一国家」を築いていたスペインのイサベル女王（在位一四七四～一五〇四年）は、それから三カ月後にジェノヴァ出身の商人と契約を交わし、西回り航路でインドへの道を探検させた。レオナルドよりひとつ年上のクリストファー・コロンブス（一四五一～一五〇六）である。周知のとおり、彼はインドにたどり着くことはできなかったが、後に「新大陸発見」とも呼ばれる、新たな富の源泉をスペインにもたらすことになる。

さらにその五年後には、レオナルドより八つほど年下のポルトガル人探検家ヴァスコ・ダ・ガマ（一四六〇頃～一五二四）が、アフリカ大陸最南端の喜望峰からインド洋を経て、東方へと向かう新たな航路を発見した。ただし、地理学者の飯塚浩二の表現を借りれば、このガマによる「インド航路の発見」など、それ以前にイスラームの商人たちが長年活動していた航路に「ポルトガル人が回教徒［イスラーム教徒］の水先案内の助けを借りて入り込んできただけ」のことではあった。

しかしそれは長い目で見れば、いまや西方（アメリカ大陸）にまで交易範囲が広がっていた西ヨーロッパにおける国際貿易の担い手が、イタリアからスペイン、ポルトガルへと交替する「大航海時代」への第一歩でもあったのである。

†軍事革命の時代

オスマン帝国の登場にともなうイタリア諸国の動揺は、すぐさま周辺の大国によるイタリアへの介入につながった。特に、ウィーンに拠点を置くハプスブルク家（当時は歴代の神聖ローマ皇帝を輩出する西欧随一の名家になっていた。詳しくは第二章で述べる）とヴァロア家のフランスとが、イタリアを舞台に軍事衝突を繰り返すようになった。それは子や孫の代にまで引き継がれ、半世紀にも及ぶ「イタリア戦争」（一四九四～一五四四年）へと発展していった。

一四七二年に弱冠二〇歳にしてフィレンツェで「親方《マエストロ》」の資格を得たレオナルドは、「豪華王《イル・マニフィコ》」と呼ばれたメディチ家のロレンツォ（一四四九～一四九二）による芸術家を政治外交的に利用する政策の一環として、一〇年後（一四八二年）にはミラノ公国に派遣されることになった。多くの芸術家を庇護下に置いた父コジモとは異なり、ロレンツォはフィレンツェ芸術の見事な成果に憧れる他国の君主たちへの有効な外交手段として、芸術家たちを各地に派遣していた。すでに画家として定評を得ていたレオナルドではあったが、これを機に、彼はミラノ公爵に「軍事技術者」としての自らの技量を売り込んでいった。

しかしなぜ「軍事」技術者の技量だったのか。一五世紀後半のこの時代には、東方から技術が伝わった大砲を使用する戦術が、小ぶりの砲を大量に用いた集中砲火で攻城に臨むものへと大きく変化していた。イタリア戦争の勃発とともに、フランス国王シャルル八世（在位一四八三〜九八年）がこの戦法で各地を襲い、難攻不落とまで言われた要塞や都市を次々と陥落させたのがきっかけだった。いわゆるヨーロッパにおける「軍事革命」の始まりである。

ヴェロッキオの工房で、芸術の技法だけではなく、土木技術や最新の科学まで学んでいたレオナルドにとって、「軍事革命」下のヨーロッパは自らの腕を誇示する絶好の機会を与えてくれていたのだ。レオナルドと同じく、フィレンツェで活躍した人文学者にして建築や絵画、彫刻に通暁《つうぎよう》した、「万能の人」の大先輩であるレオン・バティスタ・アルベルティ（一四〇四〜一四七二）は、一四四〇年代という早い時点で、激しい砲撃に耐えうる防御要塞の形体は「星形の輪郭」を備えたほうが効果があるはずであると唱えていた。

スフォルツァ家の当主ミラノ公爵ルドヴィーコ・イル・モーロ（一四五二〜一五〇八）

イタリア戦争の合戦風景。砲兵部隊が登場している

に自らを売り込んだレオナルドは、包囲戦での城攻めの兵器、要塞の爆破、移動の簡単な大砲、天蓋付きの戦車など、九つもの発明品を列挙し、ついにミラノ公お抱えの技術者に就くこととなった。ミラノ公国では、最初の傑作『岩窟の聖母』（一四八三〜八六年）も制作していたレオナルドであるが、この時代の彼は飛行機やヘリコプター、潜水艦として二〇世紀に登場する数々の乗り物の原型とも言うべき、設計図や計画図を描いている。

　レオナルドがミラノ公からサンタ・マリア・デッレ・グラツィエ修道院の食堂に飾る絵画として『最後の晩餐』（一四九五〜九八年）の制作依頼を受けた一四九四年に、フランスがイタリアに侵攻し「イタリア戦争」が勃発すると、軍事技術者としてのレオナルドの存在価値はますます上がっていった。しかし、彼に『最後の晩餐』を依頼したミラノ公がフランス国王ル

『最後の晩餐』（レオナルド・ダ・ヴィンチ画）

イ一二世（在位一四九八〜一五一五年）から侵攻を受けて失脚に追い込まれると（一五〇〇年）、レオナルドもミラノを離れることになった。

レオナルドは、ミラノ公に彼の父フランチェスコ・スフォルツァ（一四〇一〜一四六六）の巨大な騎馬像を制作すると約束していたが、ついに果たすことはできなかった。

†フィレンツェの失速

「科学は将校であり、実践は兵士である」「科学を知らずに実践にとらわれてしまう者は、ちょうど舵も羅針盤もなしに船に乗り込む水先案内のようなもので、どこへ行くやら絶対に確実ではない」。

このような言葉を残したレオナルドは、一六世紀の幕が開いたのちにも、画家としてではなく、軍事技術者としての経歴を前面に、ヨーロッパ各地で八面六臂《はちめんろっぴ》の活動を続けた。飛ぶ鳥を落とす勢いとなっていたオスマン皇帝にも自らを売り込み、ボスフォラス海峡に長さ三五〇メートルの橋を架けると豪語したレオナルドであったが、さすがの皇帝《スルタン》でさえこの「荒唐無稽」な発想には度肝を抜かれ、契約を結ぶまでには至らなかった。

そのレオナルドを軍事技術者として雇い入れたのが、この時代に波瀾万丈の生涯を送ったチェーザレ・ボルジア（一四七五〜一五〇七）だった。ローマ教皇アレクサンデル六世（在位一四九二〜一五〇三年）を父に持つチェーザレは、フランスとハプスブルクの闘争で混乱するイタリア各地を駆けめぐり、幾多の戦闘に加わった。一五〇二年の夏にチェーザレはレオナルドを「建築家兼技術総監督」に任命し、要塞の研究などに携わらせている。この間にレオナルドは、チェーザレの所領であるロマーニャやトスカーナなど各地を視察し、最新の技術を駆使した市街図や地形図なども書き残している。

そのようなときレオナルドに絵画制作の依頼が舞い込んだ。フィレンツェ共和国が政庁（ヴェッキオ宮殿）の大会議室「五〇〇人大広間」に、同国が一四四〇年にミラノを破り歴史的な勝利に終わった「アンギアーリの戦い」の図を描いて欲しいと要請してきたのだ。このときにレオナルドと契約を結んだのが、共和国第二書記局の局長だったニコロ・マキャヴェッリ（一四六九〜一五二七）。『君主論』で有名なあの政治思想家のことである。

レオナルドが描く壁面と反対側の壁には、当時のフィレンツェを代表する芸術家ミケランジェロ・ブオナローティが「カッシーナの戦い（一三六四年にフィレンツェがピサに勝利した戦い）」の図を描くことになっていた。それはルネサンスの二大巨頭が「共演」を果たす最大のプロジェクトになるはずであった。

レオナルドは、テンペラ（卵で絵の具を溶く）やフレスコ（生乾きの漆喰の上に石灰水などで溶いた顔料で描く）といった、当時の壁画を描く一般的な技法ではなく、油絵での制作を思い立った。ところが油絵は壁画には向かず、顔料が流れ出してしまい、最終的にレオナルドは制作それ自体を諦めてしまった。他方のミケランジェロも、ローマ教皇ユリウス二世（在位一五〇三〜一三年）にローマへと呼び出されて、画稿だけ描いて制作には取りかかれなかった。「夢の共演」それ自体が幻に終わってしまったのである。

それはまたフィレンツェを舞台に繰り広げられたイタリア・ルネサンスの黄金時代まで終焉を迎えてしまう予兆だったのかもしれない。

高階秀爾も鋭く指摘するとおり、芸術に対する市民たちの批判精神が旺盛で、それをも反映したコンクールがたびたび開催されたフィレンツェではあったが、そのことは優れた若き天才たちを育てることには都合がよくても、彼らに充分な活動の場を与えるには不適当だったのだ。レオナルドもミケランジェロもラファエロ（一四八三〜一五二〇）も、このようなフィレンツェの空気のなかで育てられたものの、彼らの最高傑作群はいずれもフィレンツェ以外の土地で生みだされていったのである。

†ルネサンスの拡散

一五世紀初頭にフィレンツェで始まったルネサンスは、神聖ローマ帝国（第二章参照）を構成するドイツ諸国や、イスラーム勢力を追放したスペイン、そしてヨーロッパ北西部の国々へと広がっていった。先にも記したとおり、音楽の分野ではネーデルラント（現在のベネルクス諸国）のブルゴーニュ公爵の宮廷がルネサンスの最先端を進んでいたが、美術や建築などの分野ではイタリアがいまだ中心的な存在であった。

こうしたなかでヨーロッパ南部に後れをとるまいと、ルネサンス文化を吸収することに躍起となったのが、フランス国王フランソワ一世（在位一五一五～四七年）だった。彼は政治・外交・軍事においては、最大のライバルである神聖ローマ皇帝カール五世と事あるごとに衝突した。そのカールに芸術や文化の面で優位を見せつけてやりたかったのだ。

のちに「芸術の都」とも呼ばれるパリではあるが、一六世紀初頭の段階では、イタリア諸都市に比べれば「田舎」にすぎなかった。

二一世紀の現在でこそ、フランス料理といえば世界を代表する美食の最高峰であるが、これまた当時のイタリアの王侯にとってみれば「田舎料理」だった。今日のような味つけや盛りつけはもとより、ナイフとフォークを使い分けて食べる作法《マナー》にしても、フランスに本格的に入ってくるのはフランソワの息子アンリ二世（在位一五四七～五九年）の時代になってからのことである。しかもこれを持ち込んでくれたのが、ルネサンス発祥の中心地フィレンツェで最大の実力者だったメディチ家から輿入れしたカトリーヌ（一五三三年に当時王子だったアンリと結婚）であった。

この文化的な「遅れ」を取り戻そうと、フランソワ一世は八方に手を尽くした。ブルゴーニュ公爵でもあったカールに音楽で太刀打ちできるはずもあるまい。そこでフランソワが目を付けたのは建築であり、当代最高の城を建造できるのは「万能の人」レオナルドを置いて他にいなかった。国王に即位した翌年（一五一六年）の秋、フランソワはフランス中部のロワール川沿いに建つアンボワーズ城にレオナルドを招聘した。

ここでレオナルドはフランス国王から「主席画家兼技士ならびに建築家」という称号を与えられ、最新の都市計画の構想を練る一方で、最晩年の傑作のひとつシャンボール城の設計にも取り組んだ。

レオナルドにとってそれは豊饒にして充実した最晩年であった。一五一九年五月にレオナルドはアンボワーズ城のすぐ近くに国王から与えられたクルーの館で、六七年の生涯に静かに幕を閉じた。その遺体は城の礼拝堂に厳かに埋葬された。フランスに遺されたルネサンスの宝はレオナルド自身の遺体だけではない。晩年の最高傑作である『聖アンナと聖母子』(一五〇八年頃)、さらにはあの『モナ・リザ』(一五〇三頃〜一九年)までもが、フランソワ一世に買い上げられ、二一世紀の今日でもルーヴル美術館の至宝となっている。

このようにイタリアで産声を上げたルネサンスは、レオナルドが生涯を終える頃までにはヨーロッパ北西部にまで到達し、彼自身の名声をも不動のものとしたのである。

そのレオナルドがクルーの館で死の床にあったとき、はるか東方のドイツ中央部では、神学者にして修道僧であったひとりの人物が示した提題をめぐって、宗教界が侃々諤々《かんかんがくがく》の論争のさなかにあった。そしてこの論争は、単に宗教界内部の対立にとどまらず、当時のヨーロッパ世界全体を大きく震撼《しんかん》させる大戦争へと発展していくことになるのであった。

第二章 宗教改革の衝撃

マルティン・ルター（1483〜1546）

第二章関連年表

西暦	出来事
1483	マルティン・ルター生まれる（ドイツ中部・アイスレーベン）
1507	教皇ユリウス２世がサン・ピエトロ大聖堂改築のため贖宥状の発行を宣言
1517	マルティン・ルターが「95カ条の提題」を発表：宗教改革の始まり
1519	神聖ローマ皇帝にカール５世が即位
1520	フェルディナンド・マゼランが太平洋に到達
1521	ヴォルムス帝国議会でルターの公民権剝奪（ルターは聖書のドイツ語訳に着手） スペイン軍によりアステカ帝国滅亡（メキシコ）
1522	ドイツ騎士戦争（～23年）
1523	フルドリッヒ・ツヴィングリが「67カ条の提題」発表（スイス・チューリヒ）
1524	ドイツ農民戦争（～25年）
1526	ハンガリー王ラヨシュ２世がオスマン軍に敗れ戦死（モハーチの戦い）
1527	ローマ掠奪：カール５世軍がローマに進軍し、教皇クレメンス７世を幽閉
1529	シュパイアー帝国議会：「プロテスタント」の名称が始まる オスマン軍によるウィーン包囲（9～10月）
1531	プロテスタント諸侯がシュマルカルデン同盟を結成
1533	スペイン軍によりインカ帝国滅亡（ペルー）
1534	イングランド国教会成立
1535	フランソワ１世がオスマン皇帝と同盟結成
1536	ジャン・カルヴァンの宗教改革運動始まる（スイス・ジュネーヴ）
1542	カール５世とフランソワ１世がネーデルラントをめぐり最後の戦争（～44年）
1545	トリエント公会議召集（～63年）：対抗宗教改革
1546	マルティン・ルター死去（ドイツ中部・アイスレーベン） シュマルカルデン戦争（～47年）
1547	フランソワ１世死去：アンリ２世即位（フランス） ミュールベルクの戦いでカール５世がシュマルカルデン同盟に圧勝
1555	アウクスブルク宗教平和令：ルター派の信仰が帝国議会で認められる
1556	カール５世が引退：帝国東側（オーストリア）は弟フェルディナント１世が、西側（スペイン）は長男フェリーペ２世がそれぞれ継承
1558	エリザベス１世即位（イングランド）
1559	カトー・カンブレジ条約：イタリア戦争の終結

この章でとりあげる時代（一五〇一～六〇年頃）は、ヨーロッパ中央部に位置する聖俗諸侯の共同体「神聖ローマ帝国」の皇帝として君臨するようになった、ハプスブルク家の最盛期にあたる。

西ローマ帝国の後裔として登場した神聖ローマ帝国は、今日《こんにち》の国名でいえば、ベネルクス三国（ベルギー、オランダ、ルクセンブルク）、フランス東部、ドイツ、スイス、オーストリア、ポーランド、イタリア北部にまたがる広大な領域にあたる。ここに皇帝、国王、大公、公爵、伯爵、大司教、修道院長など様々な領主たちが治める、大小三五〇ほどの領邦と都市とがひしめいていた。その筆頭格がハプスブルク家の皇帝であった。

もともとはスイス北東部の小領主にすぎなかったハプスブルク家が台頭するきっかけとなったのが政略結婚であった。「戦争は他の者に任せておけ。幸いなるハプスブルクよ、汝《なんじ》、結婚せよ」を家訓とした同家は、ベーメン（ボヘミア：現在のチェコ）やハンガリー、ブルゴーニュ、さらにはスペイン王家との縁組により、当時最大の封建領主となった。

その最盛期を象徴したのが、本章に出てくるカール五世（一五〇〇～一五五八）である。彼は生涯で皇帝や国王、大公や公爵など、実に七一もの称号を帯びた。その領土は、母方の祖母にあたるスペイン女王イサベル一世（在位一四七四～一五〇四年）の命を受けたコロンブスの「大航海」によって得られた「新大陸（アメリカ大陸）」にまで及んだのだ。カールの時代には、アステカ帝国（現在のメキシコ）もインカ帝国（現在のペルー）も滅ぼされ、スペインの軍門に降《くだ》った。

とはいえ、カール五世はヨーロッパ全土を支配する絶対的な権力者ではなかった。彼が統治する七〇もの国々はそれぞれに法や制度、伝統や慣習も異なっており、それらを重んじなければ家臣たちからの忠誠など得られなかったのである。

そのカールが皇帝として即位するにあたって直面したのが、本章で中心的に論じることになるルターの宗教改革であった。ローマ教皇庁の熱心な信奉者であったカールは、このルター派の動きを食い止めようとしたが、西欧で競合関係にあったヴァロワ家のフランスや、南東部から強大な勢力を率いて迫ってきたオスマン帝国との衝突もあり、挫折する。

また、それまで神聖ローマ皇帝や王侯たちと各地域における高位聖職者の「叙任権」をめぐり対立することの多かったローマ教皇庁も、ルター派の登場によりその普遍的な権威がさらに大きく揺らいでいった。

一五三〇年代に国王の離婚問題を理由に独自の国教会を形成したイングランドはもとより、教皇庁に忠誠を誓い続けたスコットランド王国やバイエルン公国の君主などは、その忠誠の見返りとして自国内の教会領（高位聖職者が保有する）への課税や、教会そのものを自身の支配下に置く権限まで手に入れていった。

ルターの宗教改革は、キリスト教が王侯から庶民に至るまであらゆる階層の人々の生活を律するという、中世ヨーロッパに拡がっていた「神の王国」という観念に加え、「この世（人間）の王国」も立派に存在するのだということを強調した。

それは教皇を頂点にいただく聖職者を俗人（平信徒）より格上に置いていたそれまでの思潮をも根本から覆した。ここにヨーロッパの君主たちは自国領内において「教会を支配すること」を実現し、これこそが近代君主の典型的な姿へと様変わりしていく。ルネサンスによって現出した「聖と俗の融合」は、政治の世界にも反映されるようになり、それが近代国家の登場へとヨーロッパを近づけていく契機となった。

†神学討論から始まった業火

フランス国王フランソワ一世（在位一五一五〜四七年）の招きに応じ、ロワール川沿いに建つアンボワーズ城近くのクルーの館で、レオナルド・ダ・ヴィンチ（一四五二〜一五一九）が賓客に「フィレンツェのある貴婦人の肖像画（おそらくかの『モナ・リザ』）」を誇らしげに見せていた頃、はるか東方のドイツ東部のエルベ川沿いに佇《たたず》むヴィッテンベルク城では、これから大変な事件が起ころうとしていた。

ヴィッテンベルクは、ベルリンとライプツィヒという巨大都市を結ぶ中間に位置するが、一六世紀初頭はまだ人口が二〇〇〇人程度の小さな街であった。この街が、その後のヨーロッパ世界全体を業火に包む中心地となっていく。一五一七年一〇月三一日のことだった。

この日、ヴィッテンベルク大学で聖書学を教える神学部の一人の教授がラテン語で書いた「贖宥《しょくゆう》の効力を明らかにするための討論提題」が、ヴィッテンベルク城の教会の扉に提示された。のちの世に「九五カ条の提題」と呼ばれることになる、宗教改革の出発点とも言うべき討論提題であった。

中世ヨーロッパでは、神学を頂点に頂く学問は修道院や大聖堂附属学校など、もっぱらキリスト教会の監督下で深められてきた。それが一一世紀頃から、「学問の自由・自立」

を掲げて、各地に法学を中心とする「大学」が立ち上げられていく。北イタリアのボローニャ、フランスのパリ、そしてイングランドのオクスフォードやケンブリッジなどが有名である。ドイツ語圏でも、プラハ大学(一三四八年)を皮切りに、ウィーンやエルフルト、さらにはハイデルベルクにも次々と大学が創られていった。

ヴィッテンベルク大学は、この地を支配するザクセン大公の肝いりで一五〇二年に創設された。神学部では、通常の講義に加え、神学の古典を読む講読と並び、今日の大学での演習に相当するような「神学討論」も行われていた。それは学内にとどまらず、公開討論のかたちを取ることもあった。一五一七年一〇月に提示されたのは、そのような神学討論のための提題だったのである。当時の大学ではごく普通に見られる慣習だった。

この提題を書いたのが、一五一二年から教授を務めるアウグスティヌス修道会の修道僧で、名をマルティン・ルター(一四八三～一五四六)といった。

ルターがここで主題にあげた「贖宥」とは、中世以来ゲルマン世界に見られるキリスト教の考え方である。人間が罪を犯すことは神に損害を与えることを意味し、人間はこれを心から悔い、神の代理人である司祭に告白する。それに応じて司祭は、罪の贖《あがな》いのためにそれにふさわしい罰を与え、具体的な行為によって罪を贖うよう求めた。

このときルターが示した討論提題はわずか二週間でヨーロッパ全土に伝わり、とりわけ神聖ローマ帝国（現在のドイツの諸地域が主にその中心的な構成員）で彼の意見への賛否両論が次々とわき起こり、こののち帝国全土を巻き込む大論争を引き起こしていった。

実は近年までの研究では、「九五カ条の提題」そのものの存在を否定したり、この討論提題が張り出されたのはヴィッテンベルク城だけではなかったであるとか、様々な見解が出されてもいる。しかし、ルターが当時のキリスト教会、さらにはキリスト教という宗教そのもののあり方に一石を投じたことは疑いようがない。

なぜルターはこのとき「贖宥」について提題を示したのか。さらになぜ帝国全土、ひいてはヨーロッパ全体が、彼の提題によって業火に包まれていくこととなったのか。

まずはルター自身のこれまでの足跡を振り返りながら、中世キリスト教会の限界などについても検討してみたい。

†鉱夫の息子から大学教授へ

ルターが生まれたのは、ヴィッテンベルクから西へ少しいったザクセン中央部の小さな街アイスレーベンだった。父のハンス・ルター（一四五九〜一五三〇）は、ドイツ中部の農民の家に生まれた。若くして家を出たハンスは、一五世紀後半の当時、銀や銅など鉱業生産で栄えていたザクセンに向かい、ここで銅鉱夫になっている。血の滲《にじ》むような苦労の末、ハンスは銅の精錬炉を三つも経営する実業家にのぼりつめていく。

当時のドイツは鉱業が盛んであった。ルネサンスの中心地であったイタリア諸都市から東方の香辛料、染料、絹製品などがドイツにも次々と流入した。その代価として銀や銅が使われていたのだ。ここに目を付けたのが、ドイツ最大の豪商となるフッガー一族である。南部の古都アウクスブルクの織物工から身を興し、ヤーコプ・フッガー（一四五九～一五二五）の代には、ハプスブルク家の当主にして神聖ローマ皇帝マクシミリアン一世（在位一四九三～一五一九年）に近づき、「イタリア戦争」（一四九四～一五五九年）での戦費調達に協力する見返りとして、同家が所有するチロルやハンガリーの銀山・銅山の採掘・精練・販売の特権を獲得し、帝国の鉱業を独占していった。

ルターの父ハンスが銅鉱業で身を立てたのは、フィレンツェのメディチ家以上の大富豪とまで言われた、フッガー家が帝国の経済を支配する時代のことであった。

ルターの一家は、マルティンが生まれた半年後には、ザクセン西部のマンスフェルトに移住する。息子には自分のような苦労を味わわせたくなかったハンスは、ルターが五歳にもならないうちから教会の附属学校に通わせ、ラテン語をしっかり習得させることにした。

当時のヨーロッパの共通言語はラテン語である。ラテン語さえ習得しておけば、どんな職に就くにしろ、食べることに苦労はしない。父の期待に見事に応えたマルティンは成績も良く、大聖堂附属学校、さらには母マルガレーテの親戚が住む南部のアイゼナハにあった聖ゲオルク学校へと進学した。

そしてついにルターは父の勧めに従い、一六世紀の幕が開けた一五〇一年の春には名門エルフルト大学に入学する。ここで四年後に一七人中二番目の成績で教養学修士の学位を取得したルターの前途は洋々であった。立派に成長した息子の姿にハンスは目を細めた。ところがそれからわずか半年でハンスの夢は打ち砕かれる。一五〇五年七月のある日のこと。故郷マンスフェルトからエルフルトへと戻る途中、急な落雷にあったルターは、死の恐怖のなかで聖アンナ（聖母マリアの母でドイツでは鉱山で働く者の守護聖人）に命乞いをし、修道士になる道を選んだと言われている。

父は大いに落胆するとともに、これまでの苦労が水の泡になったと激怒し、生涯息子の「愚行」を許すことはなかったとされる。

ルターはアウグスティヌス修道会に入り、「祈りかつ働け」を基本に、清貧と貞潔を貫く修道士となった。神学研究にも関心を示した彼は、やがて修道会からの命を受け、ヴィッテンベルク大学に籍を置き、ここで神学博士の学位を取得するとともに、神学部の教授にも就任する。先にも記したとおり、ヴィッテンベルク大学はザクセン大公の認可で創られ、大公が所有する建物が大学に充てられ、城の教会が大学の教会でもあった。

ルターが教授に就いた頃のヴィッテンベルク大学は、創設されてまだ一〇年しか経っておらず、彼がかつて学んだエルフルト大学に比べてもまだその足元にも及ばなかったが、やがて彼が「宗教改革」の旗頭と目されるようになると、街の人口（二〇〇〇人）と同じくらいの学生が押し寄せ、一躍ドイツの名門大学の仲間入りを果たすことになる。

教授に就任したばかりのルターが担当したのは「聖書学」。彼が最初に講義で取り上げることにしたのは「詩篇《しへん》」だった。旧約聖書に収められた神を讃える言葉を詩のかたちにした文書である。このとき聖書について真剣に考えたことが、後の彼の人生を決定づけた。さらにルターは知的エリートである学生だけではなく、大学を出て街へと繰り出し、民衆たちに直接神の教えについて説くようなこともあった。大学での講義は通常はラテン語で行われたが、ルターが教授が街で語るときに使われたのは民衆でもわかるドイツ語だった。

†中世キリスト教世界と贖宥状

中世ヨーロッパはキリスト教世界であった。もともとはナザレ（現在のイスラエル北部の都市ナゼラト）のイエスを神の子と信じるユダヤ教徒のあいだで誕生したキリスト教は、西暦三世紀まではローマ帝国の各地で弾圧を受けていた。それが三一三年から帝国で公式に容認され、西ローマ帝国が滅亡したのち、かつてのキリストの一二使徒のひとりペテロを開祖とするローマ教会が西欧キリスト教世界の中核に据えられた。

ローマ司教は「ローマ教皇」と呼ばれるようになり、西ローマ帝国の後裔ともいうべきフランク王国、次いで神聖ローマ帝国においても、教皇はキリスト教共同体の最高権威者とされた。教皇庁を司令塔に、やがてキリスト教はノルウェーやスウェーデンなどの北欧、アイルランドやブリテン島にまで布教が進み、信者になる際の洗礼や婚姻、亡くなるときに受ける終油などの「秘蹟《サクラメント》」を通じて、信者たちの「ゆりかごから墓場まで」の儀礼をすべて司るようになっていった。

それは歳月が経つにつれて、「教会の外に救いなし」という観念を生みだし、同じキリスト教徒として「兄弟」の関係にある王侯同士の対立を収められるのは、キリスト教世界における父である「教皇《パパ》」しかいないとの考えにもつながった。この教皇にのみ許されている切り札が「破門」だった。教皇から破門を宣告されれば、その日からその者はキリスト教徒ではなくなる。「異教徒」ともなれば、教会はもとより、帝国やいかなる領主たちからの保護もいっさい受けられなくなった。

このため神聖ローマ皇帝でさえ、破門を恐れるような事態も見られた。一〇七七年に、皇帝ハインリヒ四世（在位一〇五六～一一〇五年）が教皇グレゴリウス七世（在位一〇七三～八五年）と高位聖職者の叙任問題をめぐって対立し、破門を宣告された。このためハインリヒは、教皇がイタリア北部に有したカノッサの居城の門の前で、裸足のまま断食し、許しを請うた。いわゆる「カノッサの屈辱」である。

中世ヨーロッパの王侯たちが恐れたのは破門だけではなかった。たびたび繰り返すが、中世の西欧世界はラテン語が支配する世界でもあった。王侯たちの所領で作られる法はすべてラテン語で書かれ、王侯らの諮問を受けながら政策を決定する者（今日でいう大臣）も、ラテン語を自由に操れる聖職者に独占されていた。やがて大学を卒業する俗人（聖職者ではない者）が法学を修めて、宮廷官職を得ていくことになるが、それも少数であった。ルターの父ハンスは将来、息子を宮廷の顧問官や大臣にしたかったと言われる。

教会で行われる様々な儀式や行事もすべてラテン語で執り行われていた。信者が毎週日曜日に参加するミサにしても、そこで歌われるグレゴリオ聖歌も祈禱文も、さらには司祭らによる説教もすべてラテン語が使われた。

中世の前半（一二世紀頃）までは、王侯といえどもラテン語の読み書きが自由にできる者は限られていた。このため法律ひとつを作るにしろ、聖職者出身の顧問官や大臣たちの助けは不可欠であった。さらに言語の異なる地域の王侯から、今日でいう「外交文書」が届いた場合にも、それはラテン語で書かれ、同じくラテン語で返信を送らねばならない。その翻訳や原案を作成するのもすべて彼ら聖職者に委ねられた。

ヨーロッパ各地に散らばる教会や修道院は、当時の王侯たちが有する国家の機密事項をすべて掌握していたのである。それはもちろんローマ教皇庁の耳にも届いたことだろう。いつしか中世キリスト教世界には、教皇を頂点に、枢機卿《すうききよう》（教皇に次ぐ聖職者で教皇選挙での選挙権・被選挙権を有する）、大司教、司教、司祭、そして平信徒（俗人）という序列ができあがり、高位の聖職者には俗人たちの犯した罪への罰を贖ってやる力が備わっているという考え方まで浸透するようになっていった。それが「贖宥状」につながるのだ。

中世ヨーロッパには各地で戦闘が見られた一方、一四世紀には気候の寒冷化も影響し、不作や飢饉も多発した。加えて、この世紀の半ば（一三四七年頃から）にはペストが流行し、ひどいところ（たとえばイングランド）では人口の三分の一が死亡したとも言われる。ヨーロッパ全体を見ても元の人口規模に戻るのは、一六世紀半ばまで待たなければならなかったとさえ言われる。すなわち「死」は人々と隣り合わせであった。

そのようなときに人々が考えるのは、「死後に自分は救われるのか」であったとしても不思議ではない。この世で罪（この場合には殺人や窃盗というより倫理的な罪）を犯していれば、あの世では煉獄《れんごく》（天国と地獄の中間にあり、ここで罪を清められた後に天国にいける）で長い間苦しまなければならない。こうしたときに罪の贖いをすべて免じられると教会が売り出したのが「贖宥状」だった。

†キリスト教会の腐敗

一五一七年一〇月にルターが討論提題を出したときも、この贖宥状が帝国各地で売りに出されていたのである。ルターが落雷にあって修道士になることを決意した一五〇五年、ときのローマ教皇ユリウス二世（在位一五〇三〜一三年）の命により、ヴァチカンのサン・ピエトロ大聖堂の改築が始められた。ルネサンスを代表するイタリアの建築家ドナト・ブラマンテ（一四四四頃〜一五一四）を建築主任に、新たに壮大な大聖堂が造られ、ヴァチカン宮殿も拡張されることになった。ここに資金集めのために贖宥状が売りに出された。

売りに出したのはマグデブルクの大司教アルブレヒト（一四九〇〜一五四五）。彼は、より格式の高いマインツの大司教位を獲得し（一五一四年）、その見返りとして教皇庁に莫大な額の献金を行うことになった。ここで資金を提供したのがかのヤーコプ・フッガーであ

贖宥状の売り出し

る。フッガーへの借金返済のため、アルブレヒトは教皇から認可を得て、贖宥状販売を行った。もちろんフッガーの入れ知恵によっていた。

アルブレヒトから贖宥状の販売を委託されたのは、説教僧として名の知れたドミニコ会の修道士ヨハン・テッツェル(一四六五～一五一九)だった。彼は教皇旗を掲げて街々を訪れてはこう叫んだ。「金貨が箱の中でチャリンと音を立てるや、煉獄で苦しむ者たちの魂はたちまち天国に召し上げられる」。贖宥状は飛ぶように売れた。これに疑義を呈したのがルターだったのだ。

人は誰しも罪を犯すものである。しかしそれを本心から悔い改めるならば、神様もお救いくださるはずだ。それをこのお札《ふだ》を買えば罪の贖いまで免除されるなどというのはおかしい。人間を救うことができるのは神のみであって、いくら教皇とはいえ人が人を救えるはずがない。

かつてルターはヴィッテンベルクに来る直前に(一五一〇年)、ローマを訪れたことがある。ヴァチカンの大改築のさなかであり、システィーナ礼拝堂ではかのミケランジェロ(一四七五～一五六四)が天井に壮大な『天地創造』を描いていた。ルターはその壮麗さに圧倒される一方で、ひとつの疑問も抱いた。ヨーロッパで最大級の大富豪であるはずのローマ教皇がなぜ自身の財力で大聖堂を建て直さないのだろうか。

一六世紀初頭のキリスト教会はすでに腐敗の極みに達していた。一二世紀末以来続いた相次ぐ十字軍遠征の失敗や、一四世紀後半から教皇が二人存在した「教会大分裂《シスマ》」（一三七八〜一四一七年）などで、すでに教皇の権威は失墜していた。教皇だけではない。一般の聖職者にしてもその質の悪さには定評があった。ルネサンスの花の都フィレンツェなど、一六世紀半ばには人口六万人に対し、なんと聖職者の数は五〇〇〇人に達していたと言われる。彼らの多くが教養の低い「俗人」のような存在で、給与の低い下級聖職者の場合には仕立屋、馬の仲買人、家畜業者などの「副業」を持ち、おまけに妻子持ちまでいた。

イングランドにはこのようなことを平気で言う司祭もいた。「父と子というのはわかるが、聖霊なんて聞いたこともねえな。そんなやつうちの村にはいねえはずだ」。

†九五カ条の提題

こうしたローマ教会や聖職者たちの堕落を間近で見ていたルターは、ついに一五一七年一〇月三一日に立ち上がったのである。一〇月三一日といえば、現代人は「ハロウィン」を思い起こすかもしれないが、翌一一月一日の万聖節（すべての聖人と殉教者を祭る日）にはヴィッテンベルクでは毎年恒例の聖遺物の開帳があった。この聖遺物を目にすると、煉獄の炎の苦しみは二万年分帳消しになるといわれていたのだ。だからこそルターはその前日に討論提題を示したのである。

ルターが真っ先に提題を送った相手は、もちろんマインツ大司教アルブレヒトであった。聖書にも書かれていない贖宥状など発行して、信者に売りつけていいのか。大司教はこれに脅威を感じ、すぐさま教皇庁にルターの行為を訴えた。テッツェルが属するドミニコ会はルターを異端であると疑い始めた。これにローマ教皇は最初関心を示していなかった。当時はメディチ家出身のレオ一〇世（在位一五一三〜二一年）の治世となっていた。彼はドイツ内部の修道士間のいさかいに過ぎぬと、事件を静観していた。

ところが翌一五一八年までには、事態は思わぬ展開を見せた。神聖ローマ帝国内部で、ルターの提題に対する賛否両論が渦巻く結果となったのである。教皇庁からアウクスブルクに派遣されていた枢機卿によりルターの異端審問が行われたが、ルターは提題で述べた意見を撤回するつもりはなかった。反対派はルターがローマ教会（教皇）の権威を否定していると訴えた。ルターとしては教会批判ではなく、民衆の魂の救いのためには何が必要なのかを問いかけただけだったのだが、論争は思わぬ方向に向かってしまったのである。

一五一九年六月にはルター反対派の急先鋒で神学者のヨハン・エック（一四八六〜一五四三）との有名な「ライプツィヒ論争」で、ルターは「教会の歴史のなかで、教皇も公会議（高位聖職者による会議）も誤りを犯すことがあった」と公言してしまう。ルターの脇にはヴィッテンベルク大学の同僚で、わずか二一歳にして教授に就いた俊英のフィリップ・メランヒトン(一四九七~一五六〇)が補佐役で付いていたが、この一連の発言により、ルターの立場は明らかとなった。もはやルターは後戻りできなくなったのである。

そこで一五二〇年、ついにルターはローマ教皇庁の腐敗に対する怒りを矢継ぎ早に小冊子のかたちで出版した。『キリスト教界の改善について』、『教会のバビロン捕囚について』、『キリスト者の自由について』は、のちに「宗教改革三大文書」と呼ばれている。

レオ10世と枢機卿たち(ラファエロ画)

これらはすべて当時最新の印刷技術のおかげでヨーロッパ全土に広められた。一四五五年にマインツの銀細工職人グーテンベルク(一三九五~一四六八)によって活版印刷術が普及し、ヨーロッパにおける印刷技術も読み書き能力も急激に拡大した。それまで書物はローマやヴェネツィアなど一部の大都市で刊行される程度であったが、一四八〇年までにはドイツ各地、フランス、ネーデルラント、イングランド、スペイン、ハンガリー、ポーランドの各都市へと出版業は広がった。

一六世紀初頭までには、四万種類以上もの著作や小冊子が印刷され、発行された冊数は一五〇〇万に及んだとされる。それはローマ帝国が滅亡した後に刊行されたすべての印刷物の数を上回っていたと言われる。印刷の普及はヨーロッパ各地に「知識と情報交換」の革命をもたらした。その波に乗ったのがルターであった。三大文書が出版された一五二〇年にはドイツの六二の都市に印刷所が備えられ、九五カ条の提題を出してからわずか三年(一五一七〜二〇年)のうちに三〇を超える小冊子をルターは刊行したが、それらは総計で三〇万部も売られていった。当時の神聖ローマ帝国の総人口は約一六〇〇万人だった。

ルターは近代史上最初の「ベストセラー作家」でもあったのだ。

✝皇帝カール五世の登場

ルターの一連の著作についにヴァチカンも黙ってはいられなくなった。レオ一〇世は、一五二〇年一〇月に六〇日以内に前言を撤回しなければ破門に処すと、ルターに最後通牒を突きつけてきた。その六〇日目を迎えた一二月一〇日、ヴィッテンベルク城の外で民衆が見守るなか、ルターは教皇庁から送られた破門の教勅と教会法を焼き捨てた。世俗法を超越し、神がこの世に与えた法とされた教会法を焼却することで、ルターはローマ教皇庁の権威を全面的に否定したわけである。翌二一年一月三日にルターは正式に破門された。

ここに登場したのが神聖ローマ皇帝カール五世（在位一五一九〜五六年）だった。ここで中世以来、ヨーロッパ中央部に位置する共同体「神聖ローマ帝国」について簡単に述べておきたい。フランク王国（西ローマ帝国）のカール大帝（戴冠は西暦八〇〇年）の帝冠をそのまま引き継いだとされる帝国は、一〇世紀後半からまとまりを見せていった。大小三五〇ほどの聖俗双方の領主たちからなる共同体で、その皇帝は一二世紀末からは選挙で選ばれていた。一四世紀半ば（一三五六年）からは七人の「選帝侯」によって選出された。

超国家的な共同体としての帝国は、皇帝と帝国議会との協議によって統治が進められた。帝国議会は、選帝侯部会、諸侯部会、都市会議の三つの部会によって構成され、一八〇六年にナポレオン一世によって消滅させられるまで、六〇〇年近くにわたってヨーロッパの中央部に君臨した帝国であった。その皇帝に一五一九年の選挙を制して即位していたのが、ハプスブルク家の当主カール五世であった。

カールは皇帝に選ばれるまでに、両親それぞれの家系からの相続の関係で、実に七〇もの称号を帯びた当時ヨーロッパで最大の領主であった。すでに第一章でも述べたとおり、六歳にしてルネサンス音楽の都を擁するブルゴーニュ公爵位を引き継いだのを皮切りに、一六歳で母方からスペイン王位まで継承した。その彼の最大のライバルが、晩年のレオナルド・ダ・ヴィンチを自国に招聘したフランス国王フランソワ一世であった。

一五一九年の皇帝選挙にはフランソワまで名乗りを上げた。順当に進めば、当時はすでにハプスブルク家の当主が半ば世襲であるかのように歴代の皇帝に選ばれていたのであるが、このときの選挙は熾烈を極めた。一説によると、フランソワが六人の選帝侯（選帝侯の一人ベーメン国王はカールが兼ねていた）に送った裏金は黄金にして一・五トンの重さに及んだという。対するカールも負けてはいなかった。彼は二トンもの黄金を使い、ここに皇帝に当選した。そのカールの裏金を用立てたのが、彼の祖父（マクシミリアン一世）の代からのつき合いがある、かのヤーコプ・フッガーだったわけである。

そのフッガーの金で皇帝になりおおせたカール五世は、ローマ教皇庁の熱心な信奉者であった。一五二一年には折しもドイツ南西部のヴォルムスで帝国議会が開催されていた。カールはそこにルターを召還し、審問を行うことにした。四月一七日から一八日にかけてのことだった。ここでルターはこう断言した。

「聖書の証言と明白な根拠をもって服せしめないかぎり、私は、私があげた聖句に服しつづけます。私の良心は神のことばによってとらえられています。なぜなら私は、教皇も公会議も信じないからです。それらはしばしば誤りを犯し、互いに矛盾していることは明白だからです。私は取り消すことはできませんし、取り消すつもりもありません。良心に反したことをするのは、確実なことでも、得策なことでもないからです。神よ、私を救いたまえ。アーメン」。

歴史神学者の徳善義和《とくぜんよしかず》によれば、ルターのまさにこの言葉のなかに、ヨーロッパ近代の思想の特質である「個人の人格」「主体性」のさきがけを読み解くことができる。ただし、ここでルターの言う「良心」はあくまでも絶対的な神の存在を前提にしての話ではあるが、もはやローマ教皇や教会にとらわれない、神と信者個々人との直接的な関係こそが強調されるようになったのである。それは「聖書のみ」、「信仰のみ（信仰義認）」という考え方とともにルターの宗教改革三大原理とされる「全信徒の司祭性（万人司祭説）」にもつながる発想であった。

この発言で皇帝の腹も決まった。カールはルターを正式に「異端」と宣言し、今後帝国内でのいっさいの保護を失うと宣告された。

†信徒のすべてが司祭である——宗教を民衆の手に

ヴォルムスでの審問が終了した翌日（四月一九日）、ルターは早々にヴィッテンベルクへの帰路についていたが、ザクセン大公の領内に入ったところで一群の騎士たちに囲まれ、誘拐されてしまった。しかしこの襲撃はザクセン大公がルターの身を案じて仕組んだ芝居であり、ルターはドイツ中央部に大公が所有するヴァルトブルク城にかくまわれ、ここで一世一代の大仕事に乗り出す。新約聖書をドイツ語に翻訳する作業である。

現在の中東地域で誕生した旧約聖書は古代ヘブライ語で、新約聖書はギリシャ語でそれぞれ書かれていたが、中世ヨーロッパにそれらはラテン語へと翻訳され、教会や修道院で行われる公式の儀礼やミサではラテン語版の聖書が読まれていた。しかし、それを理解できる民衆などほとんどおらず、聖書まで教会の独占物だったのだ。

「万人司祭説」を唱えるルターとしては、ドイツ各地の民衆たちが自分自身の使う言語で読める聖書を提供したかった。何かに取り憑かれたかのように翻訳作業にとりかかったルターは、わずか三カ月ほどで新約聖書のドイツ語訳を完了した。一五二二年九月に初めて刊行されたドイツ語版の聖書は、発売当初の三カ月で五〇〇〇部を売り切ってしまった。年末にはすぐに増刷され、一五三四年の「ヴィッテンベルク版聖書」が刊行されるまで、一二年間に一〇〇以上の版が重ねられ、累計で二〇万部も売れたとされる。

一五〇一年にルターがエルフルト大学に入学したとき、彼は公式の聖書を大学図書館で初めて目にした。そのとき聖書は鎖で縛りつけられ、門外不出のかたちで、仰々しく飾られていたようである。エルフルトに限ったことではない。ヨーロッパ各地の教会・修道院・宮廷の図書室が同様の保管をしていた。聖書はそれぐらいに貴重な書物であった。

それがルターによるドイツ語版聖書の登場と、それを手助けした当時の印刷技術の向上

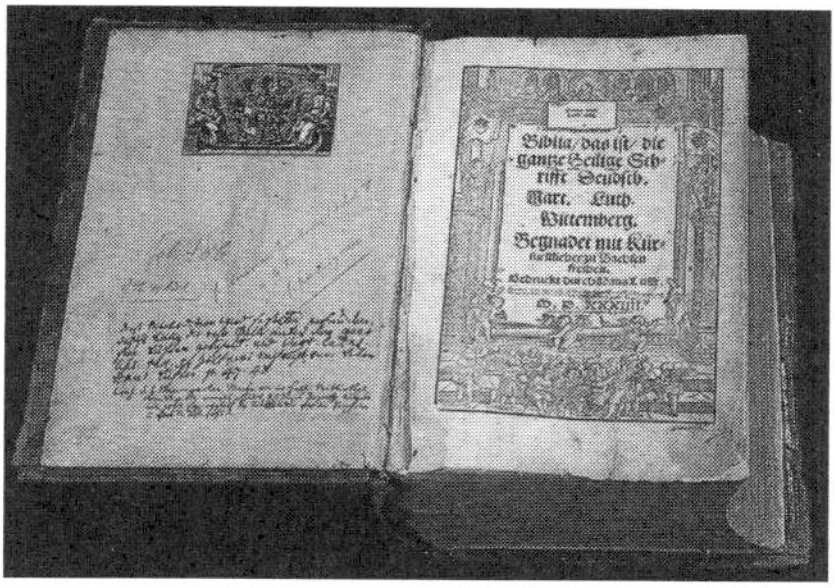
ルター訳聖書（ヴィッテンベルク版）

とにより、多くの民衆の手に聖書が渡ったのである。すでに読み書き能力を備えていた者はすぐにむさぼるように読み始めた。読めない者たちは、教会での集会で朗読してもらい、あるいは教会の主催する「学校」で読み方を教わった。ルターの教えはやがてデンマーク、ノルウェー、スウェーデンにも拡がり、聖書も各国語に翻訳されていった。こののちルター派のキリスト教国では劇的に識字率が上がっていった。それは国民生活の向上にも長期的にはつながる現象となった。またルターのドイツ語訳聖書は、近代ドイツ語文法の基礎になったとも言われている。

さらにルターが革新的だったのは、礼拝そのものも民衆の手に委ねていったことである。先にも述べたとおり、これまでの礼拝（ミサ）は聖職者たちがすべてラテン語で支配していた。それを自国語の聖書を使い、自国語で説教を行うようになったルター派では、自国語の讃美歌《コラール》も礼拝で歌われるようになったのだ。中世のグレゴリオ聖歌にしろ、ルネサンスのポリフォニー音楽にしろ、ミサ曲はすべてラテン語であり、複雑な音階を当時の楽譜から歌い上げるのは、聖職者でもある「プロの」合唱隊でなければ不可能であった。

ルターは聖書の言葉をもとに、自らドイツ語で讃美歌の作詞を手がけた。特に彼が好んで言葉を探したのが、大学教授として初めて講義でテキストに選んだ「詩篇」であった。生涯に五〇以上の作詞を手がけたルターは、そのうちのいくつかに自ら曲をつけて信徒に歌わせた。中世の大学では「音楽」も大切な科目であり、ルターはもちろん楽譜を読め、作曲もできた。彼が作った讃美歌は言葉が平易だっただけではない。旋律も単純で、楽譜が読めない人間でも何度か聴けば歌うことができたのだ。彼は当時の代表的な撥弦《はつげん》楽器（弦をはじくことで演奏する）リュートを手にし、家族や友人たちとよく讃美歌を歌っていた。

そのような彼の代表作が、詩篇第四六章に基づいた「神はわがやぐら」だった。

神はわがやぐら　わがつよき盾
苦しめるときの　近きたすけぞ
おのが力　おのが知恵をたのみとせる
陰府《よみ》の長も　などおそるべき

ローマ教皇庁に敢然と立ち向かった自らをまるで鼓舞するかのように作詞・作曲されたこの讃美歌は、一五二八年頃の作とされる。これはそれから二〇〇年後、アイゼナハの聖ゲオルク学校でルターの後輩にあたり、バロック音楽最大の巨匠ヨハン・セバスチャン・バッハ（一六八五～一七五〇）の手により見事なカンタータ（讃美歌《コラール》の主題に基づく七～一〇楽章構成の宗教楽曲）第八〇番に結実したばかりではなく、ルター派教会を代表する讃美歌となり、今日までに世界およそ二〇〇の言語に翻訳され、ルターが敵対したはずのローマ・カトリック教会でも歌われているのである。

†プロテスタントの誕生

ルターのドイツ語訳聖書刊行を手助けしたのは、印刷業者だけではなかった。そもそもこの作業にあたらせたのが、ヴィッテンベルクとヴァルトブルクの城主であり、選帝侯の一人でもあったザクセン大公だったのである。当時はフリードリヒ（在位一四八六～一五二五年）が当主であった。のちに「賢公」と称される気骨の持ち主である。

一五一七年一〇月三一日から始まった一連の事態を見ていけば、その背後にフリードリヒの協力があったことは一目瞭然であろう。ルターが討論提題を示したのも、破門の教勅を焼き捨てたのも、いずれもヴィッテンベルク城の内外での出来事である。ルターの監督不行届として教皇や皇帝から責めを受けることは、フリードリヒも重々承知していた。彼はルターと同様、ローマ教皇庁の専横ぶりと聖職者たちの腐敗に不満が溜まっていたのだ。

これが一世紀前であれば、ルターはボヘミア（現在のチェコ）で教皇権を否定したヤン・フス（一三六九頃～一四一五）のように火あぶりにされていてもおかしくはなかった。しかしフリードリヒは、ルターの身をヴァチカンや帝国に引き渡すつもりはなかったのだ。それどころか自らルターの教えに共感を示したのである。共感を示したのはフリードリヒだけではない。ブランデンブルクの選帝侯や、デンマーク、スウェーデンなど北欧の君主たちもこぞってルターを擁護する側に回っていった。

さらにドイツ各地では教会に対する不満が様々なかたちで噴出した。領邦君主の強大化で没落傾向にあった騎士たちは、司教領や修道院領の没収・分配を要求して、各地で立ち上がった（ドイツ騎士戦争：一五二二～二三年）。ドイツ西南部やスイスでは、農民たちがそれまで教区教会に収穫物の一〇分の一を税で支払わせられていたことへの不満から、大規模な反乱を起こした（ドイツ農民戦争：一五二四～二五年）。

こうした事態に危機を感じた皇帝カール五世は、教皇クレメンス七世（在位一五二三～三四年）に宗教会議を開催し、紛糾を抑えるよう要請したが、教皇はカールの強引な姿勢に反発するだけで動こうとはしなかった。それどころか、教皇はカールの宿敵フランソワと手を結ぶ姿勢まで示してきた。ついに一五二七年五月、皇帝軍はローマに侵攻し、教会や修道院、はては市民たちからも財産を巻き上げ、「ローマ掠奪《りゃくだつ》」と呼ばれる暴挙に出た。

教皇との「仲間割れ」ができた隙に乗じて、ルター派に改宗した諸侯や諸都市は、帝国議会で皇帝側から一定の譲歩を得ていたのだが（一五二六年）、一五二九年四月にドイツ中南部のシュパイアーで開かれた帝国議会では、ルター派への寛容政策が取り消されてしまった。これに諸侯や諸都市が抗議を行い彼らは「抗議する人々《プロテスタント》」と名づけられた。これに対してローマ教皇庁の権威を信奉する人々は、ギリシャ語の「普遍的な」という言葉から「カトリック」と呼ばれるようになった。

西欧キリスト教世界はこれ以後、カトリックとプロテスタントに分かれ、各地で激しい対立を巻き起こしていく。

しかもプロテスタントに与《くみ》したのは、ルター派だけにはとどまらなくなった。スイス北部のチューリヒではルターと同世代のフルドリヒ・ツヴィングリ（一四八四～一五三一）が、さらにスイス西部のジュネーヴではジャン・カルヴァン（一五〇九～一五六四）が、それぞれ独自の見解から教会改革の必要性を訴え、聖職者と信者の双方に規律ある生活を求めていった。

†皇帝カールの苦悩

神聖ローマ帝国の内部におけるこのような混乱は皇帝カール五世をいらだたせていた。本来であれば、カールはすぐにもプロテスタントに与した諸侯らの追討に乗り出していたところだったが、一五三〇年前後の彼にはそれができなかった。

まずは宿敵フランソワ一世の存在である。彼自身もフランス王国も、ルターが登場してからも、カトリックの側についていた。しかし同じくカトリックのカールと手を組むことはなく、フランソワはフランスの領土を自然の国境線ともいうべきライン川にまで拡張しようと腐心する。そのようなときに邪魔な存在なのが、商工業や金融業の中心地（アントワープとその郊外のフランデレン）を備え、さらに豊かな農業地帯まで広がるネーデルラントを支配するブルゴーニュ公爵シャルル（カール五世のこと）であった。

カールとフランソワは祖父の代からの「イタリア戦争」まで継承し、生涯にわたって戦い続けた。このフランソワが同盟者として目を付けたのが、東の大国オスマン帝国だった。当時は、帝国の最盛期を築いたスレイマン一世（在位一五二〇～六六年）が、ヨーロッパ各地を恐怖に陥れていた。その脅威はカール自身にも襲いかかる。一五二九年九月、スレイマンは自ら一二万人の兵を率い、ハプスブルク家の都ウィーンに進撃してきた。二万の兵力で一カ月半何とか耐え凌いだ市民たちにとって、このウィーン攻囲で辛酸をなめさせられた「オスマン」はその後も畏怖の対象となっていく。

さらにカールに追い討ちをかけたのが、親族からの裏切りであった。カールがネーデルラントをめぐってフランソワと確執を続けるなかで、海を隔てたイングランドの存在は、勝敗を左右する重要なものであった。カールにとって幸いだったのは、当時のイングランド国王ヘンリ八世(在位一五〇九~四七年)の妃が最愛の叔母キャサリン(母フアナの妹)だったことである。義理の叔父にあたるヘンリはカールの側に付いてくれていた。

ところが、ヘンリとキャサリンの間にはメアリ(一五一六年生まれ)という女の子しか授からず、何度か妊娠・出産したキャサリンではあったが、あとはすべて流産かもしくは死産となってしまった。より多くの世継ぎを得たかったヘンリとしては、キャサリンとの離婚を考えるしかない。ついにヘンリはローマ教皇庁に離婚の許可を願い出るが、運悪く前述の「ローマ掠奪」と時を同じくしていた。離婚を拒む叔母の心を慮《おもんぱか》ったカールは、教皇に圧力をかけて離婚を認めさせなかった。

それはやがて一五三三~三四年に議会を通過した一連の制定法により、イングランドをローマ教皇庁から引き離し、国王を首長に据えた「イングランド国教会」の形成につながった。ヘンリは自らの権限でキャサリンと離婚し、新たな妃を迎えた。さらにヘンリは、ハプスブルクとの同盟まで解消し、フランソワと手を結ぶに至ったのである。

このようにルターとそれに同調する「異端」だけではなく、オスマンという「異教徒」、さらには同じくカトリックの側にいながらフランソワとも衝突の絶えなかったカールは、早期にプロテスタント諸侯の殲滅《せんめつ》に乗り出すことがかなわなかった。

そのカールに好機が訪れた。他ならぬルターの死である。一五三〇年代までにルターは彼の教えに同調する人々や諸侯たちの間で、もはや「神格化」された存在となっていた。もちろん自らはそのようなことは望まなかったが、いまや彼はプロテスタントの象徴的な指導者であった。そのルターが一五四六年二月一八日に生まれ故郷アイスレーベンで六二年の生涯を閉じたのである。訃報は帝国全土に伝わり、プロテスタント勢力は意気消沈した。さらに、翌四七年の一月にはヘンリ八世が、三月にはフランソワ一世が相次いで亡くなり、カールにとって最大の脅威というべきスレイマン一世の目は東方のペルシャ帝国との衝突に注がれていた。いまこそプロテスタント諸侯を黙らせる絶好の機会だ。

一五四七年四月、ザクセン領のミュールベルクで皇帝カール五世自らが率いた皇帝軍はプロテスタント諸侯の連合軍を粉砕した。この勝利に歓喜したカールは、鎧甲を身につけた騎乗のりりしい姿を、ルネサンス後期の巨匠ティツィアーノ（一四八八頃〜一五七六）に描かせたほどだった。しかしここで図に乗ったのがよくなかった。皇帝軍の強化を進めようとしたカールの政策に恐れをなしたカトリック諸侯たちが、次々とカールの許から離れていったのである。ローマ教皇庁さえもはや彼には援軍を送らなくなってしまった。

この隙にプロテスタント諸侯らの軍隊が巻き返しを図り、カールは這々《ほうほう》の体《てい》でオーストリアに逃げ帰った。七〇もの所領を支配する西欧世界最大の領主だったとはいえ、カールが君臨したヨーロッパはもはやかつてのローマ帝国のような「世界帝国」の存在を拒否し、多様性を好む考え方に変わっていたのだ。のちの一八世紀のイギリスの思想家ディヴィッド・ヒューム（一七一一～一七七六）が鋭く指摘しているように、この多様性こそが近代ヨーロッパに自由と活力を与えたのである。

騎乗のカール5世（ティツィアーノ画）

†宗教改革がもたらしたもの

強大な皇帝権を確立し、帝国を再びカトリック勢力によって再編しようと試みたカールの野望はここに潰えた。カールはすでに疲れ切っていた。カトリックとプロテスタントの衝突に関わる後事は、弟のフェルディナント大公に任せることにした。一五五五年九月、ここに「アウクスブルク宗教平和令」が両派の最終的な和解案として合意を見た。諸侯には自身が選んだ宗派を家臣に強要できる権限が与えられた。「一人の支配者のいるところ、一つの宗教」という原則が確立されたのである。さらに、君主の宗派に従えない家臣には、自身の宗派と同じ他の領域への移住権も認められた。

カトリックとプロテスタントに一定の合意が成立したのを見届けて、一五五六年秋にはカール五世はすべての公職からの「生前退位」を表明した。彼は七〇もの異なった法や制度、伝統を持った領域を同時に治めるという苦労を息子たちには味わわせたくなかった。彼が支配した領域は二つに分割され、ウィーンを拠点とするオーストリア・ハプスブルクは弟のフェルディナント一世（在位一五五六～六四年）に、マドリードを拠点とするスペイン・ハプスブルクは長男のフェリーペ二世（在位一五五六～九八年）に、それぞれ継承させていくことにした。それからの余生をスペインの修道院でひっそりと過ごしたカールは、引退から二年後の一五五八年九月に息を引き取った。

マルティン・ルターが「人間にとって救いとは何なのか」を問いかけただけのことから始まった一連の事態は、四〇年近くにわたった闘争を経て、ここにとりあえず収束を迎え

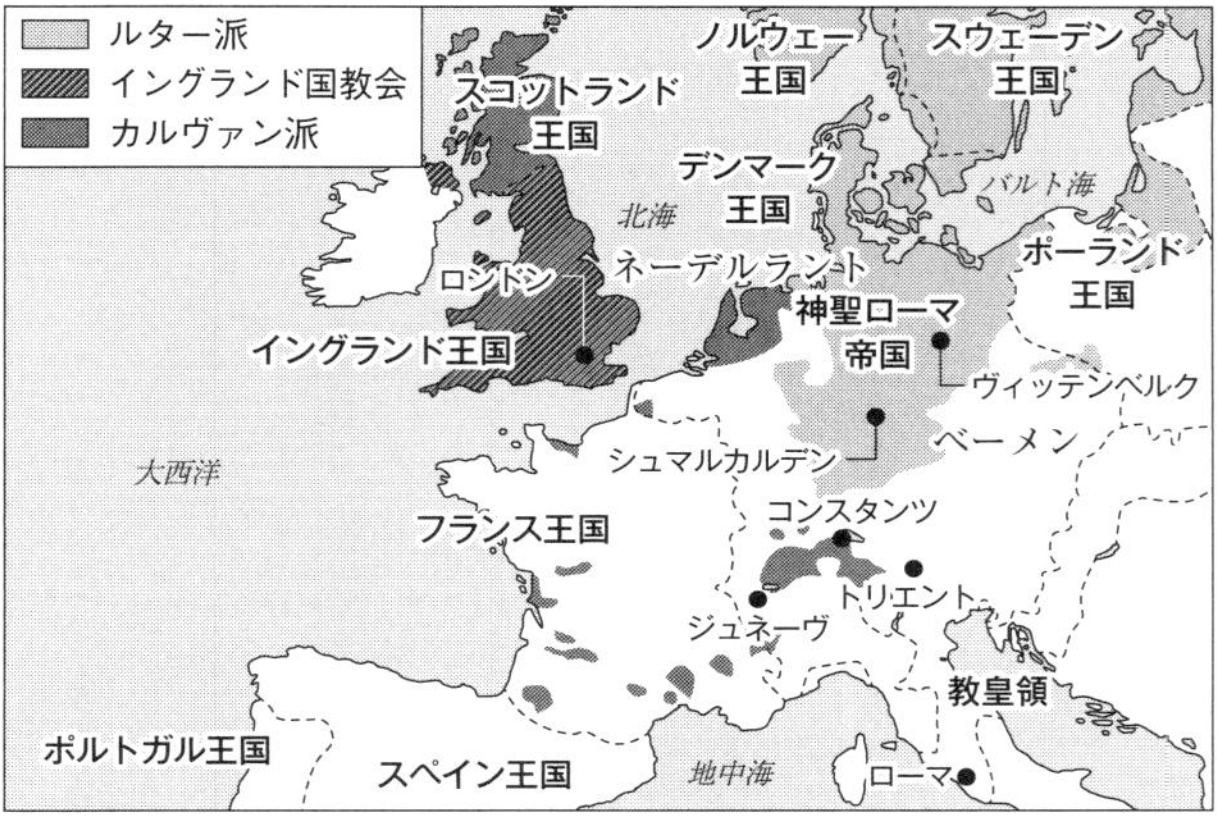

【地図】新宗派の分布

た。ルターに始まり、彼の同調者やツヴィングリ、カルヴァンらによって拡げられた運動は、のちに「宗教改革（Reformation）」と呼ばれた。ルターは、「聖書のみ」、「信仰のみ」を標語《モットー》にキリスト教をより純粋なものにしようと試みたが、その一方で「万人司祭説」に基づき、その聖書や信仰を一般大衆の手にも託したのである。

　宗教改革がヨーロッパ近代史に与えた最大の衝撃は「世俗化」だったのかもしれない。ルター自身もそれまで修道僧には禁じられていた「結婚」に踏み切った。相手は修道女のカタリーナ。一五二五年のことだった。翌年には長男ハンスも生まれた。

　しかし、カトリックとプロテスタントの確執は、「アウクスブルク宗教平和令」で完全に終わったわけではなかった。ここで信仰が認められたプロテスタントは「ルター派」のみであり、スイスに登場した新興の諸宗派はまだカトリック側にも認められていなかったのである。

そのうちのひとつがカルヴァン派であった。カルヴァンは、人間が神の救済にあずかれるのか、あるいは滅びるのかはあらかじめ「予定」されているが、個々人が誠実に勤勉にそして禁欲的に毎日の生活を送っていれば、必ずや神に報われるであろうと説いた。このため信者たちに対しても厳格な生活態度が求められ、彼が活動の拠点に置いていたジュネーヴにはやがて神聖政治ともいうべき徹底した宗教改革体制が敷かれることになる。

そのカルヴァンがジュネーヴで五四年の生涯に幕を閉じようとしていたとき、彼が終始批判してきたローマ教皇庁も、新規巻き返しを図る「対抗宗教改革（Counter-Reformation）」にひとつの目途をつけていた。そのようななか、カルヴァンが亡くなる三カ月ほど前に、北イタリアはトスカーナの古都ピサで生まれた熱心なカトリック教徒の少年が、こののちルターやカルヴァンが巻き起こした以上に、ローマ教皇庁の権威を揺るがす大事件を引き起こすことになろうとは、そのときは誰もが予想だにしていなかったに違いない。

第三章 **近代科学の誕生**

第三章 近代科学の誕生

ガリレオ・ガリレイ（1564～1642）

第三章関連年表

西暦	出来事
1562	フランスでユグノー戦争始まる（～1629年）
1564	ガリレオ・ガリレイ生まれる（イタリア・ピサ）
1565	スペインによるフィリピンへの支配始まる（～1898年）
1568	ネーデルラント北部7州で「八十年戦争」始まる（～1648年）
1571	レパントの海戦：スペイン・ヴェネツィア・教皇連合艦隊がオスマン艦隊撃破
1572	フランスでサン・バルテルミーの虐殺（ユグノー大量虐殺）
1582	教皇グレゴリウス13世が暦法改正を布告（グレゴリオ暦の始まり）
1588	アルマダ海戦：スペイン無敵艦隊がイングランド海軍に敗北
1589	フランスにブルボン王朝（～1792年）成立
1600	イングランドが東インド会社設立（オランダは1602年に設立）
1603	エリザベス1世死去：イングランドにステュアート王朝（～1714年）成立
1607	ジェームズタウン（現ヴァージニア）建設：イングランドの北米植民地化開始
1608	プロテスタント諸侯が「同盟」結成（09年にカトリック諸侯が「連盟」結成）
1618	三十年戦争（～48年）
1620	メイフラワー号事件：イングランド清教徒らが北米（現マサチューセッツ）へ
1623	ローマ教皇にウルバヌス8世即位
1624	リシュリュー枢機卿がフランス宰相に就任（同年世界初の外務省も設立）
1628	イングランド議会がチャールズ1世に「権利請願」提出（翌年から議会停止）
1632	リュッツェンの戦い：スウェーデン軍勝利（グスタヴ2世アードルフ戦死）
1635	フランスが三十年戦争に参戦（プロテスタント側に組みする）
1642	ガリレオ・ガリレイ死去（イタリア・フィレンツェ郊外） イングランドで清教徒革命（三王国戦争）始まる（～49年）
1643	フランスでルイ14世即位（マザラン枢機卿が宰相として補佐）
1644	ドイツ西部のヴェストファーレンで三十年戦争の講和会議始まる（～48年）
1648	フランスで反マザラン派によるフロンドの乱始まる（～53年） ヴェストファーレン（ウェストファリア）講和条約：三十年戦争終結 オランダ（ネーデルラント北部7州）の独立が正式に承認される
1649	イングランドでチャールズ1世処刑 →オリヴァー・クロムウェルらにより共和政成立（～60年）

この章でとりあげる時代（一五六〇〜一六五〇年頃）は、前章で主に検討した宗教改革に端を発する宗教戦争が、ヨーロッパ中に拡大した時期にあたった。

カール五世の退位後にスペイン領に組み込まれたネーデルラント北部（現在のオランダ）には、カルヴァン派のプロテスタントが増え始めていたが、厳格なカトリックだったスペインの官憲により容赦ない異端審問（宗教裁判）が行われ、俗に「八十年戦争」（一五六八〜一六四八年）と呼ばれる独立戦争へと発展した。

また、フランスではヴァロワ王家がやはり強硬なカトリック化政策を進め、カルヴァン派プロテスタント（ユグノーと呼ばれた）との間に「ユグノー戦争」（一五六二〜一六二九年）が生じ、国内は大混乱に陥った。

このような宗教戦争の集大成が、一六一八年にベーメン（ボヘミア：現在のチェコ）を舞台に発生した「三十年戦争」（一六一八〜四八年）である。プロテスタントが主流派を占めたベーメンの諸侯らが強硬なカトリックであるハプスブルク家のフェルディナント二世（一五七八〜一六三七）に対して起こした反乱が、神聖ローマ帝国全体とスペインを巻き込んだ宗教戦争へと進展してしまったのである。

緒戦でプロテスタント諸侯の勢力を粉砕したフェルディナントであったが、皇帝の権限を帝国議会の上位に置くこと（皇帝絶対主義の確立）をめざしたことで、戦局は泥沼化してしまった。その後、スウェーデン、フランスなども参戦し、一六四四年から帝国北西部のヴェストファーレン（英語でウェストファリア）侯国で会議が開かれ、四八年には講和条約が締結された。

この条約で、帝国諸侯の権利が改めて認められ、皇帝絶対主義が否定された。フランスとスウェーデンにかなりの領土が割譲され、オランダの独立とスイスの自治権も認められた。さらに宗教については、アウクスブルク宗教平和令（94頁）が踏襲され、帝国内でのカトリックとプロテスタント諸派の「棲み分け」が再確認された。

この講和条約が、中世までのキリスト教世界や帝国という枠組みを打破し、諸侯の主権を認め、それが近代的な「主権国家（国境で区切られた自国領土内の統治について何ら制約を受けない排他的な統治権を持ち、国際関係において各国の平等が認められる国家）」へと発展を遂げていく素地になったとされており、国際政治学の分野ではこれ以後の国際政治体制を「ウェストファリア体制」と呼ぶことが多い。

しかし実際には、この条約で諸侯に認められた同盟権（他者と同盟条約を締結する権利）、同意権（帝国議会で皇帝から相談を受ける権利）、領域権（自己の領邦内への皇帝権力の介入を排除する権利）は、いずれも三十年戦争が始まるはるか以前から認められていた。また会議への参加者は自由都市やハンザ同盟（中世の北欧に一大商業圏を築いた北ドイツの都市同盟）の代表なども含まれており、「国家」同士というより「様々な活動主体」の間で条約は結ばれたのである。ヨーロッパにはいまだ「主権国家」は誕生していなかった。

ただしこのヴェストファーレンの会議では、大小一五〇もの王国や領邦、都市から代表が集まり、足かけ五年にもわたって話し合ううちに、それまでは明確に定められてはいなかった、会議の進め方、君侯（国家）間の序列の決め方、条約の調印・批准の仕方など、のちの国際政治の進展にとってきわめて重要な慣行が生みだされていった。これらの点については過小評価をすべきではあるまい。

†音楽家の家に生まれて

狭心症にかかった晩年のマルティン・ルター（一四八三～一五四六）が、病を押してまでしてドイツ各地を説教で回っていた頃、彼と敵対するカトリックの総本山ヴァチカンでは、ときのローマ教皇パウルス三世（在位一五三四～四九年）が「宗教改革」に対抗すべく、カトリック自らの改革を訴えてイタリア北部のトリエント（現トレント）に公会議を召集した。この会議ではルターが問題視した「贖宥状《しょくゆうじょう》」の販売が禁止されることが決まったが、「贖宥」そのものの意義は保たれることになった。会議は一八年間も続けられ、一五六三年一二月に終了したときまでには、四代の教皇がすでに鬼籍に入っていた。

それからわずか二カ月後、トリエントから南西に下ったトスカーナの古都ピサで一人の赤ん坊が産声《うぶごえ》を上げた。イタリア・ルネサンス音楽を代表するリュート奏者で作曲家でもあるヴィンチェンツォ・ガリレイ（一五二〇頃～一五九一）にとって、最初の子にして、長男にあたった。赤ん坊は「ガリレオ」と名づけられた。一五六四年二月のことである。

ヴィンチェンツォが作曲したリュート曲は凡庸の域を超えるものではなかったが、彼が音楽史上で重要だったのは、「オペラ（歌劇）」の登場を準備した点にある。彼はルネサンスの花の都フィレンツェで、人文主義の教養を身につけた詩人や音楽家たちと「カメラータ（仲間たち）」というグループを立ち上げた。彼らの目的は古代ギリシャの音楽劇を再興することだった。

そのカメラータの広報官ともいうべき役割を果たしたのが、ヴィンチェンツォであった。彼は『古代および現代の音楽についての対話』（一五八一年刊行）などの著作を通じて、「言葉と音楽との完全な一致」こそが古代ギリシャ音楽劇の精髄であり、「歌いながら、しかも話しているタイプの音楽」が理想であると説いた。

カメラータのメンバー自身は後世に優れた作品を残すことはできなかったが、ヴィンチェンツォらが示した理論に基づいて作曲を試みたのが、フィレンツェで音楽を学んだヤコポ・ペーリ（一五六一～一六三三）。メディチ家お抱えの作曲家として名を馳せた彼が、メディチ家からフランス王家に嫁ぐマリアの結婚式のため、ギリシャ悲劇に題材を取って作曲した『エウリディーチェ』こそが、楽譜が現存する最古のオペラとされている。

上演されたのは、一六〇〇年一〇月のこと。場所はフィレンツェのピッティ宮殿。同地を支配するトスカーナ大公の公邸であり、当時はメディチ家が大公位を占めていたのだ。この宮殿で、ブルボン家のフランス国王アンリ四世（在位一五八九～一六一〇年）とマリー・ド・メディシス（メディチ家のマリア）との婚礼が盛大に祝われ、「永遠《とわ》の夫婦愛」を貫いたギリシャ悲劇の代表作『エウリディーチェ』が式典に彩りを添えたのである。

ヨーロッパの芸術文化は、ルネサンスからバロックの時代へと突入しようとしていた。そのバロック芸術最大の特色が「演劇性」である。音楽と演劇とを結びつけたオペラは、その意味でもバロック音楽の誕生を決定づけた分野であり、この一六〇〇年一〇月に初演された『エウリディーチェ』こそが、バロック音楽の幕開けの作品とされている。

日本ではちょうど天下分け目の「関ヶ原の合戦」(西暦では一六〇〇年一〇月二一日)が、その後のこの国の運命を決定づけていた頃の出来事である。

ヴィンチェンツォはバロック音楽を準備したルネサンス期最後の音楽家の一人だった。

†数学者への道

ガリレオ・ガリレイ(一五六四〜一六四二:以下、ガリレオと呼ぶ)は、そのような父と小貴族の娘ジュリアとの間に生まれた。二人にはこれ以外に六人の子どもが誕生したとされているが、成人まで達したのは長男ガリレオと妹二人、そして父と同じく作曲家の道を歩んだ弟ミケランジェロ(一五七五〜一六三一)の四人だけだったようである。

父ヴィンチェンツォはガリレオを医者にしたかった。『古代および現代の音楽についての対話』を刊行した一五八一年、一七歳に達していたガリレオは父の薦めで、地元のピサ大学の医学部に入学した。

当時のヨーロッパの科学全般は大学によって支配されていた。第二章で見た活版印刷術が普及するまでは、書籍は極めて高価であり、市井《しせい》の学者はあまり活躍できなかったのだ。ヨーロッパでは一一世紀以降の気候の温暖化のおかげもあり、各地で豊作が続き、豊かな経済を背景に学問や芸術の質も向上した。しかしより高度な知識は東方のイスラーム勢力によって伝えられた。アラビアでは科学技術の新たな知見が特に見られ、天文学や医学、物理学、光学、錬金術、そして数学などが栄えた。その大元となったのは古代ギリシャの知識であった。アラビア語で書かれた書物はやがてラテン語に翻訳され、西欧に入った。

東方貿易の関係からも、こうした知識はまずイタリアに流入した。一五世紀以降のルネサンス時代には、医学、工学、文学、芸術、経済、行政、外交という各分野においてイタリアは他の西欧諸国を主導してきた。なかでも神学部、法学部、医学部が大学の花形ともいえ、多くの若者たちをひきつけた。ヴィンチェンツォも医学部で息子を伸ばしたかった。

ところがガリレオはやがて医者になる道はきっぱりと諦めてしまう。学問について行けなかったわけではない。父の友人で数学者のオスティリオ・リッチ（一五四〇～一六〇三）から数学の魅力を教わったからだ。リッチもこの若き青年の早熟の才に瞠目した。しかし当時の数学は、医学などの専門科目を学ぶ前段階の準備科目にすぎなかった。数学の教員の地位も医学のそれに比べて格段に低かった。父は最初は強く反対したが、最後には息子の熱意に根負けしてしまう。ガリレオは数学者への道を歩み始めた。

数学とはいっても、当時は机上で計算だけしていればいいわけではなかった。リッチもトスカーナ大公の宮廷付き数学教師として、軍事建築や測量などに数学を応用する作業をよく進めていた。第一章で見たが、一六世紀のヨーロッパは「軍事革命」の時代であり、レオナルドのような工房《ボッテガ》出身の「万能の人」とともに、数学者も軍事技術の発展に貢献していた。若きガリレオの才能に目をつけたのはリッチだけではなかった。トスカーナ大公国の築城監督官からもその能力が認められ、ガリレオはピサ大学の数学教授となる。

ここに不幸が訪れた。一五九一年に父ヴィンチェンツォが亡くなったのである。母や妹、弟たちの面倒もみなければならなくなったガリレオは、翌九二年にはピサの三倍の給与を約束してくれたパドヴァ大学の数学教授へと移籍した。ヴェネツィア共和国にある同大学はボローニャに次ぐイタリアで二番目に古い名門であった。やがて彼自身も結婚し妻子を持つようになると、その給与でも生活が厳しくなった。そこでガリレオは貴族の師弟たちを自宅に下宿させ、私的な授業で生活費を賄った。やがて戦場に繰り出す彼らの必要性も鑑み、ここでは築城術や軍事建築についても講じた。大砲を発射する際の仰角や火薬量も計算できる「軍事用幾何学コンパス」を発明したのもこのときだった。

†望遠鏡との出会い

やがてガリレオの経済力だけではなく、その後の全人生を変えてしまうような出会いが訪れた。一六〇九年七月にヴェネツィアを訪れていたとき、ガリレオは「望遠鏡」の発明について聞かされた。発明したのはオランダの眼鏡職人だった。

もともと眼鏡に使うレンズは、紀元前七世紀頃に水晶から作られた「火おこし」のための道具に由来する。西暦一一世紀ぐらいまでには、前述のとおり、アラビア（現在のイラク）で発展を見せた光学技術のおかげで、光を収束させる凸レンズと逆に発散させる凹レンズとが発明された。凸レンズは拡大鏡として、凹レンズは一三世紀後半には老眼の矯正用に使われるようになっていた。この頃からヨーロッパに眼鏡店も現れてくる。

この二つが組み合わされて一六〇八年に望遠鏡が誕生した。すでに様々な技術や知識を有していたガリレオは、実物も見ずに原理だけを聴いて、独力で望遠鏡を作ってしまったらしい。最初は三倍程度の倍率（当時売り出されていた市販の望遠鏡の標準値）だったが、一六〇九年八月には九倍の望遠鏡を作り上げた。早速、ガリレオはそれをヴェネツィアの高官たちに見せつけた。街の中央に建つサン・マルコ大聖堂の鐘楼の上から、はるか遠くの人々を文字通り手に取るように見ることのできる望遠鏡は、ガリレオの評価を一気に押し上げた。上がったのは評判だけではない。教授の給与も倍増された。

軍事革命のこの時代には、やはり望遠鏡はその軍事的な価値が最優先されていた。凝り性だったガリレオは、さらに当代一のレンズ職人を雇い入れ、一〇〇組以上のレンズの中から適切なものを組み合わせて、一六〇九年の一一月末までには、実に二〇倍もの倍率を備えた望遠鏡を完成させたのである。

†天文学への参入──哲人への挑戦

ガリレオが最新式の望遠鏡を携えて自らの能力を「売り込んだ」相手は、ヴェネツィアの高官たちだけではなかった。生まれ故郷トスカーナの大公コジモ二世（在位一六〇九～二一年）にも庇護を求めて近づいたのだ。永らく共和制をとってきたフィレンツェであったが、「イタリア戦争」（一四九四～一五五九年）終結後もいまだ戦乱が続き、中央集権化を進めるためにも、一五六九年からメディチ家を頭領にいただくトスカーナ大公国へと衣替えを果たしていた。パドヴァ大学の教授職だけでは生活費が足りなかったガリレオは、一六〇五年からメディチ家の御曹司の家庭教師を務めることとなった。そのときの教え子こそが、父の急死により、弱冠一九歳で大公位を継いだコジモだったのである。

パドヴァ大学で給与が倍増したものの、相変わらず大学の雑務が多かったガリレオは、このあたりで落ち着いて研究に専念したかった。さらにあとで詳しく述べるが、大学での数学教員の待遇をめぐっても不満があった。すでに最初に制作した望遠鏡のひとつを大公に即《つ》いてまもないコジモに贈呈していたガリレオではあったが、彼の許で庇護を受けるにはさらなる贈り物が必要だった。そこでガリレオが選んだのが「新しい星」だったのだ。

パドヴァに移籍してから三年ほど経った一五九五年頃から、デンマークのティコ・ブラーエ（一五四六～一六〇一）や彼の助手も務めたヨハネス・ケプラー（一五七一～一六三〇）といった、同時代の優れた天文学者の業績に注目していたガリレオは、自身も天文学に興味を抱くようになった。しかし当時のヨーロッパ、とりわけイタリアでは、天文学はもちろんすべての自然科学の基礎とされていたのが、古代ギリシャの哲学者アリストテレス（紀元前三八四～三二二）の理論であった。ルネサンスの学問的な発展を支えたのが、アリストテレスに代表される古代ギリシャの叡智であり、キリスト教会までもが、聖書とともに自然科学の古典として珍重したのがアリストテレスの学説であった。

しかし学問の道に入った当初からこれに疑問を感じていたのがガリレオだった。アリストテレスによれば、重いものほど落下速度が速いことになるが、ガリレオ自身の実験では重さに関係なくすべてが同時に落下した。「ピサの斜塔」での落体実験は有名であろう。同じことが天文学にも言えた。アリストテレスは「月より下の世界」と「月より上の世

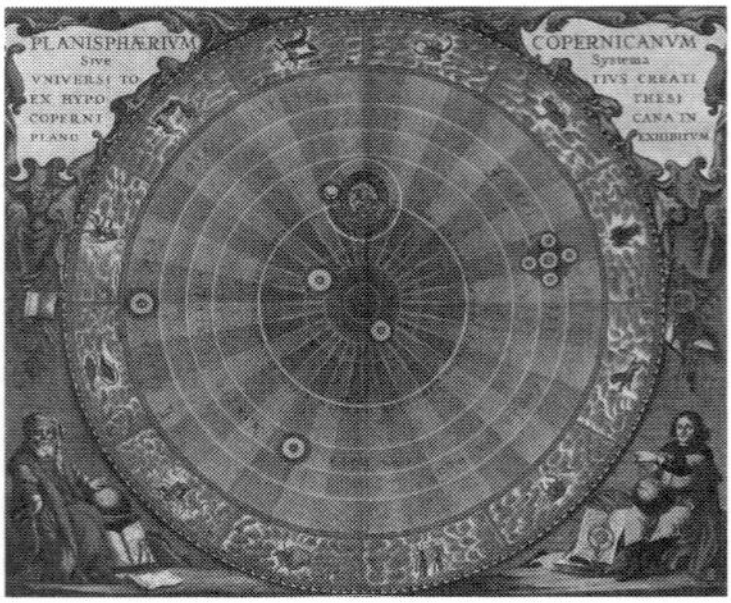

コペルニクスの天球図

界」とをまったく異なる二つの世界であると断言した。「月より下の世界」はまだ不完全であり、変化に満ちている。これに対して「月より上の世界」は完全であり、不変である。ガリレオにはそうは思えなかった。こうした発想に最初に異議を唱えたのはポーランドの天文学者にして司祭のニコラウス・コペルニクス（一四七三～一五四三）であった。彼は「地動説」を初めて唱えたが、その著作が公刊されたのは死の直後のことだった。

　ガリレオは、すでに一五九七年にケプラーに送った書簡の中で、コペルニクスの見解を支持する旨を書いている。とはいえ、机上の空論だけでは満足しないのがガリレオである。そのような折、一六〇四年に射手座に新星が現れた。不変のはずの「月より上の世界」に異変が生じたのである。こうした矢先にガリレオは最強の武器を手に入れた。望遠鏡だ。ヴェネツィアである程度の富と名声を手に入れたガリレオは、二〇倍という当時最高倍率の望遠鏡を駆使して、月や恒星、さらには木星の観察に乗り出した。

　こうしてまとめられたものが『星界の報告』である。一六一〇年三月にヴェネツィアで出版された。六〇頁ほどのこの小さな書籍が、その後の世界を大きく変えてしまったのだ。ここでは月の表面に凹凸があることや、木星にも衛星があることまでが見事な図解入りで報告された。ガリレオはこの本を刊行する以前から、トスカーナ大公の第一書記を務めていたヴィンタという人物に接触を図り、最新の望遠鏡で木星に惑星があることなどを逐一報告していた。このヴィンタからの助言をもとに、ガリレオは新たに発見した木星の衛星を「メディチ星」と命名した。

コジモからの庇護を期待しての命名であることは間違いない。しかしそれ以外に、ガリレオが自らの発見に絶対の自信を持っており、自説に異論を唱える勢力をあらかじめ封じ込める意味も込められていた。衛星の存在を否定することはすなわち「メディチ」を批判することにつながったわけである。

ガリレオからの最大の贈り物にコジモも応えた。一六一〇年七月、ガリレオは「トスカーナ大公付き主席数学者兼哲学者」の称号を獲得したのである。

先述したとおり、パドヴァ大学では望遠鏡の開発で給与は増えたものの、それでも医学部の教授に比べればまだ五分の一程度にすぎなかったのである。さらに「数学者」ごときが「天文学」について発言するというのも、当時の学問の世界では許されていなかった。天文学は「自然哲学者」の領域だった。しかしそんな彼らに言わせれば、彗星は「天文学的現象ではなく、気象学的な現象」とされていた。そのため、パドヴァでは一生「一介の数学者」にすぎないガリレオは、あえて「哲学者」の称号もトスカーナ大公から授与され、天文学に対しても発言できる立場を確立したのである。しかしそれは、この後のガリレオが巻き込まれる大論争を考えれば、まさに「両刃《もろは》の剣」の選択であった。

†ローマでの栄誉

『星界の報告』はそれまで無名であったガリレオの業績をヨーロッパ中に知らしめた。すでに自身の望遠鏡を送っていたケプラーは、ガリレオの言うとおり、木星に衛星があることを観察し、ガリレオの説を支持した。当時ヨーロッパの数学界の第一人者であった、ローマ教皇庁首席天文官クリストフ・クラヴィウス（一五三八〜一六一二）もやはり木星付近に衛星を発見した。彼は一五八二年に、今日にまで続く「グレゴリオ暦」への改定の際に中心的な役割を担った大御所であった。そのクラヴィウスが、ガリレオの発見により「天体構造の再考」を促すに至ったのである。さらにガリレオは、地球が西から東に自転しているとも論じていたが、クラヴィウスはこれも支持した。

クラヴィウスは教皇庁の天文学を担っていたイエズス会の会士であり、彼が中核となりイエズス会が創設したローマ学院もガリレオの見解を受け入れざるを得なくなった。それはローマ教皇庁までもがガリレオの業績を認めたことを意味した。

一六一一年春にガリレオはローマへと旅だった。二カ月ほどの滞在期間に、彼は望遠鏡の展示や観測会などを通じ、多くの高位聖職者や有識者らを驚かせた。ついにときの教皇パウルス五世（在位一六〇五～二一年）からも謁見を許されたばかりか、教皇にご進講を行う栄誉に浴したのである。さらにローマ学院では、クラヴィウスをはじめイエズス会の天文学者らと意見交換し、加えてガリレオを讃える式典まで用意された。

そしてガリレオにとって最高の栄誉は「リンチェイ学士院」の会員に推挙されたことであろう。同院は、一六〇三年に名門貴族の出で自然科学に興味を持っていたフェデリコ・チェージ（一五八五～一六三〇）によって創設された学術協会である。リンチェイはイタリア語でオオヤマネコのことで、すなわち「炯眼《けいがん》の持ち主」を意味した。ガリレオは同院の六番目の会員となり、こののち同院の助成で『太陽黒点論』（一六一三年）、『偽金鑑識官』（一六二三年）を出版している。

リンチェイ学士院は、一七世紀にイタリアに誕生した「科学協会《アカデミー》（学士院）」の先駆けであった。優れた科学者（当時はまだそのような言い方はされていないが）を会員に擁し、海外の研究者との交流・意見交換や、最新の研究成果の出版を進めるなど、今日にまで続く科学協会の活動は、一七世紀半ばまでにはドイツや北欧、イングランドにまで広がった。

神聖ローマ帝国では一六六二年に自然科学協会が、イングランドでは国王チャールズ二世(在位一六六〇〜八五年)の肝いりで同じ年に王立協会が、さらにフランスでも一六六六年に王立科学アカデミーがそれぞれ設立されている。

次章でも見るが、この時代に英仏両国はヨーロッパ大陸に限らず、西インド諸島や北米大陸でも戦争が絶えなかったが、それは王侯同士のお話。王立協会と王立科学アカデミーとは提携を続け、ともに科学の発展のために寄与していったのである。

†哲学・神学からの逆襲

ガリレオのローマ訪問は大成功だった。ローマ教皇や枢機卿、さらにはクラヴィウスをはじめとするイエズス会の天文学者たちからも賞賛を集め、ガリレオは意気揚々とフィレンツェに凱旋した。しかし哲学者たちは彼の業績を認めようとはしなかった。地球が自転するというガリレオの説は、彼らには受け入れがたかった。地球が回転しているならば、地球上の物体はすべて飛ばされてしまうはずだ。

さらにガリレオは次の代表作で、いったんは支持を取り付けたイエズス会まで敵に回してしまう。一六一三年に上記のリンチェイ学士院の助成により出版した『太陽黒点論』である。ここでガリレオはいよいよ「太陽中心説」を明確に示すようになっていた。宗教改革に対抗するなかで形成されたイエズス会は、キリスト教を日本で初めて布教したことでも知られている。しかし彼らの教理では、数学や天文学といった学問はすべて「哲学」に従わなければならなかった。さらにその哲学にしても、当時の学問の最高峰「神学」との整合性を最優先させなければならなかった。

そのイエズス会をはじめ当時の哲学者たちの理想は、すでに述べたとおり、アリストテレスだったのだ。ガリレオは『太陽黒点論』のなかで、「月より上の世界」の不変を唱えたアリストテレスも、ガリレオが望遠鏡を使って詳細に観察したように太陽の黒点が変わっていることを知ったならば、太陽の可変性も認めることだろうと述べていた。ただし、ガリレオはアリストテレスの哲学体系に代わるような新たな体系を用意していたわけではない。そのことが哲学者たちからの反発を招いていたのである。

しかも哲学者たちもガリレオの「実践的な観測」を論破できないと見極めるや、次には「神学論争」へと彼を巻き込む手段に出ていく。「太陽中心説」は旧約聖書の記述とは明らかに矛盾していた。ここで神学者から目を付けられたら、さすがのガリレオも「異端」の嫌疑をかけられ、宗教裁判へと引きずり出される可能性があった。

こうしたなかでもガリレオを支持してくれていたのが、フィレンツェの豪商の家の出身で、ガリレオともゆかりの深いピサ大学で法学を修めた枢機卿マッフェオ・バルベリーニ枢機卿バルベリーニ（一五六八〜一六四四）だった。同郷のよしみもあって早くから親交のあったバルベリーニ枢機卿は、数学や物理学に関するガリレオの理論には同調していたが、こと「太陽中心説」ともなると、慎重な姿勢を崩さなかった。

ガリレオの『太陽黒点論』が、神学者までをも巻き込んだ議論になりかかっていた一六一五年に、枢機卿はガリレオと親しいローマの修道士に次のように語っていた。「彼［ガリレオ］がプトレマイオス（八三頃〜一六八頃：エジプトで活躍した古代ローマの天文学者）とコペルニクスによって使われた論拠を超えることなく、物理学と数学の境界線をはみだすこともなければよいが」。神学者にとって聖書の解釈は自分たちの領域であり、一数学者にすぎないガリレオが口出しすべき問題ではなかった。

ガリレオ自身は、熱心なカトリック教徒であり、自らの学問とキリスト教の調和を信じて疑わなかった。救いを求めるときには聖書に道を求め、自然界の営みを知りたいときには経験的な観察に道を求める。それが彼の信条であった。

バルベリーニ枢機卿も、そのようなガリレオの真摯な姿勢を知っていたからこそ、彼を支持したのであるが、高位聖職者のすべてが彼のような人物だったわけではない。ここにガリレオに強敵が現れる。イエズス会士で当時の神学界を代表する枢機卿ロベルト・ベラルミーノ（一五四二〜一六二一）である。ベラルミーノは、カトリック教会の団結を訴え、その統一性を強化しようとする急先鋒であった。そのような彼にとって、ガリレオの学説はカトリック教会に分裂をもたらす元凶と映った。

ガリレオがローマを訪れた一六一一年という早い時点において、すでにベラルミーノはガリレオに関する報告書を異端審問所に求めていた。バルベリーニ枢機卿が、ガリレオの頑なな姿勢に懸念を感じていた一六一五年、ついにガリレオは反対派からの告発を受け、異端審問の嫌疑でローマに召還される。審問は長引き、翌一六年二月にガリレオはベラルミーノにより、コペルニクス理論に関する私的訓戒を受けた。ガリレオは今後、「太陽中心説」は二度と口にしないと約束させられた。三月にはコペルニクスの『天球回転論』も教皇庁の禁書目録に登録されることになった。

†『世界系対話』と二度目の宗教裁判

のちにガリレオの「第一次裁判」と呼ばれることになる一六一六年の審問からしばらくは、ガリレオも天文学に関する公言は避けていた。ところが早くもその二年後に問題が生じる。一六一八年秋に三つの彗星が現れたのだ。アリストテレスに言わせれば、彗星とは「月より下の世界」に属する現象であり、前述のとおり、それゆえ一七世紀の哲学者たちも彗星は天文学ではなく「気象学」の現象ととらえていた。ガリレオは、弟子の名前を使って論稿を発表し、彗星を「月より上の世界」の問題であると、控えめながらも論じた。

ガリレオに対する糾弾の声が再びあがろうとしていた。そのような矢先に吉報が届いた。一六二三年八月、新しいローマ教皇にウルバヌス八世（在位一六二三〜四四年）が選ばれたのである。長年ガリレオを支援してくれた、あのバルベリーニ枢機卿のことである。

これで自身が長いあいだ温めてきた「太陽中心説」をより声高に主張できるようになるのではないか。ガリレオは早速、翌一六二四年にローマを訪れた。ウルバヌス八世はガリレオを大歓迎し、六回にわたって謁見を許した。旧知の間柄である新教皇に、ガリレオは自説を力説した。しかし、こと「太陽中心説」に至ると、途端に教皇の表情は曇った。

天文学の体系はあくまでも仮説的なものでしかない。古代のプトレマイオスの見解と、コペルニクスの見解を対等の位置づけで「仮説」として紹介する程度であればよい。教皇の返答はこうだった。ところが、ガリレオは「仮説」ではなく「自説」を展開していく。

四年の歳月をかけて彼が完成したのが、『プトレマイオスとコペルニクスの二大世界体系についての対話』。俗に『世界系対話』と呼ばれる書物である。一六三〇年五月に再びローマを訪れたガリレオは、ウルバヌス八世に謁見して、最新の著作について説明した。このときも教皇は天文学理論はあくまでも「仮説にすぎない」とガリレオに念を押したが、ガリレオのほうはこれで教皇から「お墨付きを得た」と勘違いしていた。

『世界系対話』は、一六三二年に完成した。プトレマイオスとコペルニクスとが天体のありかたについて四日間にわたって対話するという設定で書かれた同書は、誰が読んでも、コペルニクス説の正しさを読者に印象づけようとする著者の意図が明白であった。「月より上の世界」と「月より下の世界」という区別は成り立たない。地球の自転運動は明らかであり、太陽が地球の周りを回っているわけではない。

この本は、随所でこれらをすべて「仮説」「空想」「幻想」であるなどという言葉を使い、お茶を濁している部分も確かにある。また何より、ガリレオはこの本をイタリア語で出版した。第二章でも詳述したとおり、当時のヨーロッパ世界の「正式な言語」はラテン語である。キリスト教会はもちろん学術の世界で自説をヨーロッパ全土に公表したい場合には、どのような分野であれ、学者たちはラテン語で著作も論文も刊行するのが普通であった。それをイタリア語で出版したということは、ガリレオ自身これが「公式なものではない」と念を押していたとも考えられるのである。イタリア語にすればこの本が読まれる範囲も限られるし、あくまでも「私的な仮説」と言い逃れもできよう。

しかしローマ教皇庁はそうはとらえなかった。なかでも最も激怒したのが、ほかならぬローマ教皇ウルバヌス八世そのひとであった。あれだけ「太陽中心説」については慎重になるよう助言したのに、よりによってこのような本を出すとは。一六一六年の「第一次裁判」のときに、もう二度とコペルニクス説については語らないと約束したのに、このざまは何だ。第一次裁判には、当時まだ枢機卿だったウルバヌス自身も出席していたのである。

しかも、教皇にあることないこと告げ口する輩もヴァチカンには跋扈《ばっこ》していた。『世界系対話』に登場し、プトレマイオスを支持するシンプリチオなる人物は、恐れ多くも教皇聖下を戯画化していると。シンプリチオは「対話」のなかでコペルニクスに完膚無きまでにやりこめられているのだ。

『世界系対話』の発行からわずか八カ月、一六三二年一〇月にガリレオはローマの異端審問所に出頭を命じられた。当時六八歳だったガリレオは、健康不良を理由にしばらくはローマに赴けなかったが、翌三三年四月からついに「第二次裁判」が始められた。そして六月二二日に、ドミニコ会が持つサンタ・マリア・ソプラ・ミネルヴァ修道院の大広間で読み上げられた判決では、「太陽は世界の中心であり、その場所から動かないという提題は、哲学的に不条理でまちがっている」、「このような危険な学説が根絶され、これ以上浸透してカトリックの真理に重大な損害を与えないよう、このような学説を取り扱う書物を禁書とし、学説そのものが誤りであり、聖書にまったく相反している」と明言された。

これを受けて年老いたガリレオは「このような嫌疑をかけられるようなことを、口頭でも文書でも、二度と述べない」と誓わされ、「異端放棄の宣誓」をさせられた。

このあと「それでも地球は動いている（E pur si muove）」という有名な言葉を残したか否かは、今日では否定的にとらえられている。こののちガリレオは、フィレンツェ郊外の別荘に移され、ここで余生を過ごすことになった。

†ウルバヌス八世の苦悩――三十年戦争とのかかわり

一六三二～三三年のガリレオの「第二次裁判」の帰趨《きすう》を制したのは、ときのローマ教皇ウルバヌス八世の態度であったことは明白である。彼はもともと、学術や芸術にも造詣が深く、ガリレオが数学や物理学で示した特異な才能には一目も二目も置いていた。

彼は芸術の庇護者としても広く知られ、バロック彫刻の第一人者であるジャン・ロレンツォ・ベルニーニ（一五九八～一六八〇）を登庸し、ヴァチカンのサン・ピエトロ大聖堂内に青銅製の見事な大天蓋も造らせている。

そのような彼がなぜ旧知のガリレオを審問にかけさせたのか。すでに述べたが、第一次裁判でガリレオが宣誓した「コペルニクス説について今後は公言しない」という約束を破り、それまで彼を擁護してきたウルバヌス自身の顔に泥を塗る結果になったこともあげられよう。あるいは、『世界系対話』のなかで教皇自身が揶揄されているとのご注進も影響があったかもしれない。

しかしそれ以上に、ガリレオにとって不運だったのは、『世界系対話』の刊行の時機が、当時のヨーロッパ国際政治の文脈のなかでは最悪の時期に重なっていたことが、ウルバヌスの判断につながったと考えられるのである。

「第一次裁判」の後に、ガリレオが再び天文学について探究を始めるきっかけとなった、三つの彗星が天上に現れた一六一八年。ヨーロッパに最後の宗教戦争が始まろうとしていた。第二章でも見た「アウクスブルク宗教平和令」の合意から半世紀も経つうちに、神聖ローマ帝国は再びカトリック諸侯とプロテスタント諸侯の両派に分かれて、各地で衝突を繰り返すようになっていたのだ。それはボヘミア（ドイツ語でベーメン）で生じたプロテスタント諸侯らの反乱に端を発する「三十年戦争」（一六一八〜四八年）へとつながった。

帝国全土を再びカトリックの版図に塗り替えたかった、強硬派の皇帝フェルディナント二世（在位一六一九〜三七年）は、カトリック諸侯や「同門（ハプスブルク）連合」により結ばれるスペインの力も借りて、帝国北部のプロテスタント勢力を潰しにかかっていた。ここにプロテスタント勢力を加勢するために颯爽《さっそう》と現れたのがスウェーデン国王で「北方の獅子」とあだ名されたグスタヴ二世アードルフ（在位一六一一〜三二年）だった。「軍事革命」の時代を代表する戦術の天才である彼は、スペイン式の密集隊形で迫ってくる皇帝軍に対して、長く浅く隊伍を組んだ銃撃手を配備し、連続砲撃でこれを粉砕していった。

勢いを増したスウェーデン軍は一六三二年二月までには、帝国南部のバイエルン公国の都ミュンヘンにまで進撃してきていた。対するカトリック側は皇帝軍総司令官アルブレヒト・フォン・ヴァレンシュタイン（一五八三〜一六三四）を差し向けた。これまた「軍事革命」の時代を象徴する「軍事企業家」だった。この当時は君侯や都市などが、軍備一式の調達から兵隊徴募までのすべてを傭兵隊長に任せ、彼らが君侯や都市の代わりに戦争を行っていたのである。この「軍事革命」の時代の両雄の直接対決が、一六三二年一一月にライプツィヒ郊外のリュッツェンで見られた。

ガリレオの告発はそのような矢先のことであった。軍事の天才グスタヴ・アードルフによる進撃を受け、カトリック側は苦戦を強いられていた。しかもそのスウェーデンに莫大な資金を援助していたのが、同じくカトリック大国であるはずのフランスだったのだ。

リシュリュー枢機卿

この当時は、国王ルイ一三世（在位一六一〇〜四三年）に宰相として仕えるリシュリュー枢機卿（一五八五〜一六四二）が政治の実権を掌握していた。彼はフランス国内においては、ユグノー（フランスでのカルヴァン派プロテスタント）の殲滅に尽力した。しかし国内と国外とでは論理が違った。リシュリューがヨーロッパ国際政治でのフランスの勢力を拡大する際に用いたのが「国家理性《レゾン・デタ》」という考え方である。それは宗教よりも、国家の利益を最優先するという方針であった。そのためには、同じくカトリック勢力にあっても、スペインとオーストリアの両ハプスブルクの力を減退させ、フランスの領土を自然の国境線（ライン川）にまで拡大するという、フランソワ一世以来の野望（第二章参照）を実現するほうが優先されたのである。

フランスは一六三一年に、プロテスタント国のスウェーデンと同盟を結び、フランスが送る豊富な資金を背景に、グスタヴ・アードルフはヨーロッパ中央部で暴れ回っていた。この動きを止めるには、スペインにより多くの戦力を提供してもらわなければならない。カトリックの総本山にいるウルバヌス八世もそれを強く望んだ。しかしそのためには教皇としてもスペインに誠意を示さなければならない。その「生け贄の山羊《スケープ・ゴート》」に選ばれたのがガリレオ・ガリレイだったのである。

聖書の教えに反する「太陽中心説」は、「聖書のみ」を信奉するルター派のプロテスタントから支持を集める気配は当分見られなかった。むしろ教皇が危惧したのは、カトリック守旧派の牙城ともいうべきスペインの態度であった。一七世紀になってもスペイン国内では、相変わらず厳しい異端審問が行われ、毎年少なくとも数十人単位が処刑されていた。

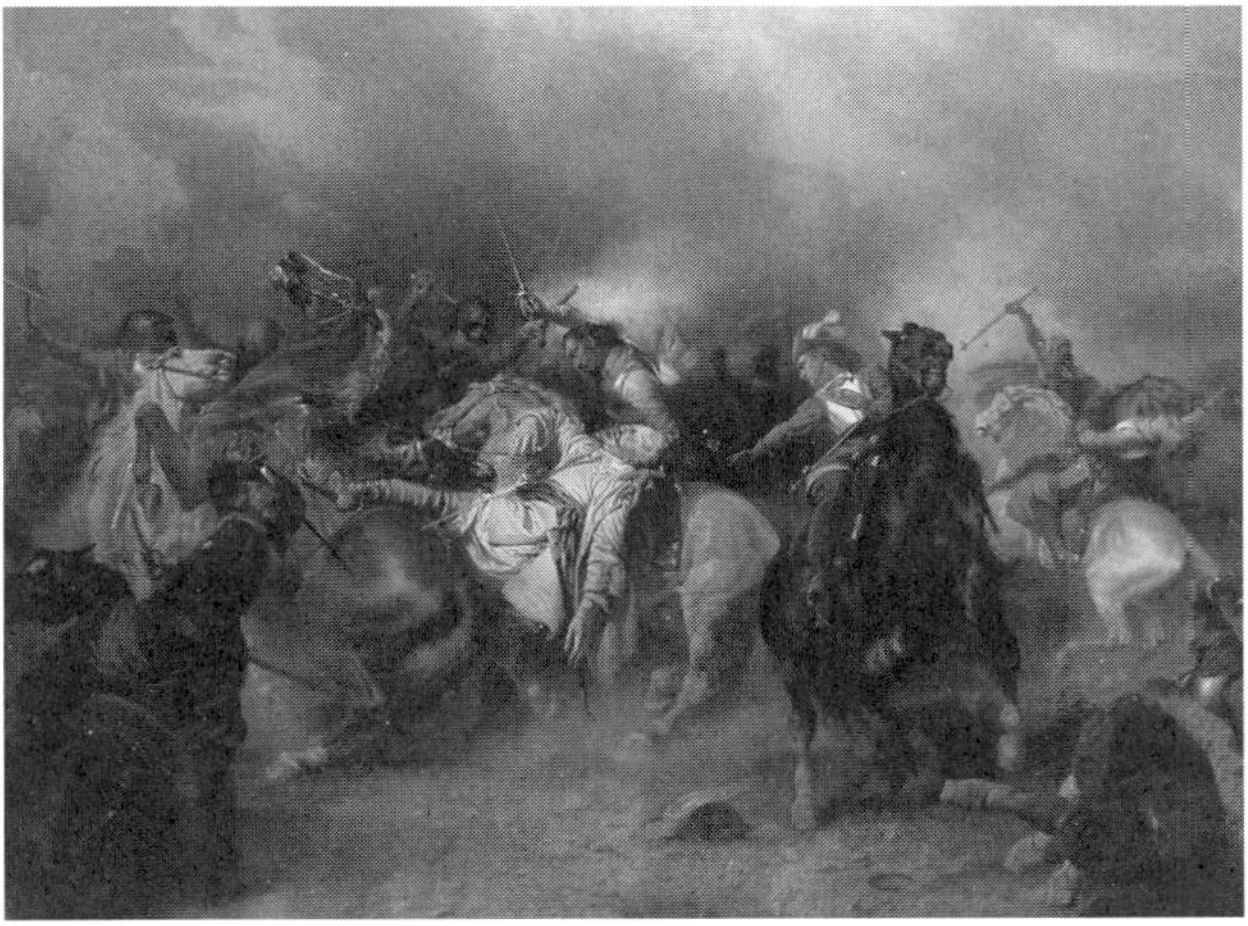

グスタヴ・アードルフ、リュッツェンでの戦死

そのスペインが、ガリレオ説の登場に右往左往するようなローマ教皇のために、軍や金を送ってくるだろうか。ガリレオは、三十年戦争でカトリック勢力を再結集させるとともに、スペインの力を投入させるための「見せしめ」になってくれよう。

一六三二年一一月のリュッツェンの戦いでは、グスタヴ・アードルフの勝利に終わったが、彼自身は戦死してしまう。これでスウェーデンもしばらくは勢いが衰えたが、今度はフランス自体がプロテスタント陣営に味方して参入してくる気配を見せていたのである。ついに一六三五年、フランスがスペインに宣戦布告し、戦争はさらに長期化した。しかし帝国内

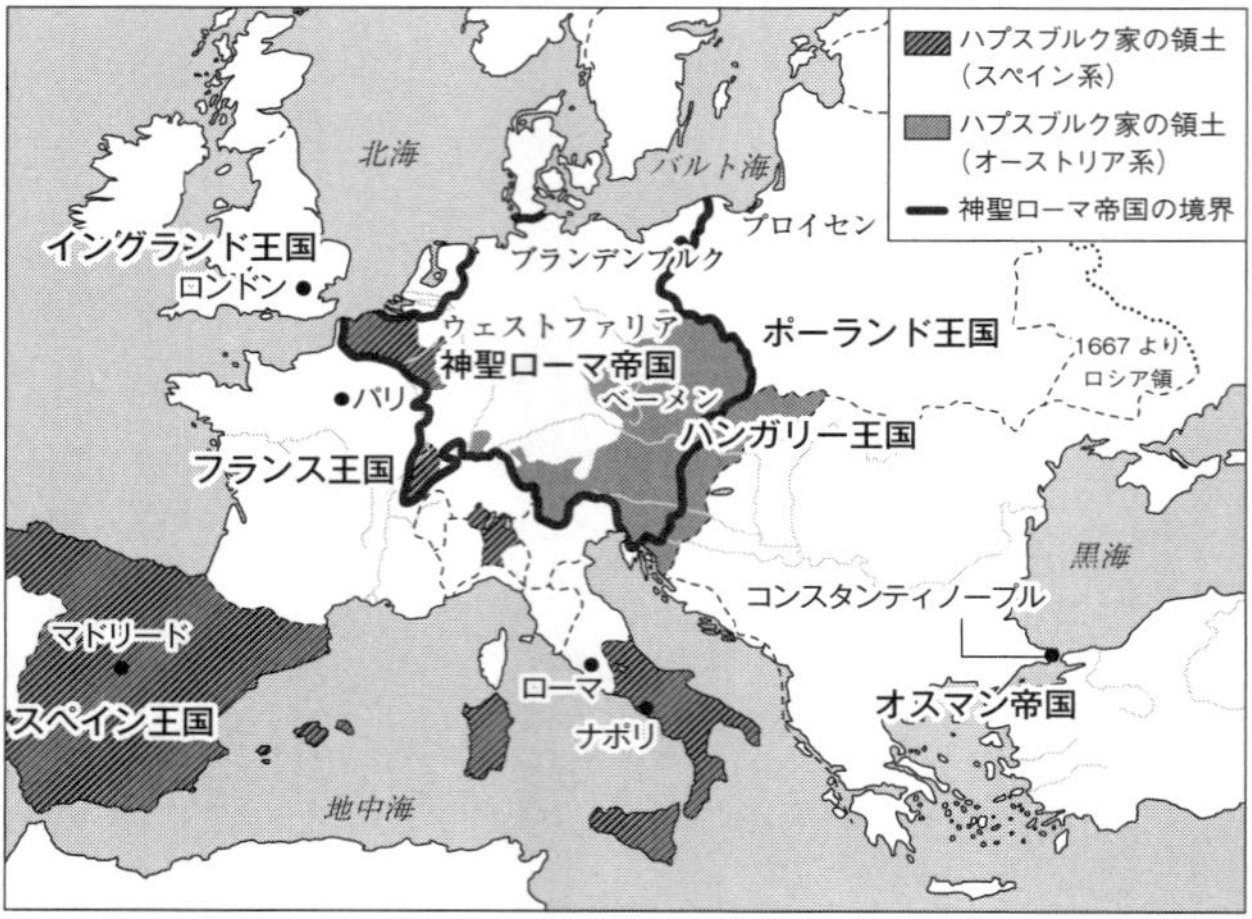

【地図】 17世紀半ばのヨーロッパ

ですでに二〇年近くにわたって続いた戦争に、カトリックもプロテスタントもともに疲れ切っていた。

一六四四年からフランス、スウェーデンそれぞれと帝国諸侯の国際会議が、ドイツ北西部のヴェストファーレン（英語名でウェストファリア）で開催され、足かけ五年の歳月を経て、ここに講和条約が結ばれた。カルヴァン派も含めてのプロテスタント信仰は帝国で再び認められ、諸侯や帝国議会の権限もあらためて承認された。

†科学革命とバロックの時代

一六三三年の裁判でガリレオは敗北したかのように思われる。しかしそれは彼の発見の数々に代表される、一六〜一七世紀ヨーロッパに見られた「科学革命」にとっての重要な事件でもあった。

アメリカを代表する科学史の泰斗ローレンス・プリンシプによれば、ヨーロッパに科学革命をもたらした要素は次の四つである。①人文主義の勃興、②活版印刷術の普及、③新世界の発見、④宗教改革。このいずれもが科学の発展に寄与したとともに、一部には逆説的に聞こえるようではあるが、キリスト教という宗教と矛盾することなく進められたのだ。

ガリレオも、彼から多大な影響を受けたアイザック・ニュートン（一六四二〜一七二七）も、神も聖書も否定したことはなかった。むしろ二人はともに熱心なキリスト教徒であった。先にも記したとおり、救いの道と探究の道はそれぞれ別のやり方で追い求められていったのである。また、われわれ現代人は、科学革命以前のヨーロッパを「遅れた」「劣った」知識しかなかったなどと決めつけてはいけない。コロンブス以前のヨーロッパの人々が「地球は平らにできている」と信じていたなどというのは、一九世紀のヨーロッパ人が「発明した作り話」にすぎないのである。だからこそ、コロンブスも、コペルニクスも、そしてガリレオも登場できたのだ。

ガリレオであれ、ニュートンであれ、彼らはみな自然界のなかに「神の隠されたメッセージ」を探しだし、それを独自の方法で観測し、公表していった。

裁判には「敗れた」とはいえ、ガリレオの最大の功績は、もはや科学が哲学によっては支配されえない時代に突入したことを明確に示してくれたことだろう。

二〇世紀を代表するドイツの戯曲家ベルトルト・ブレヒト（一八九八〜一九五六）は、『ガリレイの生涯』（一九四三年初演）という作品を残している。そのなかでガリレオが、制作したばかりの望遠鏡をヴェネツィアの執政官に売り込む場面がある。そのときに執政官はこう叫んでいる。「哲学的観点ですって！　数学者であるガリレオ先生が、哲学となんの関係があるんですか？」。すでに述べたとおり、数学も天文学もすべて哲学の支配下にあった。ガリレオはそれを解放する契機を作り上げたのである。

それと同時にガリレオが活躍した時代とは、ヨーロッパにバロック芸術が芽ばえた時代でもあった。彼の父ヴィンチェンツォは、自身ではオペラ作品を作り上げることはできなかったが、彼の理論や方法論を学んだものたちが、イタリアを舞台にオペラを、ひいてはバロック音楽も生みだしていったのである。

本章の冒頭で紹介したペーリは、確かに現存最古のオペラを残しているが、作品自体はあまり大したことはない。むしろ本格的なオペラを生みだしたのは、ペーリより若干年下のクラウディオ・モンテヴェルディ（一五六七〜一六四三）だった。彼は、ヴィンチェンツォが提唱した「不協和音」を大胆に使用し、音楽の劇的な展開を可能にしたのである。

一六〇八年に初演したオペラ『アリアンナ』では、恋人に裏切られた主人公が悲痛な思いをそのまま歌い上げるが、それはルネサンス音楽のポリフォニーの時代には決して使われることのなかった音階であった。

『戦争の惨禍』（ジャック・カロ画、三十年戦争における傭兵の処刑）

　音楽に限らず、絵画も彫刻も建築も文学も、バロック時代には「演劇性」が強調され、ルネサンス期には許されなかったような表現が好んで採り入れられるとともに、人々もそれを好むようになった。ルネサンス芸術の神髄は「調和性《ハーモニー》」にある。均衡の取れた構図や合奏がその美の極致にあった。しかしそれは激動の時代（乱世）を知るようになった人々には、もはや飽き足らなくなっていたのではないだろうか。

　自らの宗教をめぐって血みどろの闘争を繰り広げるようになったのは、王侯や騎士たちだけではない。商人や職人、農民たちもしかりであった。一七世紀（一六〇一～一七〇〇年）のヨーロッパでまったく戦争が見られなかったのは、わずか四年だけであったという説もある。それほどまでに「戦争」は市井の人々の生活にまで浸透していたのである。

自分自身が「劇的な」人生を送るようになった人々にとっては、それ以前は「けばけばしい」と忌避されていたかもしれない、ヴェルサイユ宮殿のような絢爛豪華《けんらんごうか》な建築物や、ベルニーニの彫刻群、そしてモンテヴェルディのオペラや、ルイ一四世（在位一六四三〜一七一五年）自身も若き日に踊ったバレエなど、それまでとは異なった「メリハリの利いた」芸術が好まれるようになり、人々の生活にも定着していったのであろう。

そもそも「バロック」という言葉は、ポルトガル語の「barrôco（ゆがんだ真珠）」に起源を持つ。均整のとれた球体の真珠ではなく、でこぼこしたいびつなかたちの真珠こそが好まれる時代になったのである。

読者もお気づきのとおり、オペラの創始者モンテヴェルディは、ガリレオより三つ年下でガリレオの死の一年後にその生涯を閉じている。まさに二人は同時代人といってよい。中世・ルネサンスという時代から、近代へとヨーロッパが向かっていくときに、「バロック」という時代はまさにその突破口となった時代であった。

「自然という書物は数学の言葉で書かれている」と述べたガリレオも、自然科学の世界のバロックの先陣を切った大切な一人であったのだ。

そのガリレオが異端審問にかけられるきっかけを作った『世界系対話』を刊行し、教皇庁で物議を醸し出していたとき、はるか北西部のイングランドでは一人の少年が誕生した。

彼はやがて一〇歳の時に国を揺るがす内乱に巻き込まれるが、こうしたなかでガリレオと同じく、古代ギリシャの哲学者たちとは異なった視点から、近代にふさわしい「社会契約」という考え方を醸成させていき、それは一世紀後にヨーロッパ最大の事件を用意する思想的な土台となっていくのである。

第四章 市民革命のさきがけ

ジョン・ロック（1632〜1704）

第四章関連年表

西暦	出来事
1632	ジョン・ロック生まれる（イングランド南西部・サマセット州）
1642	イングランドで清教徒革命（三王国戦争）始まる（～49 年）
1643	フランスでルイ 14 世即位（マザラン枢機卿が宰相として補佐）
1648	ヴェストファーレン（ウェストファリア）講和条約：三十年戦争終結
1649	イングランドでチャールズ 1 世処刑：共和政成立（～60 年）
1652	第一次英蘭戦争（～54 年）
1660	イングランドで王政復古：チャールズ 2 世即位
1665	第二次英蘭戦争（～67 年）
1667	フランドル（遺産帰属）戦争（～68 年）：フランスとスペイン間の戦争
1670	ドーヴァー密約：ルイ 14 世とチャールズ 2 世が対オランダ戦めぐり協力
1672	第三次英蘭戦争（～74 年）
	オランダ戦争（～78 年）：フランスとオランダの戦争
	→ネイメーヘン講和条約：国際会議で初めてフランス語が公用語に
1683	オスマンによる第二次ウィーン攻囲：皇帝軍によりオスマン撃退へ
1686	アウクスブルク同盟結成：ルイ 14 世包囲網として結成
1688	九年（プファルツ伯継承）戦争（～97 年）
	イングランドで名誉革命（～89 年）：ジェームズ 2 世廃位
1689	オランダ総督ウィレムがウィリアム 3 世としてイングランド国王に即位
	→「権利章典」が制定され立憲君主制が確立
1697	レイスウェイク講和条約：九年戦争終結
	ロシアのピョートル 1 世が「大使節団」を率いて西欧諸国を視察
1699	カルロヴィッツ条約：オーストリア・ヴェネツィア・ポーランドがオスマンと講和し、これ以後オスマンの脅威は減退
1700	北方大戦争（～21 年）
1701	スペイン王位継承戦争（～14 年）
1704	ジョン・ロック死去（イングランド東部・エセックス州）
1707	イングランドとスコットランドが合邦：「イギリス」の成立
1713	ユトレヒト条約：イギリスがジブラルタルなどを獲得
1714	ラスタット条約：スペイン王位継承戦争の終結
	イギリスにハノーヴァー王朝（～1901 年）が成立

この章でとりあげる時代（一六三〇～一七〇〇年）は、ヨーロッパに絶対君主政が確立された時期にあたる。

中世以来王位継承争いが絶えず、国王がヨーロッパ大陸に所領を有していたのでつねに遠征費を捻出する必要に駆られていたイングランド（イギリス）では、王権と並んで有力諸侯らからなる議会の権限がかなり強かった。一五三〇年代にローマ教皇庁と袂を分かち、イングランド国教会を形成した際も、それは国王の独断で進められたわけでは決してなく、貴族院と庶民院の二院からなる議会を通過した一連の法律によって決められていた。

こののち一七世紀にスコットランド国王がイングランド国王を兼ねてステュアート王朝が始まると、こうした慣例を無視して王権を絶対視するような国王が登場した。この章でこれから見ていくとおり、そのような国王は清教徒革命で首を切られ、名誉革命で玉座を追われる運命となった。

これに対してフランスでは、男子の世継ぎに恵まれ、深刻な王位継承争いが生じることもなかった。また英仏百年戦争（一三三七～一四五三年）でイングランドを破ってから、強力な王権のもとで中央集権的な国家建設を可能にしていたフランスには、身分制議会である「全国三部会」が見られたものの、それは一六一四～一五年の召集を最後にこののち一七五年間も開かれることはなかった。

ここにルイ一三世治下（一六一〇～四三年）に強力な常備軍（一六四〇年には二五万人に達した）を有し、地方監察官を用いた租税の徴収システムも充実させ、兵員や軍需物資の統括も中央の軍事局に一元化する強力な中央集権体制が確立されていった。

これを引き継いだのが息子のルイ一四世（一六三八～一七一五）だった。彼の下で常備軍と税制・財政の整備、官僚制度の発展がさらに見られた。こうした諸制度に支えられた王侯の絶対的な権力により政治の諸事全般を決定できる体制こそが「絶対君主政（Absolute Monarchy）」である。フランスでこれが本格的に確立されたのが、後の世に「太陽王」と呼ばれるルイ一四世の時代であった。

さらにこの時代は、経済学でいうところの「重商主義（mercantilism）」の全盛期だった。国家全体の富を増やすために、高率の保護関税で自国産業を保護育成し、貿易差額（安く輸入し、高く輸出する）で利益を得るために、特権大商人による貿易独占を奨励する政策である。すでに同様の政策は「東インド会社」の創設というかたちでイングランド（一六〇〇年）とオランダ（〇二年）に先んじられていたが、フランスはルイ一四世時代の一六六四年にこれを本格的に立ち上げ、同年には西インド会社も作られ、カリブ海貿易にも乗り出す。

こうして東南アジアやインド、さらにはカリブ海や北米植民地などで、フランスはオランダやイングランドとの通商戦争に乗り出しただけではなく、それは軍事力を使った本物の戦争にまで発展した。ルイ一四世が、神聖ローマ帝国東部の有力諸侯であるプファルツ伯爵の継承問題を理由にライン左岸へと乗り出した九年戦争（一六八八〜九七年）以来、ヨーロッパでの列強間の戦争はそのまま北米大陸やカリブ海、インド周辺にも拡大した。

このような重商主義経済によって支えられた絶対君主政のあり方は、スペインやドイツ諸国、ロシアなどにも拡がり、一七世紀後半以降のヨーロッパ各国は（イングランドを除いて）絶対的な権限を有する王侯とその取り巻きである貴族や特権商人によって、政治・経済・社会・文化のすべてが支配される状況となっていった。

†清教徒革命のなかで

ガリレオ・ガリレイ（一五六四～一六四二）がフィレンツェ郊外の別荘で七七年の生涯を静かに閉じようとしていた頃、イタリアからはるか北西にあるイングランドのウェストミンスター宮殿（国会議事堂）では、国家全体を揺るがすような大事件が起ころうとしていた。一六四二年一月四日、四〇〇人の衛兵を連れた国王チャールズ一世（在位一六二五～四九年）が突然、庶民院の議場に乗り込んできたのである。いったい何があったのか。

イングランドでは、一〇世紀前半から聖俗諸侯らを中心に「賢人会議」と呼ばれる集会が国王から召集され、王位継承問題や課税などで相談を受けていた。フランスなどと異なり、この国では王位継承をめぐる争いがつねに起こっていたのだ。さらに、一〇六六年にノルマンディ（フランス北西部）の領主がイングランド王を兼ねるようになってからは、歴代の王たちは大陸の所領を防衛し、また勢力を拡張するため、たびたび軍事遠征に出かけなければならなくなっていた。その費用を捻出し、国王が留守中のイングランドを守ってくれるのも賢人会議の役目だった。それは一三世紀半ばまでには「議会（Parliament）」と呼ばれるようになり、国王とともにイングランド政治の中枢を担っていった。

ところが、一六〇三年にスコットランド国王がイングランド国王を兼ねてロンドンへとやってきてから、国王と議会との間に軋轢《あつれき》が生じるようになった。第三章で述べた「三十年戦争」（一六一八〜四八年）のきっかけを作った、ボヘミアの諸侯が自らの国王に推戴した人物の妃が、チャールズの実姉だったのである。姉夫妻はハプスブルクやバイエルン、スペインといったカトリック勢力に国を追われ、オランダでの亡命生活を余儀なくされていた。その窮地を救おうにも、イングランド議会は国王に軍資金を融通する気配さえ見せてくれないではないか。加えて内政をめぐる国王と議会の衝突も激しさを増していった。

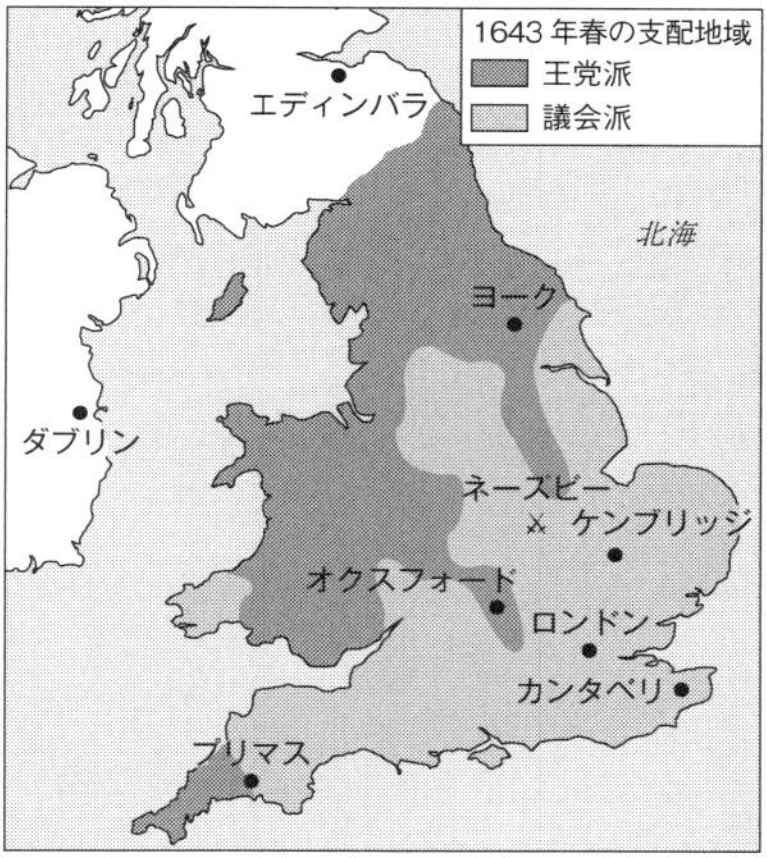

【地図】革命時代のイギリス

ついにチャールズ一世は議会を無期限に停止してしまった（一六二九年）。しかも結果的に議会のない状態はその後一一年も続いたのである。この間、国王は不当な課税を行い、逆らうものには不当な逮捕や投獄が待ち受けていた。特に課税の対象とされたロンドンや他の港町の商人たちの怒りは鬱積《うっせき》していった。そのような矢先、イングランド国教会（第二章を参照）の制度をスコットランドにまで押しつけようとした国王の強引な姿勢に対し、スコットランドで反乱が生じた（一六三八年）。軍事遠征費の捻出に窮したチャールズは、一六四〇年、一一年ぶりに議会を再開することとなった。

一一年間にわたって煮え湯を飲まされてきた議員らの怒りは国王に向けられた。急進的な議員たちは、これまでの国王の悪政の数々を連ねて抗議する「大抗議文」と呼ばれる文書を作り、議会の採択を経てから、国王に提出した。これに対する国王の回答が、上記の議場への乱入だったのである。「大抗議文」の作成に直接関わった五人の議員を反逆罪で逮捕しにきた国王ではあったが、事前に情報を得ていた彼らはその場にいなかった。「そうか、鳥は逃げてしまったな。もどってきたらすぐに引き渡すように」。そう国王は言い残して議場をあとにした。これがのちにわが国で「清教徒《ピューリタン》革命」と呼ばれる、国王派と議会派の間で見られた壮絶な内乱の幕開けであった。内乱は同じ一六四二年の八月に始まり、四九年一月にチャールズ一世が公開の場で処刑されたことで幕を閉じた。この内乱を少年時代に間近で経験したのが本章の主人公ロックだった。

†ジェントルマンが支配する社会

ジョン・ロック（一六三二〜一七〇四）は、内乱勃発からさかのぼること一〇年前に、イングランド南西部のサマセット州に生まれた。同名の父ジョン（一六〇六〜一六六一）

は衣服商の家に生まれ、母アグネスはなめし革職人の娘であった。父方の祖父ニコラスは商売で稼いだ金を土地の購入につぎ込んだ。おかげでロックの父ジョンは衣服商は継がずに、事務弁護士の資格を取り、州の治安判事の事務官として仕えることができた。

当時のイングランドは「地主貴族階級《ジェントルマン》」によって支配されていた。彼らは、それぞれの地方の名望家であると同時に、州統監や治安判事などに任命され、地方行政や民兵隊（地方の自衛軍）の統轄も託されていた。それればかりではない。彼らこそがウェストミンスターの国会議事堂に送られる議員として、イングランド全体の統治にも関わっていたのだ。議員に選ばれる資格（被選挙権）も、議員を選ぶ資格（選挙権）も、ともに土地を基準にした財産によって決められていた。

ジェントルマン階級は大きく二つに分けられた。爵位（公侯伯子男の五爵）を持つ貴族と、中小地主のジェントリである。前者は貴族院議員、後者の多くは庶民院議員として、それぞれ国政に携わった。次頁の表にもあるとおり、平均的な爵位貴族の年収はジェントリ最下層（「単なるジェントルマン」と呼ばれる）の実に一〇倍に達していた。その単なるジェントルマンでさえ、普通の労働者に比べれば二〇倍に近い収入があったのである。

ロックが生まれた一七世紀半ばのイングランドでは、ジェントルマン階級の人々に加え、医師や法律家などの専門職階級や商工業で富を得た人々も地方の行政などに参画するよう

	家族数	家族規模	家族の平均年収
世俗貴族	160	40人	2,800ポンド
聖界貴族	26	20	1,300
准男爵	800	16	880
ジェントリ　ナイト	600	13	650
ジェントリ　エスクワイア	3,000	10	450
ジェントリ　ジェントルマン	12,000	8	280
高級官吏	5,000	8	240
下級官吏	5,000	6	120
貿易商（上流）	2,000	8	400
貿易商（中・下流）	8,000	6	200
法律家	10,000	7	140
聖職者（中位）	2,000	6	60
聖職者（下層）	8,000	5	45
自作農（上層）	40,000	7	84
自作農（下層）	140,000	5	50
借地農	150,000	5	44
学者など	16,000	5	60
国内商人	40,000	4.5	45
職　人	60,000	4	40
海軍将校	5,000	4	80
陸軍将校	4,000	4	60
一般船員	50,000	3	20
労働者など	364,000	3.5	15
小屋住農	400,000	3.25	6.5
兵　卒	35,000	2	14
浮浪者	—	—	—

17世紀末のイングランドの社会構成（グレゴリ・キングによる）

〔出典〕G. King, *Natural and Political Observations upon the State and Condition of England*, 1696.（今井宏編『世界歴史大系　イギリス史2　近世』山川出版社、1990年、364ページより）

になっていたが、そのためには彼らもなにがしかの「地主」である必要があった。

ロックの家は、ジェントルマンの生活を送るには少し収入が少ないが、一家四人（ロックの五年後に弟トマスが生まれた）で普通に暮らし、息子を大学にまで行かせられるだけの土地は有していたのである。とはいえ、名門のパブリック・スクール（日本でいう中等教育を受ける私立学校）に入るにしても、当時はそれ相応の家柄や階級がものをいった。土地は持つものの地方の下級官吏にすぎないロックの家くらいでは、名門に入るのは難しかった。そのロックの人生を大きく変えてくれたのが、清教徒革命だったのである。

そもそも「清教徒（puritan）」とは、カルヴァン派の教義から大きな影響を受けたイングランド国教徒のことをさす。第二章でも論じたとおり、イングランド国教会は国王ヘンリ八世（在位一五〇九～四七年）の離婚問題が原因で形成された宗派であり、主教制度のような教会内での階層が色濃く残っていた。聖職者と信徒との平等性を尊重する清教徒は、こうした階層性や華美な儀式を否定し、国教会を「より清らかな」宗派にするための改革を訴えていた。誠実で勤勉で禁欲的な彼らの生活態度もまた「清《ピュア》らか」であった。

オリヴァー・クロムウェル

一六四二年に始まった内乱では、オリヴァー・クロムウエル（一五九九～一六五八）に代表される議会側の指導者にこの清教徒が多かったこともあり、「清教徒革命」の名前で日本では知られている。ロックの家も、もともと清教徒の考え方に深い共感を示しており、内乱勃発と同時に父ジョンは議会軍に大尉として従軍した。このとき連隊の司令官として仕えた相手が地元の有力者アレクサンダー・ポッパム（一六〇五～一六六九）であった。

祖父は庶民院議長や法務総裁（法相）を歴任し、父も庶民院議員を長年務めた名門の家に生まれたポッパムは、内乱が議会軍側の勝利で終わりを迎えようとしていた一六四七年、ジョンの功績に報いるため、一五歳になっていた息子のロックをウェストミンスター校に推薦してくれたのである。一五六〇年に創設された同校は、その名のとおりロンドンのウェストミンスター地区にあり、国会議事堂や修道院《アビー》はすぐ隣にあった。彼の家柄ではおそらく入学は難しかったであろう名門中の名門校で、ロックは五年間を過ごした。

学校での教育自体は、ギリシャ・ラテン語に加え、ヘブライ語などの古典語が中心で、詰め込み式の方法にロックは辟易していた。しかしここで彼は終生の友となるような偉大な同級生たちにめぐりあうのである。詩人で劇作家のジョン・ドライデン（一六三一～一七〇〇）、科学者で顕微鏡の開発に力を注いだロバート・フック（一六三五～一七〇三）、さらには建築家でセント・ポール大聖堂の設計でも有名なクリストファー・レン（一六三二

チャールズ１世の処刑

～一七二三）など、その後のイングランドの文化を担うことになる有名人ばかりだった。

†アシュリ卿との出会い

この名門校を卒業したこともあって、一六五二年五月にロックはオクスフォード大学のクライスト・チャーチ学寮《コレッジ》に進学した。大学を構成する学寮のなかでも最大級で、のちに一三人もの歴代首相を輩出する名門だった。ロックはここで学士号と修士号を取得するが、一時は父のような法律家への道を考えるも、医学や自然哲学に興味を抱いていた。

この間にイングランド政治は転換期を迎えていた。チャールズ一世の首が切り落とされてからの一一年間（一六四九～六〇年）、イングランドは共和政をとっていたが、やがてクロムウェルによる独裁体制へと転じていった。清教徒であるクロムウェルら指導層からの指示もあり、この共和政時代はイングランド中が禁欲主義的な暗い空気に包まれた。

たとえば音楽である。ルネサンス時代から、イングランドにはトマス・タリス（一五〇五～一五八五）やウィリアム・バード（一五四三～一六二三）といった優れた作曲家たちが登場し、国教会が形成された後も「アンセム」と呼ばれる礼拝用音楽が多数作曲された。ところが、清教徒たちは音楽に対しては一種の禁欲的な態度を頑なに示し、礼拝では聖書の句を無伴奏で歌う程度しか許していなかった。カルヴァン派は総じて音楽には禁欲的であり、ルネサンス音楽の拠点ともなったブルゴーニュ公爵の所領（第一章を参照）でも、カルヴァン派が主流となったその北部（独立後のオランダ）では音楽は一挙に衰退した。

同じく「プロテスタント」に属していたとはいえ、ルター派が音楽を重要視し、ルター自ら讃美歌の作詞・作曲を積極的に行ったため、のちにドイツのプロテスタント地域では音楽が興隆したのに比べ、カルヴァン派は歌舞音曲のたぐいには否定的だったのである。

イングランドでもこの共和政時代に、全国で教会のオルガンがいっせいに壊され、ロンドンの劇場も封鎖され、礼拝堂の合唱団まで解散させられた。このときの衝撃は大きかった。これ以後、イングランド（イギリス）は「音楽不毛の土地」となり、自前（自国出身）の有名な作曲家が本格的に登場するのは、一九世紀末のエドワード・エルガー（一八五七

～一九三四：『愛の挨拶』や『威風堂々』で知られる）まで待たなければならなかった。

こうした禁欲的な時代も、クロムウェルの死（一六五八年）と、その直後の「王政復古」（一六六〇年）により終止符が打たれることとなった。

ロックはすでに共和政時代に母を亡くし（一六五四年）、王政が復活した直後には父が他界したため（六一年二月）、残された家族は弟だけとなった。この間にロック自身は、クライスト・チャーチでギリシャ語、修辞学、道徳哲学を講じる身分となり、さらに学寮の指導教員《チューター》として学生たちの学問・生活指導にも深く関わるようになっていた。また学内では「ボイルの法則」で有名なロバート・ボイル（一六二七～一六九一）やウェストミンスター校以来の親友フックなどが進めた当時最新の化学・医学関連の実験にも立ち会い、自然科学への関心をますます強めていた。

そのような彼を新たな出会いが待っていた。一六六六年の夏、オクスフォードにひとりの貴族が訪ねてきた。王政復古の立役者で枢密顧問官も務めるアシュリ男爵（一六二一～一六八三）である。彼の長男アンソニ（一六五二～一六九九）が、当時オクスフォードのトリニティ学寮に在籍しており、アシュリは息子に会いに来るついでに、かかりつけの医師だったデイヴィッド・トマスに診察も依頼していたのだ。トマスは、ロックにとっては化学実験の協力者でもあり、彼を通じてアシュリと会見することになった。

一一歳の年齢差にもかかわらず、アシュリとロックは初対面から意気投合した。アシュリの誘いに応じ、ロックはこの年の秋にロンドンにある男爵邸を訪問する。折しも、九月二日から四日間にわたって続いた「ロンドン大火」により、運良く焼け残ったアシュリ邸の周囲は焼け野原の状態にあった。このときの大火では、ロンドン市内の家屋の実に八五パーセント（一万三二〇〇戸）が焼失したとされている。

ロンドンの中心部ストランドに建つエクセター・ハウス（アシュリ邸）で、ロックは大歓待を受けた。男爵との会話は、医学や化学、宗教や哲学など多岐にわたった。もちろん、政治の話も出ただろう。このときロックの才能にほれ込んだアシュリは、屋敷にロックを住み込ませて、彼を自身の私設秘書官のような立場に置きたいと申し出た。ロックもこれを快く受け入れた。アシュリの口利きのおかげで、学寮での立場はそのままに、翌六七年五月からロックはエクセター・ハウスでの生活を始めることになった。

†政治抗争のなかで

男爵邸では、嫡男アンソニの家庭教師を務めるかたわら、当主アシュリの秘書官として、ロックは現実政治に深く関わっていく。エクセター・ハウスでの生活が一年を経過した、一六六八年の夏にロックはアシュリの命を救うことになる。もともと体調不良に悩まされていたアシュリに、肝臓にできた膿瘍《のうよう》（腫れ物）を摘出する手術を勧めたのである。医学の専門家による協力を得て、手術は無事に成功し、アシュリはみるみるうちに健康を恢復した。ロックの医学的な知識は、当時としてはかなりの水準に達しており、アシュリ卿はこの「命の恩人」を王立協会会員に推挙させたと言われる。

一方で、ロックはアシュリの影響もあって、政治に強い関心を示すようになっていた。アシュリが通商植民局に関わるようになると、ロックもこれに関与した。当時のイングランドは、今日のアメリカ合衆国東海岸に次々と植民地を拡げていた。そのうちのひとつ、カロライナ植民地（現在の南北カロライナ州）に基本法を制定する際にも、ロックはその原案を作成している。

さらに一六七二年一一月には、アシュリはついに首席の大臣職ともいうべき「大法官」に任命され、それに先立ち初代シャフツベリ伯爵に陞爵《しょうしゃく》（爵位の格上げ）した（以後、アシュリをシャフツベリと呼ぶ）。ロック自身も鼻高々であった。ところが「わが世の春」は長くは続かなかった。様々な政策をめぐって、シャフツベリ伯と国王チャールズ二世（在位一六六〇～八五年）の対立が深まり、わずか一年でシャフツベリは大法官から解任されてしまうのである。

野に下ったシャフツベリの助言もあり、オクスフォードに戻ったロックではあったが、一六七五年秋に彼はフランスへと渡った。すでに四三歳になっていたロックは、この頃は肺疾患（おそらく喘息と気管支炎）に悩まされるようになっており、療養が必要だった。それと同時に、シャフツベリの政敵で当時の首席の大臣ダンビ伯爵（一六三二〜一七一二）の政策を非難する小冊子を、匿名ながらも出版したことで「雲隠れ」する必要にも駆られていたのである。カレーからフランスに入り、パリ、リオンを経て、南部の街モンペリエにたどり着いたロックは、ここで一年ほど過ごした。家庭教師を雇ってフランス語を修得するとともに、ルネ・デカルト（一五九六〜一六五〇）の哲学も存分に吸収した。

当時のフランスは、「太陽王」ルイ一四世（在位一六四三〜一七一五年）がその勢力をライン川にまで東に急速に拡張していた。さらに「いともキリスト教的国王」を自認するルイは、国内ではカトリックを国家の公式な信仰の中枢にすえ、プロテスタントへの締めつけを強化していた。ロックにはプロテスタントの友人が多く、このような「絶対君主」による強権に反発をいだくとともに、のちの「宗教的寛容」という考え方にもつながった。

一六七九年四月、三年半ぶりに故国イングランドの土を踏んだロックであったが、帰国後早々に彼は「王位継承排除危機」と呼ばれる一大騒動に巻き込まれるのである。

清教徒革命で首を切られたチャールズ一世の長男チャールズ二世には、一七人もの子どもがいた。しかしそれはすべて愛人との間にできた子だった。正妻（ポルトガル王女）との間に世継ぎが生まれなかった国王は、王位継承者第一位に弟のジェームズ（ヨーク公爵）を充てていた。ところがこの兄弟には秘密があった。父の首が切られ、従弟《いとこ》のルイ一四世（二人の母はルイ一三世の妹だった）を頼ってフランスに亡命しているうちに、兄弟ともにカトリックに改宗していたのである。慎重なチャールズは、イングランド国教会とスコットランド教会（カルヴァン派）の首長となるため、そのことは生涯黙っていた。

弟のジェームズは違った。公然たるカトリック教徒のジェームズがイングランド王位を継ぐことに、議会内には反対の声があがった。当時のイングランドでは人口に占めるカトリックは一パーセント程度にすぎなかった。反対派の急先鋒がかつてのロックの雇い主シャフツベリ伯爵だった。シャフツベリはジェームズの王位継承権を剝奪すべきだと訴えた。チャールズ二世はこれに激怒し、一六八一年七月に彼を反逆罪でロンドン塔送りにしてしまった。ロックなど友人たちが必死に嘆願書を国王に送り、一一月にはシャフツベリも釈放された。失意の伯爵はその後オランダへと亡命し、一六八三年一月にアムステルダムで客死する。

ロックにはこの恩人の死を悼んでいる余裕がなかった。それからわずか五カ月後の六月、チャールズ二世の暗殺未遂事件が生じた。ロックはこの事件にはいっさい関係なかったが、逮捕された首謀者の多くが彼の古くからの知り合いであり、何よりも故シャフツベリとの深い関係から、ロックへも疑いの目が向けられるようになったのである。

一六八三年九月、ついにロックはシャフツベリと同じく、オランダへと逃亡した。その亡命生活はなんと五年五カ月にも及ぶこととなった。

†経済と文化の中心地オランダ

しかしなぜオランダだったのであろうか。もちろんイングランドとは目と鼻の先にある地理的な要因もあったであろうが、それ以上に当時のオランダが政治的・宗教的に「寛容」な土地であったことにも原因があった。

一七世紀後半のヨーロッパはまさにオランダの時代であった。第一章でも述べたとおり、一五世紀半ばから一六世紀にかけては、ネーデルラント南部（現在のベルギー）がヨーロッパ北部の経済の中心であり、またルネサンス音楽の拠点となっていた。特に港町アントワープには、南ドイツの銀や銅（第二章を参照）、ポルトガル経由で流入した香辛料などが集まり、さらに一六世紀には新大陸（スペイン領アメリカ）から銀が大量に入ってきた。アントワープ郊外のフランドル地方では最先端の技術で毛織物が生産され、アントワープからヨーロッパ各地へと流れていった。その一六世紀半ばに、アントワープが他に先がけて作り上げたのが、取引所であり、そこで生みだされた商品の価格を記した価格表であった。

この直後にはネーデルラント北部のアムステルダムにも取引所が作られた。やがて北部の七州がスペインに対する「八十年戦争」(一五六八〜一六四八年)を開始すると、アントワープはスペイン海軍によって封鎖され、同地の商人たちは難を逃れてアムステルダムに多数移住した。アントワープで開発された商売の「ノウハウ」は、一七世紀までにはスペインから独立を果たしたオランダ(北部七州)にも深く浸透していったのだ。

一六〇二年には、イングランド(一六〇〇年)に次いで、オランダにも東インド会社が設立された。「鎖国体制」をとった江戸時代の日本では、ヨーロッパで唯一取引を許されたのがオランダだった。ただし経済史家の玉木俊明も指摘するとおり、オランダ経済の根幹を支えたのは、アジアとの交易ではなく、バルト海貿易だった。アムステルダムには巨大な穀物倉庫が建ち並んだ。バルト海の穀物貿易を牛耳っていたのがオランダであった。さらに三十年戦争では武器貿易にも深く関わり、軍事の天才であるスウェーデン国王グスタヴ二世アードルフ(第三章を参照)の活躍の背後には、オランダの姿もあった。

オランダの強みはなんといっても海運業だった。その中核が俗に「中継貿易」と呼ばれる他地域間の交易を低輸送費で担うものだった。オランダの商船はやがて大西洋を越えて北アメリカでも活躍するようになった。一六七〇年の段階で、オランダが世界で展開する商船の総トン数は五六万トン以上に達していた。それは同じく海洋国として世界を股にかけていたスペイン、フランス、イングランド三国をあわせたのより多かったくらいである。オランダからの船乗りの数は一二万人にも及んだとされる。

アムステルダムは、ヨーロッパ最大の商品市場であり、貿易の決済・金融・保険などの提供や情報収集の面でも、他を圧倒していた。さらに戦争の絶えないヨーロッパ（加えて新大陸でもイングランドなどと交戦した）で生き残っていくために、オランダは公債の発行にも踏み切った。当初は富裕層のみが購入していた公債は、水夫や職人など一般の人々にも買われるようになり、女性たちが財産として公債を保有することも稀ではなかった。

こうした経済力を背景に、オランダには、イタリアやフランスなどとは異なったかたちで独自の文化が花開いた。カルヴァン派プロテスタントが主流派を占めていたこともあり、音楽はあまり進展が見られなかったが、美術の世界には「光の魔術師」とも呼ばれたレンブラント（一六〇六～一六六九）や、フェルメール（一六三二～一六七五）のような巨匠たちが次々と登場した。しかも彼らが描く対象は、王侯貴族ではなく、オランダの政治や経済を支える「商人たち」だった。

レンブラントの傑作群を思い出してほしい。代表作『夜警』（一六四二年）は、市民らが結成する自警団（火縄銃手組合）を描いたものであり、『織物商組合の幹部たち』（六二年）

『夜警』(レンブラント画)

は言わずもがなであろう。いずれもそれぞれの組合から制作を依頼され、レンブラント独特の光と影を駆使した見事な作品に仕上げられた。ルネサンスの「花の都」フィレンツェでは、各種同業組合が様々な芸術の庇護者《パトロン》となっていたが(第一章)、一七世紀のアムステルダムもそれは同様だった。オランダはまさに「商人の共和国」だったのである。

そのオランダ商人の精神を支えたのが、カルヴァン派プロテスタントの教えであった。中世キリスト教世界では、金儲けや商売は「賤《いや》しい」とする考えも強かった。借り手から利子を取る金貸し業も当初は禁じられており、このような考え方にとらわれないユダヤ教徒にヨーロッパでの金融業を独占させるひとつの契機にもなった。しかし、カルヴァンはそのような考えを持たず、誠実・勤勉・禁欲的に生き、信仰を重んじるのであれば、宗教と職業とは関係ないと説いた。「信仰は信仰、商売は商売」だった。

このためカルヴァンの教えはフランス、イングランド、スコットランド、さらにはオランダの商業地域で特に浸透し、広められていったのだ。

†宗教的寛容という考え

一六八三年にロックが亡命したオランダとはそのような国であった。当時のヨーロッパでは珍しく「共和政」をとり、政治的・宗教的な差別もほとんどなかった。それゆえ各地で迫害を受けてきた人々の亡命先として機能もしていた。

まずはロッテルダムに逃れてきたロックは、こうした風土のなかで「市民政府」や「社会契約」といった考え方を発展させた。絶対君主と市民政府とは決して相容れない。後述するような思想を醸成させたロックは、この考え方がチャールズ二世治下のイングランドでは出版できないと賢明にも悟り、書き上げた原稿も温存していた。

一六八三年末からはアムステルダムに移り住んだロックの安全を、オランダの国民議会も市の集会も保障はしてくれていたものの、彼の活動はイングランド王党派が放った諜報員により逐一本国へと伝えられていた。自身と同じくオランダに亡命してきたイングランドの人々とロックが接触しているとの情報をもとに、王党派の圧力により八四年一一月にロックはオクスフォードでの職を解かれることとなる。

この翌年の一六八五年一〇月、フランス国王ルイ一四世はフォンテーヌブローの勅令を発令し、フランスを再びカトリック中心の権威主義的な国家へと逆戻りさせてしまった。アムステルダムには、フランスからもユグノー（フランスにおけるカルヴァン派）が多数亡命してきた。彼らとも親交を結んだロックは、すでに一八年前（一六六七年）に書いていた論稿を練り直し、『宗教寛容論』の執筆に取りかかる。

ロックが「宗教の寛容」という発想を抱くようになったのは、彼が幼少時に目の当たりにした清教徒革命とその後のクロムウェルによる独裁体制が背景にあった。特定の宗派にある人々が一時の熱に浮かされて、他の宗派の人々を迫害するのはおかしい。第一章でも紹介したストア学派の考え方を近代的に解釈した「自然法（自然の光によって明らかにされる神の意志）」という考えを独自に受け入れていたロックは、神と人間とは個々に結びついているのであって、生まれながらに特定の教会や宗派によって個人の信仰を規制されることはないと説いた。

またロックが重視したのが「理性」である。神の観念というものは生得的なものではなく、個人の理性のなかにこそ神は存在する。それゆえ人間は、個人の自由で特定の教会や宗派にも属せるし、また逆に離脱することもできる。ただしそれは「人間は宗教においてはなんでもあり」という発想ではない。

ロックは、正統な政府の権威と直接的に敵対するような信仰の持ち主や、他の宗派とは平和に共存できない宗教、さらには政教の分離を認めないで世俗の問題に介入する宗教、そして無神論者には「宗教的寛容」は当てはめられないと断言しているのである。

こうした考え方はすでに彼自身の経験に基づいていたとともに、アムステルダムで神学教授をしていたフィリップス・ヴァン・リンボルク（一六三三〜一七一二）との出会いや、ロックと同い年の哲学者バルーフ・デ・スピノザ（一六三二〜一六七七）の思想などの影響も見られたのかもしれない。リンボルクにロックが宛てて書いた『宗教的寛容に関する書簡』は、やがて一六八九年四月にオランダのゴーダで匿名のかたちで出版された。それはラテン語で刊行されたが、すでに読者にもおなじみのとおり、ヨーロッパの知識人の間ではいまだラテン語が共通言語であり、ロックの思想はヨーロッパ全土へと伝えられた。

†名誉革命と帰国

フランスでルイ一四世がカトリック体制を復活させた年の二月、イングランドではチャールズ二世が逝去した。弟がジェームズ二世（在位一六八五〜八八年）として王位を継承したが、それは彼が兄より三歳しか違わず、彼自身が亡くなれば王位は長女でオランダの最有力者ウィレムに嫁いでいたメアリか、次女でデンマーク王家に嫁いでいたアンが継ぐことになるからであった。いずれもプロテスタント国であり、メアリもアンもカトリック教徒ではなく、イングランド並びにスコットランドの女王になるにふさわしい存在だった。

とはいえ、国王に即《つ》く前までは政府や議会の要職にカトリック教徒は登庸しないと約束していたジェームズが、即位後早々に露骨に側近をカトリック勢力でかためたため、議会内の有力者たちはウィレムと連絡を密にしていく。仲の良い従弟ルイ一四世の支援を受けて、イングランド（およびスコットランド）を再びカトリック国にしてしまおうなどという野心を抱こうものなら、一致協力してジェームズを排斥しようと考えたのである。

その矢先に大事件が起こった。ジェームズに赤ん坊が誕生したのである（一六八八年六月）。しかも男の子だった。メアリとアンを生んだ母親は早世し、ジェームズはイタリア北部のモデナ公国の公女と結婚した。二人の間に生まれたのが長男ジェームズであった。イングランドでもスコットランドでも「女王」の即位は可能であったが、王位継承は男子が優先された。この子の両親はともにカトリックだ。おそらく彼自身も幼児洗礼を受けた

ウィリアム３世とメアリ２世

に違いない。これでは未来永劫「カトリック国王」がこの国に君臨してしまう。

イングランド議会からの要請を受けてウィレムもすぐに動いた。彼らにとって運がよかったのは、最大の強敵ルイ一四世がライン川沿いでのプファルツ伯継承戦争（一六八八〜九七年）に乗り出し、イングランドにかまっている余裕がなかったことである。一一月にウィレムは精鋭を率いてイングランドへと上陸し、国内外の敵に取り囲まれ、ジェームズ一家は這々《ほうほう》の体《てい》で国外へと逃亡した。翌一六八九年の二月に、ウィレムがウィリアム三世（在位一六八九〜一七〇二年）、妻メアリがメアリ二世（在位一六八九〜九四年）として、共同統治のかたちで二人ともイングランドとスコットランドの君主に収まった。世にいう「名誉革命」である。

この知らせを聞いてロックは驚喜した。一六八九年二月一二日、ロックはメアリ二世と同じ船でイングランドへと帰国した。このとき新女王と深い絆で結ばれたロックは、ウィリアムとメアリの体制を全面的に支援することとなった。

同年四月にウェストミンスター修道院で行われた両王の戴冠式では、それまでの諸王の宣言文に盛り込まれていた「イングランド諸王によって与えられた法と慣習をイングランド人民に与えることを確認する」という一文が、「議会の同意によって制定された法と、同様の手続きで定められた慣習に基づき、イングランド人民を統治する」と改められた。

これ以後、国王は議会の許可なく課税はできなくなり、「議会はもはや行事ではなく制度」となった。これより一世紀後に生じるフランス革命がヨーロッパ全土に与えた衝撃に比べれば小さな出来事であったかもしれないが、フランスやスペインなどヨーロッパ全土に絶対君主政が拡がっていたなかで、ブリテン島に議会君主政を比較的平和裡に実現したという意味で、名誉革命が与えた影響は少なからぬものがあったといえよう。

†遅咲きのデビュー

五年以上にわたった亡命生活から帰国したロックには、早速に新政府から官職就任依頼が殺到した。しかし健康問題を抱えていた彼はこれを固辞し、閑職のみ引き受けることにした。ロックにはそれ以外にやらなければならないことが山積していたのである。

実はロックはこれまで公刊された著作というものをいっさい持たなかった。そこで、これまでに書きためておいた原稿が、帰国直後に陸続と刊行されることになったのだ。いまやロックの代表作ともいうべき『市民政府二論』(一六八九年一〇月)と『人間悟性論』(一六九〇年五月)、さらに前記の『宗教的寛容に関する書簡』の英語版も一六八九年秋にロンドンで出版された。五七歳にしての論壇デビューともいえようか。

思想史の上でのロックの先輩には、トマス・ホッブズ(一五八八〜一六七九)や、ジェームズ・ハリントン(一六一一〜一六七七)などがイングランドにはおり、彼らによってすでに「自然法」の概念は新たに生みだされていた。そもそも中世まで自然法は「神の秩序の法」ととらえられていたが、ホッブズによりそれは「人間の理性に内在するもの」とされ、人間はこの自然法により国家や社会を構築できると定義された。ただしその国家や社会を統治する主権(君主)には絶対的な権力を与えるべきであるとホッブズは主張した。

これに異議を唱えたのがロックであった。強力な主権は大切ではあるが、その主権者に国の法や自然法を遵守《じゅんしゅ》させる何らかの制度的保障もなければなるまい。キリスト教会が支配した中世に代わり、これからは「法の支配」を実現しなければならない。一人の主権者にすべての権限が集中していると、それは専制君主の登場につながりかねない。清教徒革命と名誉革命という二度の革命を通じて、ロックはそれを痛感していた。

そこでロックが考え出したのが「権力の分立」であった。法を制定する立法権と、政策を遂行する執行権、さらに対外的な軍事や外交を司る外交権とに分け、それまで「国王大権」の名の下に統合されていた権限を、相互に連関させながらも棲み分けさせるのである。ロックが最も重視したのが立法権であった。イングランドには七〇〇年にも及ぶ「議会(賢人会議)」の歴史がある。さらに一七世紀の二度の革命を通じて、「国王・貴族院・庶民院」という三位一体で立法を進めるとともに、国王の執行権を抑制してきたのである。

ロックが主権者としてふさわしいと考えたのは立憲君主である。彼が執行権(政府)の中枢に位置づけたのが「信頼・信託(trust)」という考えであり、統治とは人間同士の信頼の上に成り立つものなのだ。ロックの雇い主にして終生の親友だったシャフツベリ伯爵が批判し、ロック自身も非難したジェームズ二世は、国王大権を乱用し、「僭主《せんしゅ》(暴力による王位簒奪者)」になりさがった存在だった。このような存在に対して、ロックは「抵抗権」もしくは「革命権」を行使できると主張した。ただしロックはあらゆる政治的権威に敵対するつもりは毛頭なかった。むしろ善政を行うのであれば、政治的権威に進んで従うべきであるとも述べている。

そのような立憲君主の理想像としてロックが期待を寄せたのが、オランダからやってきた新国王ウィリアム三世だった。彼は「国王・貴族院・庶民院」からなるイングランドの国政を遵守しただけではなく、それまで強国と相互保障条約を結ぶだけでヨーロッパ国際政治に深く関与していなかったイングランドの外交方針に「勢力均衡（balance of power）」という新しい観念を採り入れ、ヨーロッパで勢力拡張の野望を抱く存在が登場する場合には、周辺の諸侯と手を結んでこれを押さえ込むことに尽力もした。ウィリアムの強い説得もあり、イングランドもルイ一四世とのプファルツ伯継承戦争に参戦していく。

†オランダからイングランドへ——世界経済の中心地

そのウィリアム三世から直々にいくつかの官職への就任を打診されたロックではあったが、上述のとおり、健康に不安を抱えていた彼は関税や通商に関わる閑職のみを引き受け、あとは場合に応じて種々の政策に助言を与えるにとどまった。そのようなさなかに、急速に親交を結んだ一人が、かの大科学者アイザック・ニュートン（一六四二～一七二七）であった。帰国直後にニュートンと懇意になったロックは、『市民政府二論』など前記の三つの主要著作を刊行するにあたり、ニュートンに助言を求めていたほどである。

本書でもおなじみのとおり、科学と哲学はこの時代のヨーロッパでは持ちつ持たれつの関係になりつつあった。一七世紀前半までは科学は哲学に支配されていたが（第三章）、この世紀の半ば以降のイングランドでは「哲学」の名において、むしろ科学者たちがその成果を次々と世界に放っていった。王政復古の直後に国王チャールズ二世の肝いりでロンドンに設立された「王立協会（Royal Society）」は、一六六五年から協会報として『哲学会報』を刊行し、イングランド国内の活動だけではなく、海外からの報告や科学に関する書簡類、書評なども掲載していった。

ニュートンの光学研究や反射望遠鏡に関する論文はもとより、アントニ・ファン・レーウェンフック（一六三二～一七二三）が顕微鏡で微生物を詳細に観察した記録をオランダから送ってきた際にも、これをすべて掲載している。王立協会とその会報はいつしかヨーロッパの科学界を牽引する存在となっていった。すでに述べたとおり、ロックも一六六八年から会員に選ばれており、一七〇三年にはニュートンが会長に就任した。

その王立協会のもともとの起源は、オクスフォード大学のウォーダム学寮《コレッジ》に一六五〇年代に作られた「経験哲学クラブ」にあった。その創設メンバーこそが、クリストファー・レンであり、ロバート・フックだったのだ。ウェストミンスター校でのロックの同級生たちである。ニュートン会長の下で王立協会は一八世紀にさらなる成果を世界に発信した。

一方でニュートンは、王立協会会長に就任する七年前、一六九六年に時の大蔵大臣チャールズ・モンタギュー（一六六一～一七一五）から依頼を受け、造幣局の総裁にも就いていた。フランスとのプファルツ伯継承戦争にひと区切りがついたイングランドは財政難に陥っていた。これを銀貨の貨幣改鋳で乗り切るとともに、ニュートン総裁は政府が健全な金融政策の後ろ盾となることも提唱した。この発想の背景にはロックの存在もあった。

ロックは亡命中にオランダで様々な思想に触れるとともに、ヨーロッパ世界経済の中心地アムステルダムや他の都市での公債の実情も見聞していた。絶対君主ルイ一四世の野望がとどまらない状態にあった当時のヨーロッパでは、さらなる戦争の可能性も高かった。こうしたなかで産業を発展させるとともに、政府の財政的な基盤を固めるためには中央に銀行を創設し、「国債」も発行させ、その保証を立法権たる議会に任せてはどうか。

ニュートンが造幣局に入る二年前、一六九四年にロンドンにはイングランド銀行が創設された。同行が発行する国債の返済は議会が保証することになった。イングランド国債の信用度は高まり、短期債だけではなく、やがて長期債の発行も可能になった。「公債の導入」に関してはイングランドの先輩格であったオランダでは、各州の権限があまりに強く、イングランドのような経済（財政）の中央集権化が進まなかった。そのことが一八世紀半ばまでにはロンドン（特に金融証券の中心地シティ）の相対的な地位を向上させて、オランダ金融界の主要な投資先として「ロンドン」の格付けも急上昇していく。

一八世紀後半から世界に先がけて始まる「産業革命」の金融的な萌芽《ほうが》は、このようにして整えられていったのである。その頃までには、ヨーロッパ世界経済の中心地はアムステルダムからロンドンへと移行しつつあった。その根幹には、ニュートンとともに、ロックの存在も見られたのである。ロック自身も一六九六年には、新設の商務院（貿易・産業省）に参画し、アイルランドでのリネン（亜麻布）産業の振興、カリブ海での海賊の取締り、ヴァージニア植民地の経営など、多岐にわたる問題に関与していった。

†ジェントルマンによる革命の国

イングランドに帰国した翌一六九〇年夏から、ロックはイングランド東部のエセックス州に移り住み、ここを終《つい》の棲家《すみか》とした。年来の肺疾患には、ロンドンでの寒くて煙だらけの環境が障ったのである。一七〇〇年にすべての役職から退き、ロックは隠遁生活に入った。同じ年の一一月にはスペインで国王が亡くなり、ルイ一四世の孫が王位継承者となることでヨーロッパに再び戦乱の機運が迫りつつあった。イングランド国王ウィリアム三世は、神聖ローマ皇帝など周辺諸侯と同盟を結び、まさに「勢力均衡」の観念から、ルイ一四世の包囲網を形成していった。

スペイン王位継承戦争（一七〇一〜一四年）の開始から三年ほど経った一七〇四年一〇月にロックは静かに息を引き取った。四〇代から肺が冒されていたわりには、七二歳まで生きることができたのだ。

政府が有する権力は人民からの信託を受けたものであり、不正な権力に対しては人民は抵抗する権利をもっていると論じたロックの考え方は、彼の死から八五年後にヨーロッパ全体を揺るがす大事件へとつながっていく。しかしその震源地は、彼の故国イングランドではなく、一六七〇年代に最初の亡命生活を送ったフランスであった。

ロックが生まれ育ち、その最期も迎えたイングランドは、一七世紀から一八世紀にかけてはあくまでも「地主貴族階級《ジェントルマン》」によって政治も経済も社会も文化も、すべてが支配された国だったのだ。ロック自身が間近で経験した、清教徒革命も名誉革命も、いずれも一般市民が主導権を握りまさにロックの言う「市民政府」を打ち立てる、という種類の政変ではなかった。クロムウェルをはじめとする清教徒革命の指導者たちは、すべてジェントルマンだった。さらに名誉革命を先導し、成功に終わらせたのもジェントルマン階級であり、こちらは「革命」というよりは「支配階級内でのクーデタ」という表現のほうが正しいのかもしれない。もちろんそれぞれの事件に「市民」たちも関わりはしたが、彼らが革命の指導者になることもなければ、その後に「市民政府」が形成されたわけでもない。

これに対して名誉革命のちょうど一世紀後の一七八九年に生じたフランス革命は、その端緒は自由主義的な貴族たちによって始められたかもしれないが、国王の首を切り落とし、文字通りの「市民政府（共和政）」を築き上げた革命の指導者たちは、みな「平民（市民）」出身だったのである。

イングランドでは、一七世紀に一人の国王の首を切り落とし、もう一人の国王を国外に追い出したあとには、ジェントルマン階級自身が今度は市民たちに柔軟な姿勢を示して、政治的・経済的、さらには宗教的な諸改革を（漸進的にではあるが）進めていったため、このたのち「市民革命」が生じるようなことはなかった。その意味でロックの思想は、自国では生じることのなかった革命の思想を先取りして、世に伝えていたのかもしれない。

政治や経済、宗教や哲学などあらゆる分野に一家言を有したロックは、ジェントルマンのための教育についても論じている。その『教育についての考察』（一六九三年）を記し、イングランドやヨーロッパ各地でそれが読まれ始めた頃、フランスはパリで一人の男の子が誕生した。その子はやがてロックと肩を並べるような思想家として成長するとともに、ロックの思想をこよなく愛し、特に彼の「宗教的寛容」という考え方は地球上に存在するすべての文明生活と完全に符合すると絶賛し、新たな時代に突入した一八世紀ヨーロッパ思想界を主導《リード》することになるのである。

第五章 啓蒙主義の時代

ヴォルテール（1694～1778）

第五章関連年表

西暦	出来事
1685	フォンテーヌブローの勅令：フランスで新教徒への迫害が強まる
1688	九年（プファルツ伯継承）戦争（～97年） イングランドで名誉革命（～89年）：ジェームズ2世廃位
1694	ヴォルテール（フランソワ＝マリー・アルエ）生まれる（フランス・パリ）
1700	北方大戦争（～21年）
1701	スペイン王位継承戦争（～14年）
1713	神聖ローマ皇帝カール6世が国事勅書を制定：帝国不分割と女子相続権の確認
1714	イギリスにハノーヴァー王朝（～1901年）が成立
1715	ルイ14世死去：ルイ15世即位（フランス）
1740	フリードリヒ2世即位（プロイセン） カール6世死去：長女マリア・テレジアが帝国継承（ハプスブルク） →オーストリア王位継承戦争（～48年）
1754	北米植民地でフレンチ・アンド・インディアン戦争（～63年）
1756	第一次ヴェルサイユ協定：フランスとオーストリアが同盟締結（外交革命） 七年戦争（～63年）
1760	ジョージ3世即位（イギリス）：議会政治が混迷へ
1762	ピョートル3世暗殺：エカチェリーナ2世即位（ロシア）
1772	第一回ポーランド分割（プロイセン・オーストリア・ロシア）
1773	ボストン茶会事件（イギリス領北米マサチューセッツ植民地）
1774	ルイ15世死去：ルイ16世即位（フランス）
1775	アメリカ独立戦争（～83年） →フランス（78年）、スペイン（79年）、オランダ（80年）が対英参戦
1778	バイエルン継承戦争（～79年）：オーストリア×プロイセン ヴォルテール死去（フランス・パリ）
1780	ロシアの提唱で武装中立同盟結成：大西洋交易における対英包囲網
1783	パリ条約：アメリカ合衆国の独立が列強により承認
1789	ルイ16世が全国三部会召集（フランス） →フランス革命に発展
1792	フランス第一共和政（～1804年）成立
1793	ルイ16世処刑（フランス）

この章でとりあげる時代（一七〇一～八九年）のヨーロッパでキーワードとなるのは、「王位継承戦争」と「勢力均衡（balance of power）」である。

第二章で検討した宗教改革ののちに、ヨーロッパの王侯たちはカトリックとプロテスタントに分かれ、両者の間に政略結婚が行われることはなくなった。結婚するとともなれば、いずれかが改宗しなければならず、王侯らがこれを嫌ったためである。それゆえ結婚相手の選択肢も自然と狭まった。特にカトリックの三大名家、オーストリアとスペインのハプスブルク家とフランスのブルボン家は、貴賤婚（身分違いの結婚）を避けるために、この三家での結婚が繰り返され、心身ともに病弱な後継者が次々と生まれてしまった。

このため一七世紀末から一八世紀半ばのこの時期には、男系男子のみの継承にこだわる三家がいずれも後継問題で頭を抱えることになった。まずはスペイン王位継承戦争（一七〇一～一四年）である。フランスのルイ一四世の孫（フィリップ）がスペイン王位を継承することに決まったが、ルイ自身の子や孫が早世するなかで、フィリップのフランス王位継承権を取り消さなかったことが戦争の発端となった。

さらに一八世紀半ばには、ヨーロッパに君臨するオーストリア・ハプスブルク家でも、当主に男子継承者ができず、ついに女子継承権を帝国諸侯や周辺大国に認めさせようと、皇帝自身が外交的に動くことになった。しかし皇帝の死後、早くもオーストリア王位継承戦争（一七四〇～四八年）が勃発し、本章でも見ていく、フリードリヒ二世（一七一二～一七八六）とマリア・テレジア（一七一七～一七八〇）の衝突につながった。

一七世紀後半からヨーロッパに広まった「勢力均衡」という考え方は、いずれの一国も優越的な地位を占めず、他国に対して自らが正しいとみなすことを独断的に命令できない状況のことを意味する。いずれかの国が他国に抜け駆けして強大化してしまった後ではもはや遅い。こうした国が野心を示す初期の段階で周辺諸国がその野望を叩きつぶすという発想に基づいている。

この時代にそのような野心を抱いたのが、三十年戦争（一六一八～四八年）でその勢力を拡大した、ヨーロッパ西部のフランスと北部のスウェーデンであった。前者はルイ一四世の時代に野心を露わにし、スペイン王位継承戦争で周辺諸国に包囲され、一時は存亡の危機に直面したが、スペイン領を敵国に切り売りすることで難を逃れた。

しかしスウェーデンにはより苛酷な試練が待ち受けていた。バルト海周辺に一大帝国を築いたスウェーデンは、周辺諸国との北方大戦争（一七〇〇～二一年）により領土の多くを失った。ここに新たに登場したのが、東の大国ロシアとプロイセンだった。それまでは「アジアの専制国家」扱いされていたロシアは、ピョートル大帝（一六七二～一七二五）によってヨーロッパ列強の一員に数えられるまでに至った。

また、スペイン王位継承戦争でハプスブルク皇帝に協力する見返りとして、ブランデンブルク辺境伯は「プロイセン国王」の称号を手に入れたのである。さらに北方戦争でも、ロシア、ポーランド、デンマークなどと協力し、バルト海沿岸に勢力を拡張した。それがさらに強大化するのが、フリードリヒ大王（二世）の時代のことである。

「王位継承戦争」と「勢力均衡」は、一八世紀のヨーロッパ国際政治に見られた勢力図をそれ以前のものとは大きく変えていく要因となり、それは「長い一八世紀」（一六八八〜一八一五年）のなかでさらなる戦争と動乱につながっていく。

造営初期のヴェルサイユ宮殿（ピエール＝パテル画、1668年頃）

†ルイ一四世の世紀

ジョン・ロック（一六三二～一七〇四）がシャフツベリ伯爵と国王チャールズ二世との確執に巻き込まれていた一六八二年、国王の従弟《いとこ》にあたるフランス国王ルイ一四世（在位一六四三～一七一五年）は、パリ郊外南西部にあるヴェルサイユに王宮を移そうとしていた。半世紀前までは父（ルイ一三世）の狩猟用の小さな館にすぎなかったのだが、「太陽王」ルイ一四世の手によって壮麗な宮殿に建て替えられたのである。

世はまさにバロック時代。ルネサンス期には「けばけばしく下品」として忌避されていたような、豪華な黄金の装飾で宮殿内は彩られ、幾何学模様があしらわれたフランス式の

フランドル戦争におけるルイ14世（ルブラン画）

壮大な庭園には、一〇キロも離れたセーヌ川から水が引かれ、巨大な噴水が造営された。若い頃からバレエをたしなみ、万事に芝居めいた演出が好きだった「太陽王」は、この地をフランス政治の中心地に作り替えたのだ。宮殿を訪れた者は、上は貴族から一般庶民にいたるまで、あまりの壮麗さに度肝を抜かれた。

豪奢な室内の天井や壁を飾るのは、「太陽王」がこれまでの歴戦で収めた数々の勝利を描いた見事な絵画だった。フランドル戦争（一六六七〜六八年）とオランダ戦争（一六七二〜七八年）で、フランスはライン川に向けて東方へ着々と領土を拡大していた。しかも、オランダ戦争の際にオランダ東部のネイメーヘンで行われた講和交渉では、フランス語が共通言語として外交官の間で使用された。ヨーロッパ北部のプロテスタント諸国にとって、それまでヨーロッパの共通語であったラテン語は「カトリックの言語」として避けられるようになり、もはや外交上での共通言語にはなりえなかったのである。

一七世紀半ばに、フランス学士院内の学術・芸術組織「アカデミー・フランセーズ」の主導によりフランス語文法の統一化が図られ、フランス語もより洗練された言語になっていた。特に、フランス語は助詞や副詞があいまいではないので、条約文などの外交言語に適していた。ネイメーヘンでの講和以降は、フランス以外の国同士が条約などを取り結ぶ場合にも、フランス語が共通言語として頻繁に使われるようになっていった。

あるドイツの外交官はこうもらしている。「昨今では、何でもフランスでなければダメになっている。言語も衣装も食べ物も音楽も、おまけに病気まで。ドイツ中の宮廷のほとんどがフランス流の生活様式で彩られ、出世したければフランス語を話し、外交官としてパリに赴任しなければならなくなっている」。

世はいっぽうで「ルイ一四世の世紀」にもなっていたのである。「太陽王」がヴェルサイユに宮殿を移してから七〇年後、まさに『ルイ一四世の世紀』（一七五一年）と題する著作が出版され、フランスの人々に往時の黄金時代を懐かしむ声が高まった。この本の作者こそが、バロックの時代に生まれ、バロックとともにこの世を去った、稀代《きたい》のフランスの思想家にして劇作家ヴォルテール（一六九四～一七七八）だったのである。

†バロックの申し子

「ヴォルテール」こと、本名フランソワ＝マリー・アルエは、パリ中央部に住む裕福な法律家フランソワ・アルエ（一六四九～一七二二）の次男として生まれた。曾祖父はフランス中西部のポワトゥーの地主だったが、祖父の代にパリへ上京し、絹織物の仲買人職で成功を収めた。父は法律家（公証人）として名をなし、やがて官職まで手に入れていく。

一七世紀当時のフランスでは「売官制」が広く見られていた。一六世紀前半からすでに戦争が続いたフランスでは、国王が戦費調達のために各種の官職を売却していた。世紀の後半にはその動きが加速し、その値段も大幅に上昇した。「うまみのある」官職は地方の小貴族ではとても手がでない金額に跳ね上がり、都市の富裕な商工業階級《ブルジョワジー》が買いあさっていた。さらにブルジョワは落ちぶれた貴族の所領まで購入し、「法服貴族」と呼ばれる新たな貴族へとのし上がっていったのである。

こうした新興の貴族階級は、中世以来の由緒正しい血統を重んじる伝統的な貴族からは疎まれる存在であった。ヴォルテールの父フランソワも、一族の富を引き継ぐとともに、公証人としての実績を積み重ね、官職を手に入れたひとりであった。その顧客リストには、ルイ一三世（在位一六一〇～四三年）の宰相を務めたリシュリュー枢機卿（第三章を参照）の甥の子にあたるリシュリュー公爵や、のちの社会主義思想家アンリ・ド・サン＝シモン（一七六〇～一八二五）の遠縁にあたるサン＝シモン公爵など、当時の名だたる貴族らの名前が連ねられていた。

ヴォルテールが二歳のとき（一六九六年）、父は会計法院徴税官という官職を手に入れ、自らも貴族の仲間入りを果たそうとしていた。そんな父が息子に自らと同じ道を歩ませたいと考えていたとしてもなんら不思議はあるまい。七歳で母を亡くしたヴォルテールは、その三年後から父の言いつけでパリでも最古の名門校に行かされることになった。ルイ・ル・グラン校。セーヌ左岸のその名も「カルチエ・ラタン（ラテン語地区）」と呼ばれる、パリ大学をはじめ高等教育機関が軒を連ねる地区にイエズス会が一五六三年に創設した名門中の名門である。のちに文豪ヴィクトル・ユゴー（一八〇二～一八八五）や第五共和政の歴代大統領を輩出する、二一世紀の今日でもその名声は不動のものとされている学校である。ヴォルテールはそのような彼らの大先輩ということになる。

カトリック最右翼のイエズス会の学校だけあって、特にラテン語の教育は厳しかった。厳格な校風にもなじめなかったヴォルテールは、父が望んだ法律の勉強などそっちのけで演劇や文学にのめりこんだ。父フランソワも仕事の合間に詩作や随筆の執筆などを楽しんではいたが、それはあくまでも「余技」にすぎなかった。ヴォルテールはこれを「本業」にしたいと心から望んだ。

のちに彼は『歴史哲学序論』（一七五六年）のなかで、高級官僚を登用する試験として有名な中華帝国の「科挙」制度を絶賛し、暗に「売官制」を批判している。すでに十代の頃から彼は父のような道には進みたくないと強く思っていたのかもしれない。

その父との決別の意味を込めて、彼が最初に書き上げた演劇作品が、古代ギリシャ悲劇の傑作『オイディプス』に範をとった『エディップ』（一七一八年）だった。父を殺した悲劇の主人公に自らをなぞらえ、これで父とのつながりを絶つことを宣言したのではないかといわれている。この作品がパリ随一の劇場コメディー・フランセーズ（一六八〇年にルイ一四世により設立）で上演されるや、詩人・劇作家としての彼の名声は一挙にパリ中にとどろくこととなった。これで父も息子を法律家にする夢はあきらめたようである。

そしてこの頃から、自らの名前「小（息子）アルエ」のラテン語名のアルファベットを入れ替えるかたちで、「ヴォルテール（Voltaire）」と名乗るようになった。

ここに一八世紀フランスを代表する知性が誕生したのであった。

†貴族たちとの闘争

『エディップ』で名声を確立したヴォルテールは、五歳で即位した幼い国王ルイ一五世（在位一七一五～七四年）の摂政を務めていた、オルレアン公爵フィリップ（一六七四～一七二三）からも庇護を受けるようになった。オルレアン公の父がかのルイ一四世の弟にあたった。当代の最高実力者を後ろ盾に持ち、二四歳にしてヴォルテールはパリ演劇界の寵児となっていた。

しかしもともとが王室や貴族を中傷する詩作を続けてきたヴォルテールである。その名が売れる前の一七一七年五月には、それが原因でバスチーユ牢獄に一一カ月間もぶち込まれていた。これより七二年後の一七八九年七月一四日に、市民による襲撃事件が起こり、フランス革命へとつながるあの牢獄のことである。三メートルもの分厚い壁でおおわれ、牢屋の扉には三重の鍵がかけられていた。食事はひどく、部屋には陽も当たらなかった。

翌一八年四月に仮釈放され、その年の一一月にコメディー・フランセーズで初演された『エディップ』のおかげで、ヴォルテールはようやく不動の名声をつかんだかに見えた。ところが、一七二二年に父が亡くなり、その翌二三年にオルレアン公まで急死してしまい、ヴォルテールにはいざというときに頼れる存在がいなくなってしまった。

そのような矢先に生じたのが、ギュイ・オーギュスト・ド・ロアンとの決闘騒ぎだった。ヴォルテールにのみ非があったわけではなかったにもかかわらず、一七二六年四月に官憲は彼だけを逮捕した。またまたバスチーユへと逆戻りである。

喧嘩の相手だったギュイの父はロアン公爵。当時のフランス政界の大物のひとりであり、彼の姉はなんとルイ一四世の愛人だった。ヴォルテールの後ろ盾としてオルレアン公爵が生きていてくれたならば、このような「不当な判決」にはならなかったであろうが。ロアン公爵が裏から手を回したおかげで、ギュイは無罪、平民のヴォルテールはバスチーユと、まさに当時の貴族政治《アリストクラシー》の現実を象徴するような結末となった。

ただしヴォルテールにも「お目こぼし」が与えられた。海外に亡命するのであれば釈放してもよいというのである。彼はこの条件にすぐに飛びつき、地獄のようなバスチーユから抜け出すことができた。彼が亡命先に選んだのはロンドンだった。

†ユグノーの都ロンドン

一七二六年五月、二度目の牢獄生活を終えて、ヴォルテールはロンドンに到着した。彼がロンドンを亡命先に選んだ理由は、先の投獄時（一七一七年）から温めてきた叙事詩『ラ・アンリアード』をこの地で刊行するためであった。

当時ロンドンには数多くのフランス人が亡命していたのだ。彼らの多くは、ヴォルテールのような「政治犯」というより、「宗教犯」であった。一六八五年に国王ルイ一四世がフォンテーヌブローの勅令（第四章を参照）により、フランスにおけるカトリックの権威を確立したため、カルヴァン派のプロテスタントであったユグノーが多数海外へと逃亡した。その数はおよそ二〇万人に達したとされている。その多くは商工業者や金融業者だった。第四章でも述べたとおり（155頁）、カルヴァン派は「金儲け」を罪悪と見なかった。

プロテスタントの亡命受け入れに寛容な、イギリス、オランダ、ドイツ北部、スイスといった地域に移り住んだユグノーたちは、もともとフランスで培った工業技術や、商業・金融業でのノウハウなどを移住先にそのまま持ち込み、各地を繁栄させたと言われている。

オランダでは、絹織物、リンネル（亜麻布）、毛織物、帽子、製紙、書籍印刷業などの工業に加え、商業や金融業も。ドイツ北部でも毛織物や帽子、金属工業が盛んになった。スイスでは今日にも続く時計産業がユグノーの亡命により活気づいたとされている。

一六八〇年代から四〜五万人のユグノーたちが移り住んできたイギリスにも恩恵が与えられた。ここでも絹織物、リンネル、帆布、帽子、ガラス、時計、紙、金物といった工業を中心に、それまでイギリス商人たちがフランスから高い金を出して買っていた物産を、フランスに頼らずに自前で生産できるようになったのである。逆にフランス産業界にとっては大打撃であった。

ヴォルテールがロンドンに入り込んだ一七二〇年代からは、亡命ユグノーたちがここを拠点に出版・書籍販売業を営むようになり、ロンドンは印刷・出版の一大共同体を形成するようになっていた。それまでイギリスの紙は粗悪品が多かったが、熟練製紙業者が亡命してきてくれたおかげで、良質の白い紙も大量に生産できるようになっていた。しかも彼らはみなフランス語話者である。そもそも英語ができなかったヴォルテールにとっては、これほどありがたい共同体は他になかった。

ロンドン郊外のワンズワースで生活するようになったヴォルテールは、英語を学ぶ一方で、『ラ・アンリアード』の出版にも取りかかった。ブルボン王朝の開祖で、ユグノーの信仰に対しても寛容な政策をとったアンリ四世（在位一五八九〜一六一〇年）を主人公とする雄大な叙事詩であり、それは孫のルイ一四世が進めて以降、フランス国家の基本政策となった「宗教的不寛容」をある意味では風刺する内容だった。もちろんフランス語で書かれた詩である。パリではとても出版できまい。ユグノーの印刷業者の力を借りて『ラ・アンリアード』は一七二八年に出版される。

第四章でも見たとおり、名誉革命（一六八八〜八九年）後のイギリスは、カトリックに対する政治的差別は残ったものの、プロテスタント諸派に対しては総じて寛容であった。

ヴォルテールはこの「宗教的寛容」の空気を絶賛し、イギリス思想界を席巻したロックの著作を習いたての英語力でむさぼるように読んでいった。さらにニュートンの思想や物理学の重要さにいち早く気づいたのもヴォルテールだった。当時のフランスではニュートン力学は理解されておらず、やがて帰国したヴォルテールによって広められていく。

そして劇作家としての本領が発揮されたのが、シェークスピアの作品をヨーロッパ中に紹介したことだろう。今日でこそ世界的な演劇界の巨人であるシェークスピアの作品は、英語という「田舎言語」で書かれていたこともあり、一八世紀前半のヨーロッパ大陸ではまだあまり知られていなかった。それをフランスはもとより、ドイツ諸国やイタリア諸国などに広く紹介していく役割を担ったのがヴォルテールだったのである。

彼が亡命した一七二〇年代後半のロンドンもやはりバロックの世界であった。ヴォルテールが到着した翌二七年にイギリスに帰化したヘンデルの珠玉のオペラやオラトリオ（宗教的題材に基づく劇音楽）、ジョン・ゲイの『乞食オペラ』など、清教徒革命後の共和政時代（一六四九～六〇年）に歌舞音曲を廃した厳粛な時代はいまや過去のものとなっていた。またヴォルテール自身も、『ガリバー旅行記』の作者ジョナサン・スウィフト（一六六七～一七四五）や詩人のアレキサンダー・ポープ（一六八八～一七四四）などと懇意になり、ロンドンでの亡命生活は二年半にもわたることとなった。

✝大王との出会い

一七二九年にフランスに帰国したヴォルテールは、亡命中から書き始めていた『哲学書簡』（一七三三年）も完成し、まずはロンドンで英語により出版した。なぜパリでもフランス語でもなかったのか。『哲学書簡』はロックに代表されるイギリス経験論哲学やニュートン力学を紹介し、それまでデカルト（一五九六〜一六五〇）やパスカル（一六二三〜一六六二）一辺倒だったフランスの思想界に一石を投じるものであった。だがそれだけではない。宗教にも不寛容で、王侯貴族が不当な政治を進めるフランスの現状を暗に批判し、立法は議会が、行政は議会に立脚した政府がそれぞれ担う立憲君主制をとるイギリス政治を礼賛するその内容は、再び官憲の目をヴォルテールに向けさせるに充分だったのだ。

『哲学書簡』は当然のことながらロンドンで評判を呼び、翌三四年にはパリに入ってきてしまった。出版者は逮捕され、いよいよ著者自身にまで官憲の手が伸びようとしていた。あの地獄のようなバスチーユへの逆戻りだけは避けたかった。ヴォルテールはその前年に出会ったひとりの女性を頼り、フランス北東部のロレーヌへと旅立った。

女性の名はエミリー・デュ・シャトレ（一七〇六〜一七四九）。シャトレ侯爵の夫人だった彼女は、ラテン語やギリシャ語も操る才女であり、文学や哲学、物理学にも精通していた。ニュートンの代表作『自然哲学の数学的諸原理(プリンキピア)』をラテン語からフランス語に初めて訳したのも彼女である。いつしかヴォルテールと愛人関係を結ぶようになり、その彼女がロレーヌに持つ城館《シャトー》にヴォルテールは逃げてきたわけである。

しかし翌年にはヴォルテールへの嫌疑も晴れ、彼は再びパリに戻ることが許された。そんな彼の許《もと》に一通の手紙が届けられたのは翌一七三六年のことだった。差出人はプロイセン王国皇太子フリードリヒ(一七一二〜一七八六)。のちに「大王」とまで呼ばれることになる国王フリードリヒ二世(在位一七四〇〜八六年)のことである。

フリードリヒがヨーロッパ国際政治において強大国の一員に育て上げたプロイセンは、神聖ローマ帝国の北東部に所領を有するブランデンブルク辺境伯ホーエンツォレルン家によって王国となった。帝国のなかで「王」を名乗れるのは、ベーメン(ボヘミア:現在のチェコ)王であるハプスブルク家だけであったが、帝国の外側の所領については皇帝の許可さえ出れば、「王」となることができた。ザクセン大公がポーランド王を、ハノーファー侯がイギリス王を兼ねられたのもこの慣例によっていた。

ブランデンブルク辺境伯がプロイセン(今日のポーランド北西部)の王として皇帝から認められたのは一七〇一年のことであり、そう古い話ではなかった。二代目の国王でフリードリヒの父フリードリヒ・ヴィルヘルム一世(在位一七一三〜四〇年)は、「軍人王」のあ

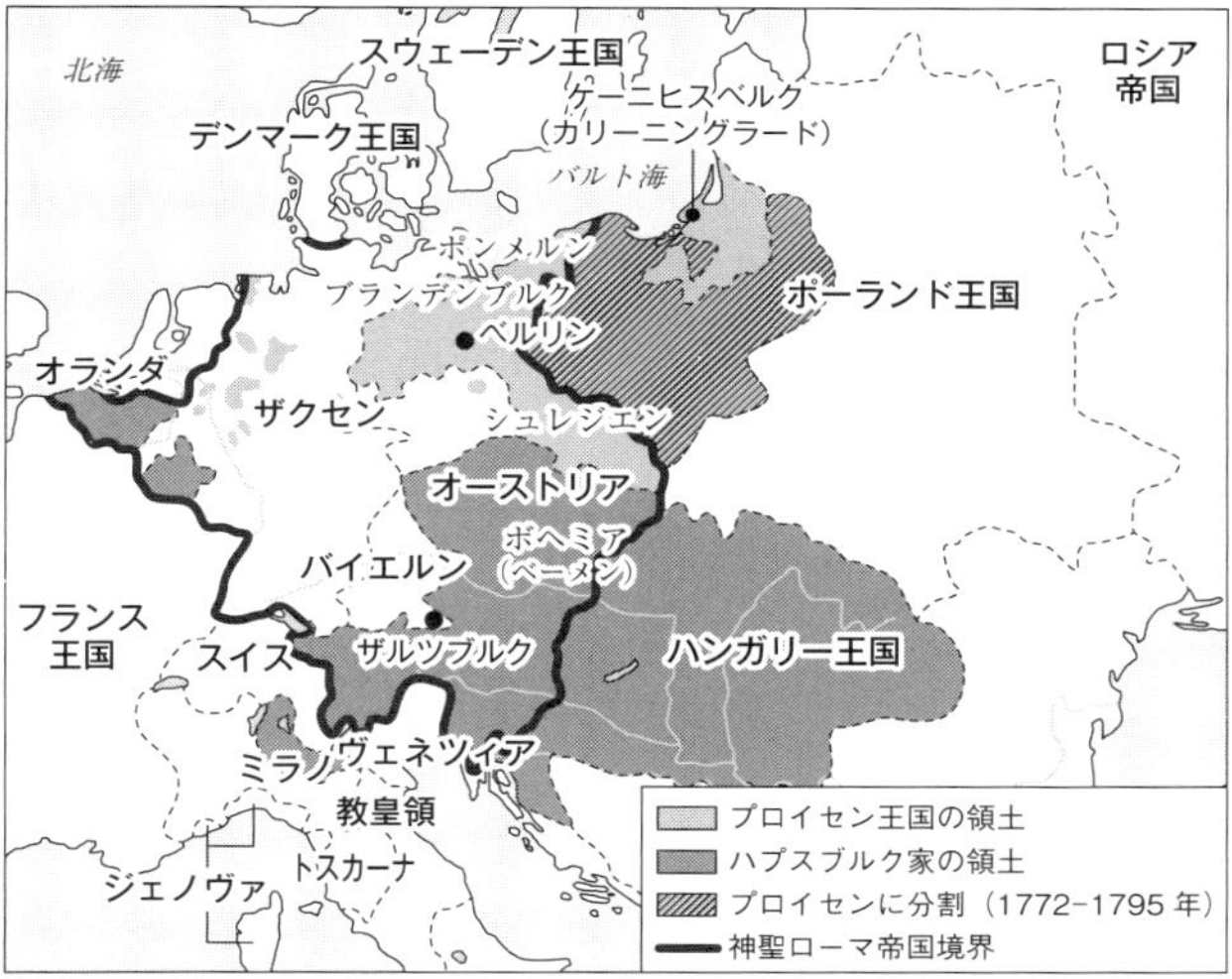

【地図】 18 世紀半ばのプロイセン・オーストリア

だ名のとおり、全国を徴兵区に分けて連隊ごとに割り当てる制度を制定し、将校団や軍律を新たに設けるなど、プロイセンの軍事力を強化した。

息子のフリードリヒは、若い頃は戦争をあまり好まなかったが、父からの厳しい教育や天賦の軍才もあり、国王に即位する頃までには野心家へと様変わりしていた。しかし他方で、父には見られなかった文芸の素養にも恵まれ、哲学・歴史・政治に関わる著作を書き、建築や音楽にも造詣の深い、文武双方に優れた王であった。のちの世に「啓蒙専制君主」と呼ばれるゆえんである。そのような王が当代随一の知性ヴォルテールに憧れたとしてもおかしくはない。一七三六年から二人の間では文通が始まり、四年後の四〇年九月にヴォルテールはドイツ西部のモイラント城に王となったフリードリヒを訪ねることになる。

すでに四年もの間、二人は学術や芸術など幅広い話題について手紙を通じて語り合ってきた。フリードリヒはヴォルテールを自らの手元に置いておきたかったのだが、シャトレ夫人との関係を優先したヴォルテールはパリへと戻っていく。ところがそのシャトレ夫人の「入れ知恵」によって、やがてヴォルテールは再び王の許に遣わされることになるのだ。

†フリードリヒとルイのはざまで

ヴォルテールがフリードリヒ二世と初めて会見を行った翌月、その後のヨーロッパ全体を混乱に巻き込む事態が生じた。神聖ローマ皇帝カール六世（在位一七一一〜四〇年）が崩御したのである。彼には娘が三人いたが世継ぎとなる男子には恵まれなかった。そこで皇帝は帝国周辺の諸大国とたびたび交渉を重ね、ハプスブルク家の全財産を長女マリア・テレジア（一七一七〜一七八〇）に相続させることにした。さらに、自身の死後の皇帝とベーメン選帝侯についても彼女の夫に引き継がせることも決めた。

これに帝国内の有力者が反発したが、所詮はオーストリアを中心にハンガリーやベーメンなどを擁する強大なハプスブルクにかなう相手ではなかった。ところがここに登場したのがフリードリヒだった。彼が国王に即位したとき、プロイセンはかつてに比べれば強大な兵力を持つようになっていたものの、総人口は二五〇万人にすぎなかった。ハプスブルク（一一〇〇万人）、フランス（二〇〇〇万人）、イギリス（九五〇万人）といった大国と比べると、かなり見劣りしたのである。そこでフリードリヒは、プロイセンとオーストリアの中間に位置するシュレージエン（人口一六〇万を有し、農業・鉱業が盛んだった）を割譲するならば、マリア・テレジアの相続権も彼女の夫の帝位も認めてよいとの交換条件を出した。マリア・テレジアはこれに応じなかった。

ついに一七四〇年一二月、フリードリヒは先手を打ってシュレージエンに侵攻し、翌年四月のモルヴィッツの戦いでオーストリアに圧勝するや、この軍事の天才フリードリヒに周辺各国がすり寄ってきた。世に言う「オーストリア王位継承戦争」（一七四〇〜四八年）の始まりである。六月にはルイ一五世が一五年間の約束でフリードリヒと秘かに同盟関係を結んだ。新しい神聖ローマ皇帝にはバイエルン公爵が選ばれた。ハプスブルク家以外から皇帝が出たのは、実に三〇四年ぶりのことだった。

フリードリヒ2世

マリア・テレジア

フリードリヒは、シュレージエン獲得という当初の目的を達成し、一七四二年六月にはイギリスの仲介でオーストリアと講和を結んだ。一方のマリア・テレジアは、一時はハンガリーに逃れたものの、勢力を結集して巻き返しを図り、プラハを占領していたフランス軍を追い払い、ここにベーメン女王の戴冠式を華やかに挙行した。その後、同盟を結んだイギリスとオランダの協力も得て、一七四三年六月にはオーストリア軍はヨーロッパ各地でフランス軍を敗走させた。

この危機を打開するためにシャトレ夫人が白羽の矢を立てたのがヴォルテールだったのである。フリードリヒ二世から信任の篤い彼をベルリンに派遣して、プロイセン軍からの援護を取りつける以外に道はない。宮廷内で影響力のある彼女の提案はルイ一五世からも認められることになった。八月末にベルリンに到着したヴォルテールは、九月三日に王と会見した。こののち一カ月ほどをフリードリヒとともに過ごしたヴォルテールは、先年と同じく、哲学や歴史や政治や芸術など多岐にわたって王と話し合った。この間、フランスの旗色は悪くなるばかりであった。ルイ一五世はイギリスとオーストリアに宣戦布告したが(一七四四年四月)、彼を支えるのはスペインとバイエルンしかいなかった。

ここにフリードリヒが再び登場する。ヴォルテールの交渉が功を奏したというよりは、このままフランスが負ければ、マリア・テレジアはシュレージエン奪回に乗り出すだろうという憶測からと見てよいだろう。南のオーストリアと事を構えるため、フリードリヒは北を安全にしておかなければなるまい。スウェーデン国王には自身の妹を嫁がせ、新たな大国として登場したロシアの皇太子には、自分の家臣の娘を妃として仲介した。この娘がのちのロシアの女帝エカチェリーナ二世（在位一七六二〜九六年）となる女性だった。

一七四四年六月にプロイセンは再びフランスと同盟を結び、四年後の一〇月にアーヘン（ドイツ西部）で講和条約が結ばれるまで、フランス軍もオーストリア軍をネーデルラントから追い出すほどに勢力を回復したのである。フリードリヒはシュレージエンの大半を獲得し、列強からあらためて承認を受けた。フリードリヒがいったん戦場から退いていた間に、形勢を逆転させていたマリア・テレジアは神聖ローマ帝国内で地歩を固めるとともに、皇帝に即いたバイエルン公が亡くなると（一七四五年一月）、選帝侯による選挙で夫を無事に皇帝（フランツ一世）に当選させることにも成功を収めていた。

†大王との茶番劇

フリードリヒの真意がなんであれ、結果的にはプロイセンとフランスの仲介役を果たしたヴォルテールは、帰国後（一七四四年）からヴェルサイユ宮殿への出入りを許される「身分」となった。しかしヨーロッパにつかの間の平和が訪れた翌四九年九月にシャトレ夫人が急死し、ヴォルテールの目は再びベルリンに注がれることになった。それまで彼がフリードリヒの許に長く留まれなかったのは、早く彼に会いたがっていたシャトレ夫人の存在があったからである。逆に二度もバスチーユに投獄された彼がヴェルサイユに出入りできたのも、宮廷内で影響力を持つ夫人がいたからだった。

一七五〇年七月からヴォルテールはベルリン郊外のポツダムで、いまや「大王」と呼ばれるようになっていたフリードリヒの客分となった。街の中央部に建つサンスーシ宮殿は、この数年前（一七四五〜四七年）にフリードリヒの命によって造られた夏の宮殿である。外装はこぢんまりとしていて地味だが、内装は壁から天井まで黄金の装飾が施された豪奢な造りとなっている。「フリードリヒ式ロココ様式」と呼ばれるものである。ヴェルサイユに代表されるバロック式建築を少し変形させたもので、一八世紀半ばにヨーロッパ中に広まったのが自由で優美な曲線が特徴的なロココ式の建築だった。

フルートの名手でもあった大王はよくここで演奏会も開いた。ヴォルテールが到着した二週間ほど後にライプツィヒで死去したバロック最後の巨匠ヨハン・セバスチャン・バッハも、息子が宮廷楽団員だった関係からベルリンを訪れて、のちに最晩年の傑作のひとつ

サンスーシ宮殿

『音楽の捧げもの』を大王に献呈している。

ポツダムに到着するや、ヴォルテールはフリードリヒから大歓待を受けた。大王自身が創設した「プール・ル・メリット（勲功）勲章」と充分な年金を下賜され、大王が書いた原稿をすべて添削するのが日課となった。フリードリヒは、国王に即位した後は、公式には生涯フランス語しか使用しなかったと言われる。ドイツ語は日常会話にもほとんど使われることはなかった。もちろん書くものはすべてフランス語であり、ヴォルテールに宛てて送られた手紙もすべて署名はフランス語読みの「フレデリック」だった。

ヴォルテールが過ごした「サンスーシ」宮殿にしても、フランス語で「憂いなし」という意味である。本章の冒頭にも書いたとおり、ベルリンであれ、ウィーンであれ、ロンドンであれ、各国の宮廷で共通語として使われる言語はフランス語へと変わっていたのだ。

しかしやがてこの哲人と大王との間にも亀裂が入るときがきた。当代随一の知性と謳われたヴォルテールとはいえ、王侯たちからすれば、所詮は「平民」にすぎなかった。彼がヴェルサイユからサンスーシへと移ると聞いて、ルイ一五世はこう語ったと言われる。「朕の宮廷から狂人がひとり減って、プロイセンの宮廷にひとり増えるだけのことだ」。対するフリードリヒ二世もヴォルテールについてこう述べたとされている。「オレンジは絞るものじゃ。そして汁を飲み終えてから、捨てるものじゃ」。

その幅広い知性と機知に富んだ会話には尊敬の念を抱いたかもしれないが、貴族政治が全盛の時代にあっては、いかに大王といえどもこうした感覚が見られたのかもしれない。

一七五三年三月にヴォルテールはフリードリヒの宮廷から離れることになった。しかもフランスへの帰り道、フランクフルトでヴォルテール一行は後から追いかけてきたプロイセンの官憲に足止めを食らった。かつて大王がヴォルテールに与えた自らの詩集を返却するように迫ったのである。一二日間にわたる勾留の後に解き放たれたが、この「フランクフルト事件」は何とも後味の悪い結末となった。

†「百科全書」の時代

泣きっ面に蜂とでも形容しようか。フリードリヒと「喧嘩別れ」してパリへと戻ってきたヴォルテールは、今度はルイ一五世から入城を禁じられる羽目となってしまった。そこでドイツとの国境地帯にあるコルマールにとどまったヴォルテールは、翌一七五四年からスイスのジュネーヴに居を移すことになった。その後、生涯の最期の段階にいたるまで、パリに戻ることはなかった。

ジュネーヴに落ち着いたヴォルテールが次に取り組んだのが、当時フランスで一大事業とされた『百科全書《アンシクロペディ》』への協力であった。ヴォルテール自身がイギリスで吸収したロックなどの経験論哲学をフランスで紹介したこともきっかけとなっているが、一八世紀後半のフランスはまさに「啓蒙主義（Lumières）」の時代でもあった。

ロックも説いているとおり、人間は自らの「理性」に基づいて行動すべきなのである。そのためには自らの知性を磨き、その知性を使用する勇気を持たなければならない。そうした一助として、『百科全書――諸科学・諸技芸・諸職業についての合理的事典』と称される「森羅万象」を平易に明快に解説した事典は、無知蒙昧《むちもうまい》の世界に知を啓《ひら》く大切な一歩となってくれるだろう。こうした動きはすでにイギリスに登場し、チェンバーズ『百科事典』として刊行されていた（一七二八年）。

これに刺激を受けたフランスの思想家ドゥニ・ディドロ（一七一三〜一七八四）が一七四六年に『百科全書』の企画を立案し、政府から出版許可も取りつけて刊行に踏み切った。ジャン・ル・ロ・ダランベール（一七一七〜一七八三）らの協力もあり、一七五一年から出版を開始した。この活動にジャン＝ジャック・ルソー（一七一二〜一七七八）らと共鳴し、項目の執筆に協力したのがヴォルテールであった。人間が理性を得ていくためには、人類全体の歴史を学ぶことが大切であると考えていたヴォルテールは、「歴史」の項目を主に担当することとなった。

しかしこれまで述べてきたとおり、一八世紀のフランスには「不寛容」の考え方が拡がっていた。『百科全書』は発売されるや、聖書の考え方と相容れないということでイエズス会から猛攻撃に見舞われた。一七五二年には第一巻と第二巻が発売禁止となり、その後も第三巻以降が順次刊行されていったが、ついに一七五九年三月には『百科全書』そのものの出版許可が取り消されてしまった。半年後にはローマ教皇庁まで「禁書」に指定した。「不寛容」だったのはカトリックの勢力だけではなかった。ヴォルテールが居を移したスイスのジュネーヴにしてもしかりであった。ジュネーヴといえば、カルヴァンが独自の宗教改革を始め、神聖政治ともいうべき厳格な施政を行っていた場所だった。第四章（146

頁）でも記したが、カルヴァン派は歌舞音曲には否定的であった。そのような場所で、ヴォルテールの演劇上演が認められるわけはなく、『百科全書』が発禁となった翌年一七六〇年にヴォルテールはスイス国境に近いフランス東部のフェルネーへと移住した。

フェルネーに移ってからは、ヴォルテールの創作活動はさらに活発化した。彼の標語《モットー》は「恥ずべきものは叩きつぶせ！」であったが、ヴォルテールが「恥ずべきもの」と断じたひとつが宗教的不寛容であった。彼はロックの思想に共感し、キリスト教的な生活よりも人間の有する常識的な理性を重んじた。彼が唱えたのが「理神論（deism）」だった。それは信仰と理性の調和をはかる考え方であり、創造主である神がこの世を造りたもうた後は、世界は人間によって理解可能な理性の秩序によって支配されていると唱えていた。

ヴォルテールがフェルネーに居を定めた頃、彼より五つ年上のシャルル・ド・モンテスキュー（一六八九〜一七五五）はすでに鬼籍に入っており、六〇代後半にさしかかっていたヴォルテールは「フェルネーの長老」と呼ばれ、フランス思想界の最高峰となっていた。このまま余生を静かに過ごしてもよいところであったが、この長老の心を揺り動かし「恥ずべきものを叩きつぶせ！」を声高に叫ばせるような事件に、彼は遭遇するのである。

†宗教的寛容――カラス事件への訴え

フランス南西部の街トゥールーズ。一六世紀後半からここではカトリックとプロテスタントの間で死闘が繰り広げられ、それから二〇〇年を経過した一七六〇年代になってさえ両者はいがみ合いを続けていた。

事件が起こったのは一七六一年一〇月のことである。トゥールーズの布地商人ジャン・カラス（プロテスタント）の自宅で長男が首を吊って死んでいるのが発見された。長男はこの翌日にカトリックに改宗することが決まっていたのだが、これに反対した父が息子を絞め殺したのだ、とする噂がたちまち拡がってしまった。こうした狂信的な風聞に煽られ、司法当局は調査に乗り出した。当局は最初からカラスの有罪を信じて疑わないかのごとく、訊問と拷問が繰り返されたが、カラスは無罪を主張し続けた。彼には弁護士もつけられず、ついにカラスの死刑判決が下され、一七六二年三月一〇日にカラスは処刑された。

この事件のあらましを聞きつけたヴォルテールは激高する。これより一〇年前に自らが執筆した『ルイ一四世の世紀』により、「太陽王」に対するフランス国内での評価は高まりを見せていたが、作者自身の見解では、「ひとりの国王、ひとつの法、ひとつの信仰」を唱えたルイ一四世の姿勢は、決して評価されるものではなかった。「カラス事件」は、まさに宗教的な不寛容が、狂信的な大衆の無知蒙昧、司法当局の偏見と結びついて生みだされた「冤罪《えんざい》」である。ヴォルテールはそう主張した。

フランス最大の知性が社会に訴えたことで、司法当局も再審に乗り出さざるを得なくなった。ヴォルテールはロックから学んだ「宗教的寛容」の精神を叫んだ。ついに司法当局は再審の結果、カラスの無罪を言い渡し、その名誉は死後に回復された。

「カラス事件」の背後には当時のヨーロッパ情勢も影響を与えていた。事件の起こる五年前から、フリードリヒ大王とマリア・テレジアの確執が「七年戦争」(一七五六〜六三年)として再燃し、イギリスと手を結んだプロイセンに対する意趣返しの意味も込めて、フランスは三〇〇年来の対抗関係に終止符を打ち、ハプスブルクと同盟関係を築いたのである。それは「外交革命」と呼ばれ、ルイ一五世の孫(のちのルイ一六世)とマリア・テレジアの末娘(マリー・アントワネット)との縁組もその一環として進められていった。

オーストリア、ロシア、フランスが周辺の中小国と手を結び、人口にして九〇〇〇万人の連合軍がプロイセンとその同盟者(五〇〇万人)を圧倒していたため、戦争はすぐにも終わるだろうと楽観視されていたが、そこは軍事の天才フリードリヒのことである。緒戦で大王はその才能を遺憾なく発揮した。その後、戦争は長期化・泥沼化し、フランス各地に失業者や浮浪者があふれ出した。彼らの多くがカトリック教徒であり、トゥールーズにも流れ着いて、この「カラス事件」を煽《あお》る「世論」の一端になったものと考えられる。

ヴォルテールがカラスの無罪を勝ち取るきっかけを作ったのが、この事件に関わる一連の顚末と自身の見解を盛り込んだ『寛容論』(一七六三年)の出版であった。それはまたたく間に「ベストセラー」となり、増刷が続けられた。刊行の翌六四年三月にパリを訪れたイギリスの思想家デイヴィッド・ヒューム(一七一一〜一七七六)は、わざわざ『寛容論』を買いにパリにきたのに、売り切れで手に入れられなかったとのちに記している。

これ以後、「知識人は世論を喚起し、社会に訴えかける」ことも重要な責務であるとの認識が、フランスはもとよりヨーロッパ全土にも拡がっていく。ヴォルテールは「知識人」の仕事が机上で理論を構築するだけではなく、まさに社会の不条理に対する啓蒙活動にもあることを最初に示した人物だったのかもしれない。それと同時に、ヴォルテールは「世論」というものの強さとともに、恐ろしさをも痛感した、最初の知識人でもあった。

†精神的な「革命」の火付け役

イギリス亡命中に「宗教的寛容」の精神をロックらに学んでいたヴォルテールは、帰国後の一七四一年に『預言者マホメット』と題する作品ものしていた。フェルネーに移り住んでからもイスラームについて深く研究し、同時に世界中の宗教や歴史も探究を進めた。

「諸国民は、それぞれの伝統と習俗のなかで生活している。そこから各国民に固有の精神も生まれる。特定の国民の特定の思想、理念、ましてや信仰を他国民に強要することほど『人道』に反することはない。またそれを無批判に信奉するほど愚かなことはない」。ヴォルテールが、この半世紀ほどにわたる様々な活動を通じて、たどりついた境地である。

第二章でも述べたとおり(79頁)、グーテンベルクによる活版印刷術の普及以来、ヨーロッパでは印刷物が飛躍的に拡がっていった。特にこの一八世紀においては、安価な書物や小冊子、さらには新聞などが人々の手に渡っていった。フランスでは、他のカトリック国に比べても、市民たちの読み書き能力が高く、それがまた「世論」の形成につながった。しかし、上記の『百科全書』の一件でもおわかりのとおり、フランス国内で出版されるすべての印刷物がカトリック教会からの検閲を受けていたのである。この「検閲」こそは、ヴォルテールが最も忌み嫌った制度であった。一七七〇年には、デンマークで当時の国王クリスチャン七世(在位一七六六〜一八〇八年)が、自国における「報道の自由」を認めるとの布告を出している。それはヨーロッパでも初めての試みであった。

ヴォルテールはこの「英断」を手放しで賛美し、クリスチャンを褒め称える叙事詩まで作って国王に献呈した。「カラス事件」に深く関わるようになったヴォルテールは、ある意味で「メディア」の力を最もよく知る思想家にもなっていたのだ。

ヴォルテールが放った『哲学書簡』は、王侯貴族が政治を独占する「旧体制《アンシャン・レジーム》」へと投げつけられた最初の爆弾であった、などとのちに言われることがある。

たしかにヴォルテールの著作群には「革命（révolution）」という言葉もよく出てくるが、彼がめざした「革命」とは、その死からわずか一一年後に勃発する「政治的・暴力的」な革命ではなかった。逆にそうした流血の惨事を未然に防ぐためにも、個々人が「理性」に基づいて行動し、「精神的な」革命をもたらさなければならない。これを実現できるのは、「すでに理性によって啓蒙された」君主たちなのである。

その意味でも、ヴォルテールが「精神的な」革命を実行できると理想を託した人物たちこそが、一度は「喧嘩別れ」したものの最晩年まで文通が続いたフリードリヒ大王であり、晩年にやはり文通相手となったロシアの女帝エカチェリーナ二世だったのだ。彼らこそがヨーロッパを血腥《ちなまぐさ》い革命から救い出す「啓蒙専制君主」たちであった。

†精神世界の王の死

そのフリードリヒ大王が七年戦争に乗り出す頃（一七五六年）のことを振り返り、ヴォルテールは次のように述べている。「私はおよそ想像のおよぶ限りの快い生活を隠遁地で送りながら、ヨーロッパの諸国王がこの恵まれた平穏さを味わっていないのを眺め、「中略」どれほど偉大な王侯の身分よりも、一私人の立場のほうが時として好ましいとの結論を得て、いささか哲学的な喜びを味わった」（『回想録』より）。

父フランソワが社会的上昇を夢みて憧れ、ヴォルテール自身が若い頃にいやというほど嫌がらせを受け、さらに後半生には数々の親交を結んだ王侯貴族たちよりも、自身のほうが上である。のちにジャン・オリィユーが描いた大部の評伝の副題が示すように、ヴォルテールはまさに「精神の王権（ou la royauté de l'esprit）」を築いたのかもしれない。

最晩年まで創作活動を続け、七八歳にして自らの劇に出演するほどの体力を誇ったヴォルテールにもついに幕を閉じるときが訪れた。一七七八年五月にヴォルテールは久方ぶりに戻ったパリで八三歳で亡くなった。「宗教的寛容」を唱えていた彼は、当然ながらカトリック教会からは終始にらまれる存在であり、教会は葬儀も埋葬も拒否した。彼の亡骸《なきがら》はスイスとの国境近くに葬られ、それから一三年の歳月を経て、フランス革命の闘士たちによりパリに新設された「パンテオン（偉人たちを祀る殿堂）」へと移送された。

ヴォルテールの死から半年後の一七七八年一一月、ベルリンの王立科学文芸アカデミーで追悼の式典が執り行われた。政治思想史家の宇野重規も指摘するとおり、一八世紀という啓蒙思想の世紀は「アカデミーの時代」でもあった。すでに第三章（113頁）や第四章（165頁）でも紹介したとおり、一七世紀半ばから各国の王侯たちを後援者にヨーロッパの

ヴォルテールとフリードリヒ大王

主要都市には学術や芸術を振興するアカデミーが創設されていた。

ヴォルテールの場合にも、真っ先に評価されたのは「おたずね者」扱いされたパリではなく、彼自身が『哲学書簡』で絶賛したイギリスはロンドンであった。一七四三年に彼はまずは王立協会の会員に推挙されている。アカデミー・フランセーズの会員になったのはその三年後のことであった。そしてベルリンのアカデミー会員にも就任した。

しかしそのアカデミーで、後援者自らが頌辞《しょうじ》を執筆し、朗読するという前代未聞の栄誉を与えられたのは、ヨーロッパひろしといえどもベルリンだけであった。

その日、一度は前出のように「喧嘩別れ」したにもかかわらず、フリードリヒ大王自らがアカデミーに赴き、「すべての領域を包括する普遍的な天才」であった故人を偲《しの》んで長時間にわたり原稿を読み上げた。ヴォルテールに初めて出会ったとき、大王はまだ即位したての二八歳の青年だった。その彼もいまやプロイセン王国をヨーロッパ五大国の一員に育て上げ、すでに六六歳の高齢となっていた。「ヴォルテール氏の想い出は、時代から時代へと大きくなり、氏の名を不朽の名声へと伝えてゆくことでありましょう」と大王は頌辞をしめくくった。

「あなたの意見には反対だが、あなたがそれを主張する権利は命をかけて守る」。これはヴォルテールが残した名言のなかでも最も有名なものであろう。彼はやはり時代を超越した知性であった。追悼する大王の脳裏にも、かつてサンスーシ宮殿でともに語らいながら過ごしたときの彼の姿が浮かんだことであろう。

ヴォルテールがパリで大往生を遂げたちょうどそのとき、フリードリヒ大王の都ベルリンを訪れていたのが、ドイツ中部ザクセン・ヴァイマールの領主であった。その随行員のひとりは学生時代にヴォルテールの思想に魅了され、のちに彼の『預言者マホメット』をドイツ語に翻訳するほどの熱の入れようであったが、やがて彼はヨーロッパ中を席巻する激動の嵐に遭遇することとなり、ヴォルテールに匹敵するだけの知性に成長したばかりか、政治家としてもこの嵐に真っ向から立ち向かうことになるのである。

第六章 革命の時代

ヨハン・ヴォルフガング・フォン・ゲーテ（1749〜1832）

第六章関連年表

西暦	出来事
1740	オーストリア王位継承戦争（～48年）
1749	ヨハン・ヴォルフガング・ゲーテ生まれる（ドイツ南西部・フランクフルト）
1756	七年戦争（～63年）
1772	第一回ポーランド分割（プロイセン・オーストリア・ロシア）
1775	アメリカ独立戦争（～83年）
1789	フランス革命（～99年）
1792	オーストリアとプロイセンが革命に干渉：フランス革命戦争へ →ヴァルミーの戦いでフランス軍勝利：フランス共和政へ移行（9月）
1793	イギリスの提唱で第一次対仏大同盟（～97年）結成 第二回ポーランド分割：第三回（95年）によりポーランドは消滅へ
1799	ブリュメールのクーデタでナポレオン・ボナパルトが政権掌握 →1800年からナポレオン戦争（～1815年）へ
1804	ナポレオン1世即位：フランスで第一帝政（～15年）成立
1805	トラファルガー海戦（10月）：イギリス海軍が仏西連合艦隊を撃破 アウステルリッツの戦い（12月）：フランス陸軍が墺露連合軍を撃破
1806	神聖ローマ帝国が消滅（8月） ナポレオン1世がベルリン勅令公布：大陸封鎖令（対英経済制裁）
1812	ナポレオン1世のロシア遠征：大失敗に終わる
1814	ナポレオン1世退位：エルバ島に流刑 ウィーン会議（～15年）：ナポレオン戦争の戦後処理問題を討議
1815	ナポレオン1世が復位（百日天下）：ワーテルローの戦いで敗北（6月） →ナポレオンはセント・ヘレナ島（南大西洋）流刑 →ブルボン王朝が正式に復活へ（フランス） ドイツ連邦（～66年）成立：35の領邦と4の自由都市から構成
1830	フランス七月革命：ルイ・フィリップの七月王政（～48年）成立
1832	ヨハン・ヴォルフガング・フォン・ゲーテ死去（ドイツ中部・ヴァイマール）
1848	フランス二月革命：七月王政が倒壊し、第二共和政（～52年）成立 →ルイ・ナポレオン・ボナパルトが大統領に当選（12月） ドイツ三月革命：オーストリアでは宰相メッテルニヒが失脚 →フランクフルト国民議会が開会へ

この章でとりあげる時代（一七八九～一八四八年）は、西ヨーロッパで市民たちの力が台頭した時期にあたる。それは場合によっては「市民革命」となって体制を変革した。

ルイ一四世の時代（一六四三～一七一五年）から、フランスでは絶対君主政が本格的に始まった。第一身分（聖職者）、第二身分（貴族）、第三身分（平民）の代表からなる「全国三部会」はほとんど開かれることもなく、聖職者や貴族らは特権身分として免税にあずかり、国税の大半は商工業階級《ブルジョワジー》や小農民など平民たちに重くのしかかっていった。

彼ら平民はやがて、第四章で検討したロックやその影響を受けたヴォルテール、ルソーらの思想から革命に乗り出す原動力となった。一七八九年七月一四日にバスチーユ牢獄を襲った彼らは、翌月「人および市民の権利の宣言（人権宣言）」を発表し、「人間は生まれながらにして自由であり、権利において平等である」と高らかに表明したのである。

こうしてフランス革命（一七八九～九九年）により、絶対君主を中心に聖職者や貴族が政治・経済・社会・文化を支配する「旧体制《アンシャン・レジーム》」は崩壊した。こののち、ナポレオンが実権を握り、第一帝政（一八〇四～一五年）の下で再び貴族が登場してくるが、そのナポレオンでさえ、市民たちの声をもはや無視できなくなっていく。

ナポレオン戦争後のウィーン体制（一八一五～七〇年）のもとで、フランスにブルボン王朝が再び登場するが（一八一四～三〇年）、市民を蔑ろにした政治を進めたことにより、七月革命（一八三〇年）で倒壊された。その後も、時の政府が市民たちの権利を侵害すると、フランスではたびたび革命やクーデタが生じ、こののち「保守反動化→革命」を繰り返すことになる。

市民に担ぎ出されたルイ・フィリップの七月王政（一八三〇～四八年）もやがて反動的な姿勢をとるようになり、パリ市民らを中心とする二月革命（一八四八年）で失脚した。その年暮れに史上初の男子普通選挙で投票総数の七四パーセントという圧倒的支持を集めて大統領に当選したルイ・ナポレオン・ボナパルト（一八〇八～一八七三）は、四年後に国民からの支持で皇帝「ナポレオン三世」に即位した。それも普仏戦争（一八七〇～七一年）での敗北により玉座を追い出され、一八七一年以来、フランスは共和政を採るようになった。

こうしたフランスにおける一連の動きは、周辺諸国の市民たちにも大きな影響を与えた。隣国ベルギーがオランダからの独立を果たした（一八三〇年）一方で、イタリアやポーランドでの反乱はいずれもオーストリア、ロシアといった専制的な大国によって鎮圧された。しかしそのオーストリアでも、フランス二月革命の煽りを受けて、ドイツ三月革命により宰相メッテルニヒの保守反動的な体制が退けられた。

その後（一八四八年一一～一二月）ドイツ各地で生じた反革命的な動きにより、自由主義革命の勢いは沈静化されたが、専制的な色彩の濃かったドイツ各地には明らかに新しい風が吹くようになっていた。それは文化の側面にも大きく影響した。ナポレオン戦争終結からドイツ三月革命までの時期は、日常的で簡素な市民生活を象徴するような絵画、服飾、家具、建築が広く見られるようになった。それは「ビーダーマイヤー様式」と呼ばれた。

一九世紀半ばのこの時代のヨーロッパには、相変わらず王侯貴族を中心とする華麗なる文化も生き続けた一方で、新興の市民階級による質実剛健たる文化も並存し、ヨーロッパ文化に厚みを持たせることになった。後者については、イギリスのディケンズやフランスのユゴーの小説などにその一部をかいま見ることができよう。

†市民革命の予兆

「フェルネーの長老」(199頁)ことヴォルテール(一六九四〜一七七八)の尽力により、カラスの無罪が明らかにされようとしていた頃、ドイツ東部ザクセンの古都ライプツィヒ郊外のフベルトゥスブルクでは、「大王」フリードリヒ二世(在位一七四〇〜八六年)と「女帝」マリア・テレジアの間で続いた七年戦争(一七五六〜六三年)の講和条約が結ばれていた(一七六三年二月一五日)。

その五日前。パリでは、この戦争と同時並行のかたちで北アメリカ大陸を舞台に繰り広げられていた「フレンチ・アンド・インディアン戦争」(一七五四〜六三年)の講和条約も締結された。これによりイギリスは、今日《こんにち》のカナダの東半分とアメリカ合衆国の東部三分の一ほどにあたる、広大な領土を獲得したのである。

ルイ一四世(在位一六四三〜一七一五年)の野望により始まった「九年戦争」(一六八八〜九七年)以来、ヨーロッパ大国間の戦争は北米やカリブ海、インドなど世界各地をめぐる植民地争奪戦とも連動するようになっていた。入植時(一六〇七年)には、スペイン、オランダ、フランスにはさまれ肩身の狭い思いをしていたイギリスは、それから一五〇年の歳月を経ていまや北米最大の勢力を誇るようになっていた。

しかしそれは、植民地を防衛する負担の増加をも意味していた。すでにイギリスには、これまでの相次ぐ戦争で一億三二六〇万ポンドもの国債が山積みにされていた。当時の税収（八三〇万ポンド）のおよそ一六年分に相当する巨額である。国王ジョージ三世（在位一七六〇～一八二〇年）から指示を受けた政府は、「砂糖税」「印紙税」といった現地の慣習にあわない課税を押しつけ、イギリス本国と北米植民地との対立は深まった。

ついにそれは一七七五年四月の開戦につながり、もはやイギリス本国が自分たちの権利を認めようとしないことを悟った大陸会議（一三植民地の代表からなる）議員たちの判断により、一七七六年七月四日の「独立宣言」採択に帰結することとなったのである。八年にわたる戦いを制したのは、軍事力・経済力で劣る北米植民地の側であった。イギリスはこれまでの強硬な姿勢が仇《あだ》となり、ヨーロッパ国際政治で孤立し、フランス、スペイン、オランダ各国が北米植民地側について参戦したのも、まさかの敗戦の原因であった。

ここに一七八三年九月にヨーロッパ列強承認のもと、「アメリカ合衆国」が成立した。本来は自由主義を掲げ、ロックに代表されるような「理性」に基づく市民政府の考え方が生まれたイギリスであったが、一八世紀後半にあっては北米植民地の指導者や住民のほうがこの感覚をより強く持っていたのかもしれない。

その代表格がアメリカを代表する知性、ベンジャミン・フランクリン（一七〇六～一七九〇）だった。彼は植民地側が独立を宣言した直後、秘かにフランスへと渡り、パリ駐在の「アメリカ公使」としてフランスから経済的・軍事的支援を取りつける最大の功労者になっていた。最晩年のヴォルテールにもパリで出会い、深い親交を結んだとされる。

そのフランクリンが起草委員のひとりとなって「独立宣言」を大陸会議に提出した頃、はるかドイツ中央部のひとつの小さな公国では、弱冠二六歳でなんら政治経験もない若き法律家が枢密顧問官に抜擢《ばってき》され、その後の半世紀にわたって統治を託されていく。それがヨハン・ヴォルフガング・フォン・ゲーテ（一七四九〜一八三二）だったのである。

†波乱の帝国に生まれ

ドイツ中部の大都市フランクフルト・アム・マイン。一二二〇年に神聖ローマ帝国内で自由都市の資格を与えられ、一四世紀半ばから皇帝選挙が行われる場所となった。一六世紀後半からはその皇帝の戴冠式も挙行される由緒ある街だった。一七四九年八月にゲーテはここで生まれた。父方の先祖は農民や職人で、祖父は仕立屋だった。やがてこの街で旅館を営む未亡人と結婚し、手広く商売を始めて成功を収めた。おかげで父は法律学を修め、イタリアやフランスにも見聞を広めに出かけられるだけの「ご身分」となっていた。父は「帝国顧問官」の称号を買い取り、街の名士の一員となった。その甲斐あって市長の娘エリーザベトと結婚する。その翌年に生まれた長男がゲーテであった。父の躾は厳しかった。まだ幼いうちからゲーテに家庭教師がつけられ、ギリシャ語やラテン語まで学ばされた。ただゲーテはもともと語学の才能が豊かだったようである。八歳で私立の名門校に入るや、フランス語、英語、イタリア語を次々と習得《マスター》していった。

　ゲーテが小学校に上がった頃は、帝国はちょうど七年戦争のまっただ中にあった。フランクフルトはオーストリア＝フランス連合軍に占領され、ゲーテの家もフランス軍の高級将校用の宿舎として接収された。ただし当時のフランス軍、とりわけ貴族出身の将校たちはゲーテ一家に対して粗暴なまねはせず、少年ゲーテも可愛がってもらったようである。のちにナポレオン戦争の際に遭遇するフランス兵たちとは雲泥の差であった（後述）。

　一一歳頃からゲーテは家族に連れられ劇場にも足繁く通うようになった。得意の語学を駆使してフランスやイタリアの戯曲を読みあさり、自ら詩作も行うようになった。折しもフランクフルトでは、神聖ローマ皇帝ヨーゼフ二世（在位一七六五〜九〇年）の戴冠式が行われ、その輝くような華麗なる儀式《ページェント》に少年の心は引きつけられた。

　やがて一六歳となった文学少年ゲーテは、できればゲッティンゲン大学で古典を学びたかった。しかし厳格な父の言いつけで、彼が進んだのはライプツィヒ大学。ここで法学を学ぶことになったのだ。ここまでの人生を振り返ると、読者は前章の主人公ヴォルテールとよく似ていることに気がつかれるだろう。これ以後、ゲーテは文学でも才覚を現すが、彼の「本業」はあくまでも法律家となった。このあたりは同じく一八世紀でも、フランスとドイツの違い、さらにはこの二人の性格の違いにもよるのかもしれない。

とはいえ初めて親元を離れたゲーテはライプツィヒで開放感も味わった。ここで彼は、初めてヴォルテールの著作にも触れることになる。フランクフルトは一六世紀このかた、厳格なルター派の信仰が街の中核を占めてきていた。ここは「聖書に書かれていることが真実」という頑なな信念が息づく街でもあった。この街から離れて、ヴォルテールの説く「宗教的寛容」や、聖書だけからは理解のできない自然の営み（科学）について、ゲーテは思いを馳せていくことになる。

ライプツィヒでの修学を終えて、少し体調を崩したゲーテは、休養ののちに一七七〇年からフランスとの国境に近いシュトラスブルク大学へと移る。フランスとドイツの文化が融合したこの街で、ゲーテは法律学だけではなく、医学やその他の自然科学、さらに政治理論などにも関心を示した。そしてかつて学んだ英語力をいかしてシェークスピアの作品もむさぼるように読んでいった。

七年戦争も終結し、ゲーテの学生時代には帝国にも比較的平穏なときが流れていた。

✦「疾風怒濤《シュトルム・ウント・ドランク》」のなかで

二二歳でフランクフルトへと戻ってきたゲーテであったが、厳格な父の許を離れて勉学を続けていたためか、弁護士資格は手に入れたものの、仕事はぱっとしなかった。四年のあいだに彼が関わった事件は、民事訴訟二八件だけであった。むしろ彼は文学の世界へとのめり込むようになり、仕事の合間に詩や小説を書いていた。

それは自らの恋愛経験と親友の自殺に基づく書簡体小説『若きヴェルター（ウェルテル）の悩み』として結実した。失恋したヴェルターが苦悶《くもん》の末にピストル自殺に追い込まれるこの作品が一七七四年秋に出版されるや、たちまち「ベストセラー」となり、若者たちの共感をよんだ。フランス語や英語、イタリア語にも翻訳され、ヨーロッパ中で特に若い世代に読まれることとなった。作品中でヴェルターが着ていた青い燕尾服と黄色いチョッキ姿の若者が街中に溢れ、はてはピストルで自殺する事件も多発した。のちに「ヴェルター（ウェルテル）効果」と呼ばれる社会現象にまでなっていたのである。

一七七〇年代半ば以降のドイツ文学界は、こうした悩める若者たちを主人公とする小説や詩、戯曲が次々と書かれていくことになる。フランクフルト生まれでゲーテとも友人だったフリードリヒ・マクシミリアン・クリンガー（一七五二〜一八三一）の戯曲（一七七六年）の題名から、これら一連の文学運動は「疾風怒濤《しっぷうどとう》（Sturm und Drang）」と呼ばれた。彼らはみな、ロックやヴォルテールが唱えていた「理性」よりも「感情」の優越を主張し、のちの「ロマン主義（Romantik）」のさきがけともなっていった。

『若きヴェルターの悩み』の成功により、二五歳の若さにして ドイツで最も有名な作家となったゲーテは、各地から講演会に引っ張りだことなった。一七七四年一二月にはライン川沿いの古都マインツを訪れていたが、ゲーテはここでひとりの貴族と出会うのである。ドイツ中部の小国ザクセン・ヴァイマール・アイゼナハ公国の当主、カール・アウグスト（一七五七〜一八二八）。ゲーテより八歳若いまだ一七歳の青年だった。翌七五年秋には、カール・アウグストがフランクフルトを訪れゲーテと再会した。それればかりではなかった。この若き公爵はゲーテをいたく気に入り、自身の公国の政務を任せたいと申し出たのだ。ゲーテはこれを快く受け入れた。ここに「政治家」としてのゲーテの人生が始まった。

†文化立国をめざして

ザクセン・ヴァイマール・アイゼナハ公国は二つの飛び地からなるドイツ中部の小さな国だった。全人口は一〇万六〇〇〇人。第五章で紹介したプロイセンが、これに比べればいかに「大国」であるかがわかるであろう。総面積も一八一二平方キロほど。現在の日本で比較すれば、東京二三区と多摩地区をあわせた面積（一七八六・八平方キロ）より若干大きい程度である。この公国の首都ヴァイマールにゲーテが到着したのは一七七五年一一月のことだった。当時の街の人口は六〇〇〇人だった。

ヴァイマールに着くや、当主カール・アウグストはゲーテに矢継ぎ早に質問してきた。法整備や行財政、はては文化政策に至るまで。ゲーテと意気投合した公爵は着任からわずか半年で彼を枢密顧問官（構成員四名）のひとりに抜擢した。当時のヴァイマールは小国にもかかわらず、ゲーテに言わせれば「分不相応な」支出が目立っていた。このため終始財政難に苦しめられていたのである。ゲーテは公爵ご自慢の「常備軍」（といっても五〇〇名！）を縮小させ、領内にあるイルメナウの銀鉱山を再開し、財源の確保も図った。

ゲーテが着任するまで、ヴァイマールは農業国で住民の大半も貧しい小作農たちだった。イルメナウでは磁器産業も始められ、ヴァイマールの「工業化」が徐々に進められていく。最初は数年でこの地を去るだろうと考えていたゲーテであったが、意外と住み心地もよく、また仕事にもやり甲斐を感じるようになっていった。なんとその生涯を終えるまで五七年もヴァイマールに住み続けることになるのである。

終生ゲーテを信頼し続けたカール・アウグストは、父の急死でわずか一歳のときに家督を引き継いでいた。ゲーテがヴァイマールに到着する三カ月前に一八歳を迎え、「親政」

を開始するが、それまでは母アンナ・アマーリア（一七三九〜一八〇七）が摂政として国を支えた。彼女は文学をこよなく愛し、作曲までたしなむ才女であった。この摂政時代に公国は芸術や学術の振興が進められた。それをある意味で継承したのがゲーテであった。

行財政改革に一定の成果を収めたゲーテは、公爵の推挙により、皇帝ヨーゼフ二世から許しを得てその名に「フォン」を付けることになった。すなわち「貴族」に列させられたのである（一七八二年六月）。これで公爵が主催する晩餐会にも列席できる資格まで得られると同時に、公国の「宰相」として行政府のトップにまでのぼりつめた。

この頃のゲーテが特に興味を抱いたのが「科学」だった。先にも記したとおり、彼自身が生まれ育ったフランクフルトはルター派が支配的な街で、「聖書のみ」が基本であった。聖書に書かれていない「近代科学」とは相容れない環境にあったのである。ライプツィヒやシュトラスブルクで学生時代を過ごして以来、ゲーテは科学にも強い関心を示していた。さらにヴァイマールへ来てイルメナウの銀鉱山を自ら視察するようになってからは、地質学や鉱物学にのめり込んだ。こうした自然科学全般や哲学の拠点になるべく、宰相ゲーテが目をつけたのが領内にあったイエナ大学であった。

一五五八年に当時のザクセン大公によって創設されたものの、帝国内部での評価はそれほど高くなかったイエナ大学の名を一躍高めたのがゲーテによる施策であった。ゲーテは戯曲家・詩人として当時すでにその名がとどろいていたフリードリヒ・シラー（一七五九〜一八〇五）を歴史学の教授としてイエナに招聘《しょうへい》した（一七八九年）のを皮切りに、哲学のヨハン・ゴットリープ・フィヒテ（一七六二〜一八一四）、ゲオルク・ヴィルヘルム・フリードリヒ・ヘーゲル（一七七〇〜一八三一）、フリードリヒ・シェリング（一七七五〜一八五四）など、その後のドイツ哲学を牽引する錚々たる顔ぶれを教授陣に迎えた。イエナはいつしかドイツの学問の頂点のひとつとなっていた。

この間に、ゲーテは公爵から許しを得て長期（一七八六年九月〜八八年四月）の休暇をとり、イタリアへと旅立った。のちに『イタリア紀行』（一八一六〜一七年）として刊行される、ゲーテにとってのつかの間の至福の旅であった。ヴェネツィア、ローマ、ナポリ（ポンペイ）、シチリアなど、ゲーテはヨーロッパ文化の源流ともいえる各地の史跡を旅し、ヴァイマールに帰国後はさらに芸術・科学の振興に力を注いだ。ヴァイマールに宮廷劇場を創設したのも彼である（一七九一年）。

しかしゲーテは悠長に学術や芸術だけに関心を示しているわけにはいかなくなった。彼がシラーをイエナ大学に招聘したその年の七月一四日、パリ市民によるバスチーユ牢獄襲撃事件を機に、こののちヨーロッパ全体を震撼させる事態が生じ、小国とはいえ一国の宰相だったゲーテもこれに否応なしに巻き込まれていくこととなるのである。

バスチーユ牢獄襲撃

†フランス革命という嵐

一七八九年五月、フランス国王ルイ一六世（在位一七七四～九二年）は同国の身分制議会である全国三部会を召集した。ルイ一四世以来のたび重なる大戦争で、フランスの財政は逼迫《ひっぱく》していたのだ。一七八八年度だけでも負債の年利負担は三億リーブルを超えていた。それは当時の国家歳出の半分に相当したのである。国家財政を破綻から救うのは「課税」しかないことは古今東西いずこも同じである。その話し合いのために三部会を開いたのだ。

しかしこれは国王にとっては「パンドラの箱」を開けるにも等しい行為だった。一七八七～八八年は全国的な凶作で農民の生活はどん底にあった。各地で民衆騒擾《そうじょう》も頻発した。

そのようなときに「新税の導入」などもってのほかだった。これはのちの世に「フランス革命」と呼ばれる大事件へと発展した。

文学や科学・芸術の世界では、ゲーテは時代の最先端を走っていたといっても過言ではなかろう。しかしこと政治家としてのゲーテは頑迷きわまりない保守主義者であったのだ。ヴァイマールでは時代に即した社会改革が行われず、ゲーテなど「しょせん公爵の腰巾着」にすぎぬなどと陰口を囁かれることがあったが、その実、保守的だったのはゲーテのほうだった。フランス革命前にヴァイマールの小作農たちが、不当な勤労奉仕拡大に抗議する請願を政府に提出したが、これを真っ先に却下したのが宰相ゲーテであった。

自らも「貴族」に列せられたゲーテにとって、「貴族政治《アリストクラシー》とは神によって造られし善政」であり、一般の人間は自分の仕事にのみ打ち込むべきであり、政治は責任感のある統治階級に任せておけばよいと、彼は強く信じていた。その意味でも、フランス革命は保守的な貴族主義者のゲーテからすれば「最もおぞましい出来事」だったのも当然であろう。

ゲーテに言わせれば、フランスで革命が生じたのは「悪しき王政と悪しき貴族政治」によって政治全体が腐敗させられたからである。ゲーテにとっての理想は、のちに彼の代表作のひとつ『ヴィルヘルム・マイスターの修業時代』（一七九六年）でも述べているが、「善き貴族政治に中産階級を結びつけること」であった。

しかしその彼も、フランス革命のなかで民衆の暴力性が日増しに高まりを見せていくにつれ、その中産階級にも信用を置かなくなっていく。無責任な中産階級が政治に口出しすることをゲーテは許せなかった。その温床ともなっていたのが「言論の自由」であった。ゲーテはこれに真っ向から反対した。

このあたりは前章のヴォルテールとは好対照といえようか。ヴォルテール自身も自虐的に述べているとおり、彼はしょせんは「社会の鉄床《かなとこ》」として支配階級から叩かれるために生まれたのであり、ゲーテはその鉄床を叩く側にあったのだろう。

ゲーテからイエナ大学の教授として招聘を受ける長年の友人シラーにしても、文学的な方向性の違いによる「離反」も見られたものの、それ以上になにか「貴族然として冷たい」雰囲気を備えたゲーテの貴族主義に反発を覚えていたようである。

当初はフランス国内における「内乱」として革命を静観していた周辺諸国も、ルイ一六世とその一族が幽閉され、命も危うくなり始めた頃から、いよいよ干渉へと乗り出していくことになった。「フランス革命戦争」(一七九二〜九九年)の始まりである。一七九二年八月にはプロイセン軍が主体となって、フランスの亡命貴族やドイツ諸国の援護により、いよいよフランスへの侵攻が開始された。戦争に興味がなかったゲーテも、ヴァイマール軍がプロイセン軍を援護することに決まったため、渋々公爵に同行することになった。

決戦の舞台はフランス北東部のヴァルミー（九月二〇日）。ここでその多くが素人からなるフランス革命軍に、かのフリードリヒ大王が鍛えたはずのプロイセン軍が大敗を喫したのである。「この場所から、そして本日この日から、世界史に新たな時代が始まる」。痛恨の負け戦の後でゲーテはそう予見した。

†ナポレオンの登場

ヴァルミーの戦いの二日後、一七九二年九月二二日にフランスはついに共和政の樹立を宣言した。翌九三年一月、ルイ一六世は断頭台の露と消えた。イギリス首相ウィリアム・ピット（小ピット：一七五九〜一八〇六）の提唱により、周辺諸国は「対仏大同盟」を結成し、フランス革命戦争は長期化・泥沼化していった。しかしこの間にフランス国内では、革命を推進した諸党派が血で血を洗う抗争に乗り出し、一万七〇〇〇人以上の人々の首がギロチンで切り落とされたといわれている。

ルイ 16 世の処刑

ここに颯爽《さっそう》と登場してきたのが、将軍ナポレオン・ボナパルト（一七六九〜一八二一）であった。地中海に浮かぶコルシカ島に小貴族の次男坊として生まれた彼は、平和な時代であればよくて大佐ぐらいまでしか昇進できずにその一生を終えていたことだろう。彼はまさに「革命の子」であった。貴族出身の高級将校たちが次々といなくなり、その天賦の軍才と強運にも助けられ、ナポレオンは将軍にのぼりつめただけでなく、一七九九年一一月のクーデタでフランスの全権まで掌握した。

マレンゴの戦い（一八〇〇年六月）でオーストリア軍を打ち破ると、ナポレオンは各国と講和を結び、革命で疲弊したフランス国内の行財政・司法制度の徹底的な改革に着手するのである。国家は再建され、国民から絶大な信頼を寄せられた彼は、ついに一八〇四年五月に皇帝「ナポレオン一世」（在位一八〇四〜一四、一五年）に即位した。年末には、パリのノートルダム大聖堂で絢爛豪華《けんらんごうか》な戴冠式も挙行された。

このナポレオンの登場を「歴史上可能なもっとも優れた現象」と評価し、彼を真の英雄として讃えたのがほかならぬゲーテであった。ナポレオンはゲーテが忌み嫌ったフランス革命の息の根を止めてくれただけではない。これまたゲーテの嫌う無政府状態に社会秩序をもたらし、その無限の精力によりヨーロッパにも安定した秩序を築いてくれるだろう。ゲーテはそう期待したのである。

こうした手放しのナポレオン礼賛は、彼より一〇歳年下のシラーや、のちに交友を結ぶ

『ナポレオンの戴冠式』（ジャック＝ダヴィド画）

当代随一の作曲家ルートヴィヒ・ヴァン・ベートーヴェン（一七七〇～一八二七）と一線を画するところであろう。ゲーテと同じく、当初は混乱の続くヨーロッパにとって救世主になると期待し、『ボナパルト』の標題をつけてかの交響曲第三番を作曲した彼は、ナポレオンが皇帝に即位すると聞き「ヤツも俗物にすぎなかった」と楽譜の表紙を引きちぎり、「ひとりの偉大な人間の想い出を記念して」とだけ記したのである。のちに「英雄交響曲」と呼ばれる作品である。

シラーやベートーヴェンがどう思おうが、ナポレオンはゲーテにとって「英雄」であり続けた。一七九二年にヴァルミーで、ゲーテは自らも生まれ育った神聖ローマ帝国が崩壊する予兆を感じ取っていたが、それは一八〇六年八月六日に現実のものとなった。前年にアウステルリッツの戦い（一二月）でナポレオンに打ち破られたハプスブルク家が帝国の解体を受け入れざるを得なくなったのである。

さらにゲーテ自身にも「ナポレオンの魔の手」は迫ってきた。一八〇六年一〇月一四日、ヴァイマールから数キロしか離れていない大学街イエナの近郊で、ナポレオン軍はプロイセン軍と衝突し完膚無きまでにこれを粉砕したのである。このときフランス軍はヴァイマールにも侵攻し、汚らしい兵士たちは宰相ゲーテの屋敷に土足でズカズカと入り込んで、食糧や酒を要求してきたのだ。寝間着姿の宰相は唖然としながら下品な兵士たちを相手になす術がなかったが、ここで機転を利かせたのが愛人クリスティアーネだった。

公国の宰相の屋敷とは知らずに入り込んできた兵士たちをけんもほろろに追い返して、ゲーテは彼女に救われた。実は二人はすでに二〇年来の愛人関係にあり、二人の間には革命勃発の年（一七八九年）のクリスマスに生まれたアウグストという息子までいたのだ。このたびの一件で、ゲーテはクリスティアーネと正式に結婚することに決めた。五日後、二人は城の礼拝堂でカール・アウグスト公爵立ち会いのもと、華燭《かしょく》の典を挙げた。

このような目に遭いながらも、ゲーテはまだナポレオンを信奉していた。そしてついに二人が邂逅《かいこう》する瞬間が訪れた。いまやヨーロッパの大半を影響下に置いていたナポレオンが、各国の王侯たちをヴァイマールにほど近いドイツ中部のエルフルトに召集したときである。一八〇八年一〇月二日のことだった。ナポレオンが大きな円卓で朝食を摂っていたとき、ゲーテが部屋へと通された。皇帝は宰相を注意深く見つめ「これこそ人物だ！」と叫んだとされる。

アウステルリッツの戦いのナポレオン（ジェラール画）

ナポレオンは、実は『若きヴェルターの悩み』の大ファンだった。エジプト遠征の際にもポケットに忍ばせ、七回も熟読したといわれている。その後、ゲーテとナポレオンは、一〇月六日と一〇日にも短時間ながら会見を行い、ゲーテはこのときパリに来るようにとの招きを受けている。これは断ったゲーテであったが、皇帝からの栄誉は辞退しなかった。

ナポレオン自身が一八〇二年に創設したフランス最高位のレジオン・ドヌール勲章である。ゲーテはその勲五等《シュヴァリエ》を与えられた。この勲章は、のちにナポレオンが失脚した後にもフランス最高位の勲章として存続し、それは第五共和政下の現在でも変わりがない。ゲーテは一〇年後にブルボン復古王政からも勲四等《オフィシエ》に叙せられたが、彼自身が終生大切にしたのはナポレオンからもらった勲五等のほうだった。

†経験主義の時代

ナポレオンとフランス帝国の興隆を見て、ゲーテは「もはやドイツ人は政治や軍事ではヨーロッパを牽引などできない。これからは科学と芸術で牽引すべきなのだ」と悟った。「ナポレオン戦争」(一八〇〇〜一五年)が続くさなかにおいても、ゲーテは政治より、学問を優先した。革命勃発の翌年に、彼は「植物の変容」と題する論稿を発表していた。当時拡がりを見せていた植物分類学からヒントを得て、生物の「進化」を説いた画期的な理論だった。ゲーテはさらに「動物の変容」も記し、生物学や生命科学の探究を深めた。

そしてこの時期に彼が記したのが『色彩論』(一八一〇年)である。ゲーテは、ニュートンの功績は認める一方で、「色彩は光の多様な屈折率の違いによって生みだされる」という彼の理論には反対だった。ゲーテによれば、「色彩は光と闇という両極の中間にあって、この両極が作用しあう『くもり』のなかで造られる」というのである。

『色彩論』はやがて英語にも訳され、これを食い入るように読み続けたのがのちにイギリスを代表する「光の魔術師」といわれる画家のジョゼフ・マロード・ウィリアム・ターナー（一七七五〜一八五一）だった。このターナーの影響も受けながら独自の画風を生みだしていくのが、一八七〇年代からフランスに登場する「印象派」の画家たちであった。

第三章で見たガリレオやニュートンに端を発する一七世紀の「科学革命」は、数学的な論拠に基づいて自然の神秘を解き明かしていった。科学の全般に興味を示したゲーテではあったが、彼はあまり数学には関心を持たなかった。ゲーテはより経験主義的な科学のほうを好んだのである。

熾烈な宗教戦争（第二、第三章を参照）の後で、ドイツでは経験科学、合理的な問いかけ、歴史的な解釈といったものが啓蒙主義の基盤になっていた。こうした息吹を受けたゲーテは、ニュートンの説く抽象的な科学理論よりも、経験主義的な観点から植物学や色彩論を探究していったのである。ヴァイマールの彼の屋敷には大きなイチョウの木が植えられていた。これが古代発祥の植物であることがわかっていたのであろう。さらに彼の色彩論は、学生時代から彼自身がスケッチや水彩画を描いてきた経験に基づくものだった。

このように学術や芸術の分野では多大な足跡を残したゲーテであったが、政治家としてヨーロッパ国際政治の現実にはもはや適合できなくなっていたのかもしれない。

ゲーテが今後のヨーロッパの「政治・軍事の牽引役」と考えていたナポレオンは、その

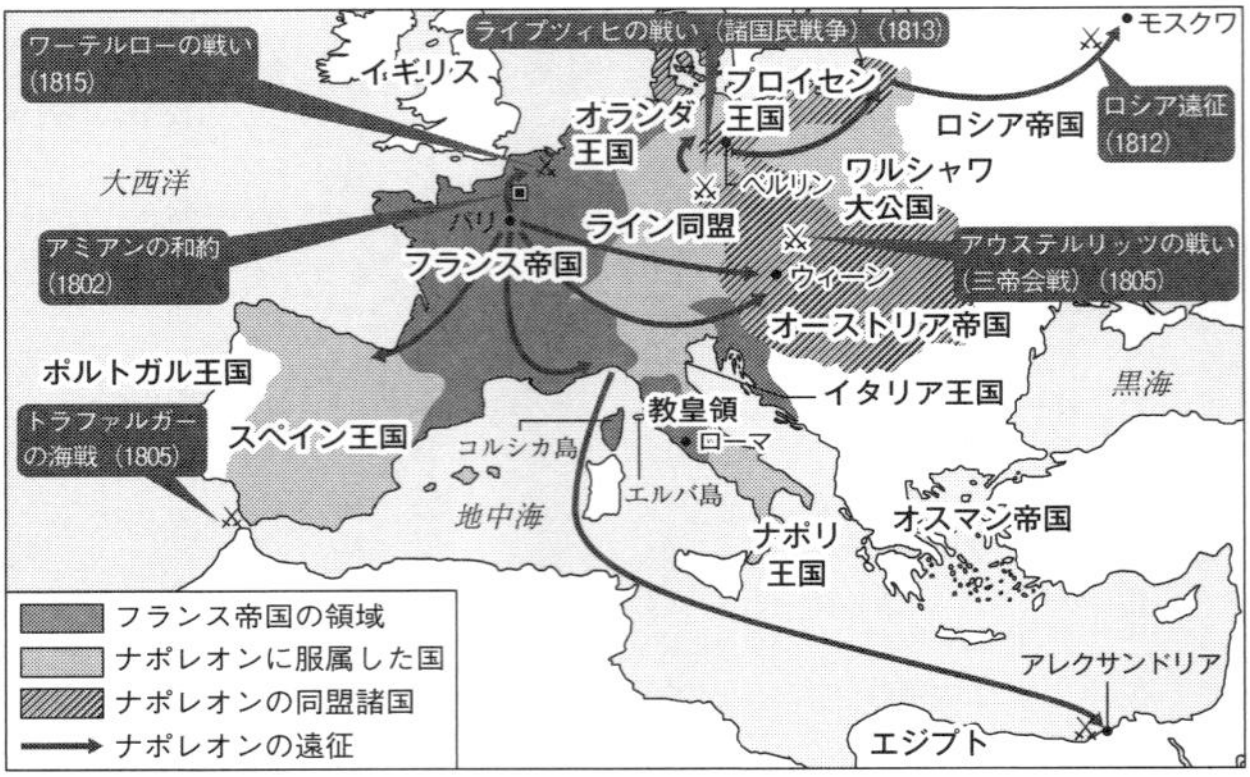

【地図】ナポレオン時代のヨーロッパ

ヨーロッパを破壊しつくした後に、一八一四年四月に失脚する。翌一五年には俗に「百日天下」と呼ばれる一時的な返り咲きの時期があったが、六月にワーテルロー（ベルギー）の戦いで敗北するや、南大西洋に浮かぶセント・ヘレナ島（イギリス領）に流され、ここでその波瀾に富んだ人生の幕を閉じることとなる。

†戦争の世紀

そのナポレオン・ボナパルトを粉砕し、ヨーロッパの経済や軍事の牽引役となったのは、フランス最大の対抗者《ライバル》であるイギリスだった。ルイ一四世の野望に始まり、ナポレオンの失脚で終焉を迎えたこの時代は、「長い一八世紀」（一六八八～一八一五年）と形容されることが多い。ヨーロッパにとって一八世紀とは「戦争の世紀」であった。この間にヨーロッパ大陸で戦われた大戦争は六回に及び、そのすべてで敵同士として戦った唯一の組み合わせがイギリスとフランスであった。「長い一八世紀」は、「第二次英仏百年戦争」の時代とも呼ばれている。

この百年戦争を制したのは、ヒト（兵力）、モノ（武器弾薬・軍需物資）、カネ（軍資金）を素早く大量に集めることのできた側、すなわちイギリスだった。

特に、国軍より傭兵がいまだ活躍し、商工業にとっての基盤ともなる莫大な資本を集めることができたのがイギリスだった。その国家の集金装置として機能したのが議会の存在であった。イギリスでは軍資金の元となる税金を集める法律を作るとともに、その税を最も納めていたのが「地主貴族階級《ジェントルマン》」だった。一八世紀に導入された消費税も関税もすべて「贅沢（嗜好）品」に課せられ、庶民が重税に苦しめられることはそれほどなかった。

対するフランスでは、貴族階級は「免税」の対象であった。フランスで議会に相当する全国三部会では、第一部会（カトリック教会聖職者）も第二部会（貴族）もその議員たちは課税を免れ、国税の大半を担わされていたのが第三部会（平民）を構成する商工業階級《ブルジョワジー》や小農民たちだった。それが本章でも紹介したとおり、あまりの財政の逼迫からも教会や貴族にも税の負担をしてもらおうと国王が召集したのが一七八九年の全国三部会だった。彼らは当然のことながらこれに反発したが、それ以上に激高したのがさらなる課税を迫られた平民たちだったのである。

　イギリスでは選挙権も被選挙権もいまだ地主貴族たちに支配されていたとはいえ、彼らは国税を担う最大の中枢だった。しかも議会は名誉革命（一六八九年）以後毎年開かれていた。対するフランスでは国税の中枢にあったのは平民たちだったにもかかわらず、全国三部会など開かれたことがなかった。最後に開かれたのは一六一四年（ルイ一三世治世）のことであり、ルイ一四世も一五世も一度として召集したことなどなかったのだ。これではフランスで市民革命が生じたとしてなんら不思議はなかろう。

　さらに「長い一八世紀」のあいだに、各国の戦費はその初期の頃の戦争時とは比べものにならないぐらいに跳ね上がっていった。これを賄うには国税だけではとても足りない。そこで各国が頼るようになったのが「国債」である。すでに第四章でも紹介したとおり、公債というシステムを初めて導入したのはオランダであったが、各州の権限が強く、オランダは中央集権化に失敗した。まさに国家レベルでの公債を初めて本格的に導入したのがイギリスだった。ロックも関わったイングランド銀行（一六九四年創設）による国債である。しかもそれは、イギリス議会が保証してくれるという「折り紙付き」のものだった。

　対するフランスでは、借金まみれの国王に金を貸すものなどいなくなっていた。国債を発行しようにもそれを裏付けてくれる「議会」などフランスには存在しなかった。パリに国立銀行が設立されたのは一八〇〇年のこと。当時第一執政だったナポレオンのときだった。さすがのナポレオンも一世紀もの出遅れを挽回することはできなかったのだ。

ナポレオン戦争では、イギリスが「対仏大同盟」で結ばれたヨーロッパ大陸の国々に送る莫大な軍資金がその勝敗を決したと言われる。その総額は六五三八万ポンドにのぼった。アメリカ独立戦争後の財政難からイギリスを救ったピット首相の名にちなみ「ピット氏の黄金」と呼ばれたのがこの軍資金だった。一〇〇年以上もの「ツケ」を支払わせられたナポレオンには逆立ちしてもこれだけのカネを捻出することはできなかった。

歴史家のジョン・ブリュアは、このように効率的に莫大な資金を集めてそれを効果的に戦争に使える国家のことを「財政＝軍事国家（fiscal-military state）」と呼んでいる。言葉を換えて言えば、ヨーロッパ諸国のなかでこの財政＝軍事国家へといち早く脱皮を遂げられたのがイギリスであり、これに失敗したフランスが「長い一八世紀」の戦争に敗北を喫したわけである。負けたのはフランスだけではない。これについていけなかったハプスブルクやプロイセン、ロシア、そしてなにより小国のザクセン・ヴァイマール・アイゼナハなどヨーロッパ大陸のすべての国家がイギリスに出し抜かれたのである。

これ以後、ヨーロッパ大陸諸国は、これまたイギリスが他国に先がけて本格的に始めていた「産業革命」も含め、自国を近代国家へと脱皮させていくことになる。

†ウィーン体制下のヨーロッパ

ヨーロッパ各国が財政＝軍事国家へと流れていくなかで、保守的なゲーテはもはや時流についていけなくなっていたのかもしれない。ナポレオン戦争の終結からわずか二年後、ゲーテは宰相の地位を退くことになった。その前年（一八一六年）六月には最愛の妻クリスティアーネもこの世を去っており、いまや七〇歳に近づいていたゲーテは政治の第一線からも身を引くことになっていく。

そのような老ゲーテを尻目《しりめ》に、ナポレオン戦争後のヨーロッパ各国はオーストリア帝国の首都ウィーンに集まり、戦後処理問題を討議する。「会議は踊る」で有名なウィーン会議（一八一四年九月〜一五年六月）である。ここでは大国間の領土（勢力圏）が確定されるとともに、「長い一八世紀」のような戦争の世紀が二度と到来しないよう、各国首脳の間で意見が交換された。彼らは「正統主義《レジティマシー》（革命前の王朝の復位と領土支配権の復活）」と「勢力均衡《バランス・オブ・パワー》」を基本に新たな国際秩序の構築を誓い合った。

ナポレオン戦争はヨーロッパ中で五〇〇万人以上の命を奪う大惨事であった。これより一世紀後の第一次世界大戦（一九一四〜一八年）が八〇〇万から一〇〇〇万人の戦死者を出したのに比べても、その壮絶さがわかるであろう。ナポレオン戦争の時代には機関銃も

ウィーン会議（左から６人目で直立しているのがメッテルニヒ）

戦闘機も潜水艦も装甲艦もなかったし、国家総動員で戦闘にあたる「総力戦」の時代でもなかったのだから。これにフランス革命戦争での死者二〇〇万人も加わるのである。

本書の第一章で述べたイタリア戦争（一四九四年勃発）からナポレオン戦争（一八一五年終結）までにヨーロッパで見られた三三七二の戦闘のうち、実にその五分の一がフランス革命戦争とナポレオン戦争に集中しているのである。このような惨禍を二度と起こしてはならないと、ウィーンに集まった首脳のすべてが望んだのは当然のことであろう。

これ以後は、イギリス、フランス、プロイセン、オーストリア、ロシアという五大国がヨーロッパの勢力均衡を維持し、そのためには定期的に国際会議を開いて、紛争を未然に解決するという手段が執られるようになった。これを主導したのがオーストリア帝国外相のクレメンス・フォン・メッテルニヒ（一七七三〜一八五九）であった。

こののちヨーロッパ各地で反乱が生じた場合には、オーストリアの勢力圏にあった都市で五大国による会議が開かれた。ウィーン会議から始まったこの手法により、ヨーロッパでは「長い一八世紀」のような大国のすべてが参戦する大戦争が生じることはなくなった。これが「ウィーン体制」（一八一五〜七〇年）と呼ばれる平和の体制である。

その端緒《たんしょ》となったウィーン会議では、ザクセン・ヴァイマール・アイゼナハは「公国」から「大公国」へと格上げとなった。

ナポレオンによって倒壊された「神聖ローマ帝国」が復活することはなかったが、旧帝国の跡地はオーストリア、プロイセンと三二の中小国に四自由都市を加えた「ドイツ連邦」として再生されることに決まった。ゲーテの生まれ故郷フランクフルトもこの自由都市のひとつとなった。

大公国の政治の第一線から退いたゲーテは、『西東詩集』（一八一九年）や『ヴィルヘルム・マイスターの遍歴時代』（一八二一年）など、矢継ぎ早に傑作を刊行した。そしてすでに出世作『若きヴェルターの悩み』を出版した直後から制作に取り組んでいた畢生の大作『ファウスト』も、第一部（一八〇六年）に続き、第二部（一八三一年）の執筆にも取りか

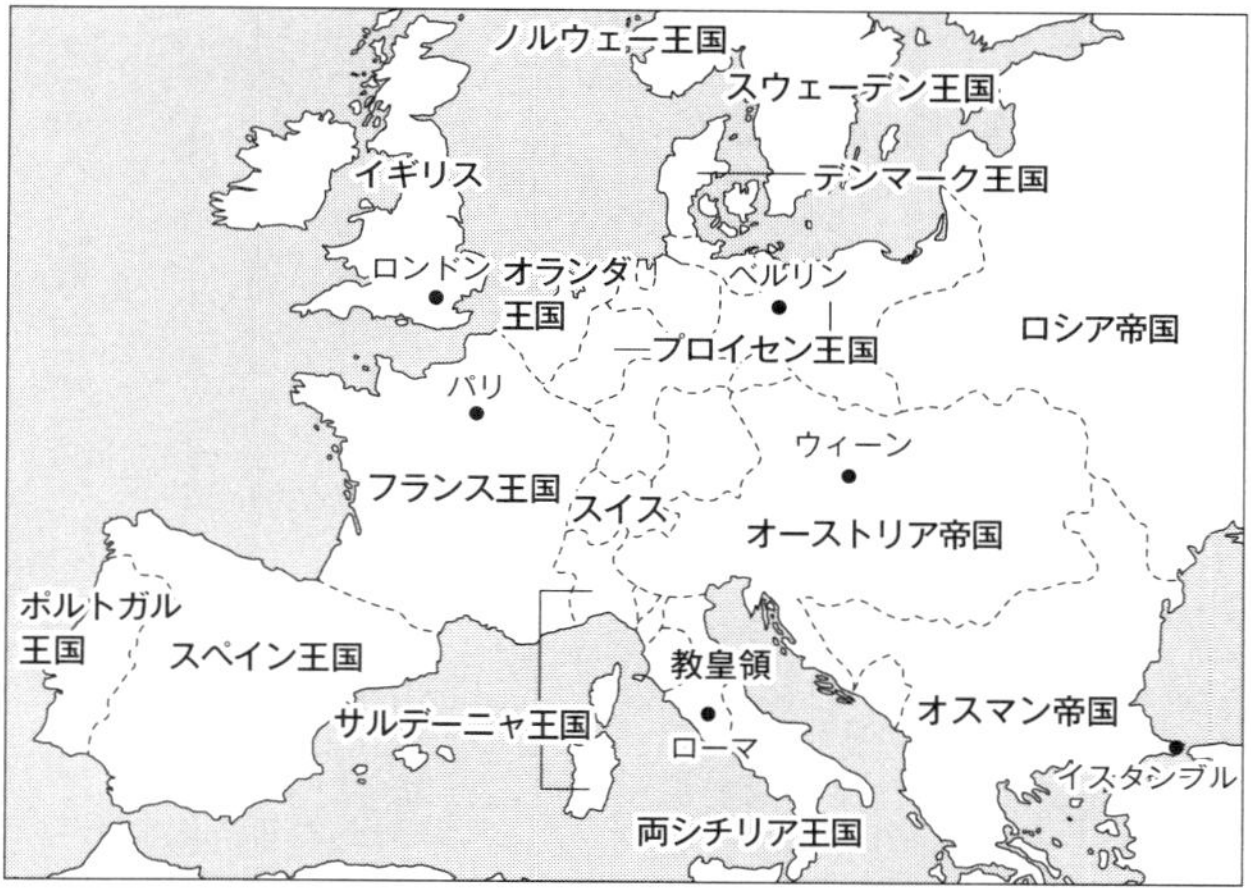

【地図】ウィーン体制下のヨーロッパ

かっていく。

晩年まで旺盛な創作活動を展開したゲーテではあったが、一八二八年には長年尽くしたカール・アウグスト大公が亡くなり、その二年後に愛する息子アウグストが急死するや、途端に生気を失った。アウグストは、ゲーテがこよなく愛したイタリアへの旅行を父から勧められ、旅先のローマで天然痘にかかってしまい、そのまま同地で客死してしまったのである。このときの衝撃をゲーテは乗り越えることができなかった。

アウグストの死から一年半ほど後の一八三二年三月二二日、老ゲーテはヴァイマールの自宅で八二年の生涯を静かに閉じた。

†メッテルニヒの「平和」

すでに政治の第一線を引退していたものの、ゲーテは最後まで保守主義者で貴族政治を信奉していた。しかし彼が亡くなる二年前には、すでにそのような考え方がヨーロッパの全土で破綻に瀕していることを象徴するような出来事が起こっていた。

いまやオーストリア帝国の宰相となりおおせていたメッテルニヒが維持した平和とは、ナポレオン戦争とともにヨーロッパ中にわき起こった「自由主義《リベラリズム》（ここでは中産階級などより下の階級も政治に参加させる政治的な自由主義をさす）」や「国民主義《ナショナリズム》（民族主義ともいう。同じ言語・文化を持つものがひとつの国家を造る）」といった考え方を抑圧し、弾圧しながら維持された見せかけの平和にすぎなかったのである。

ウィーン会議により、ヴェネツィアやロンバルディアなど北イタリアはオーストリアの支配下に入った。一八世紀後半からの分割の歴史を経て、ポーランドの大半はロシア帝国へと編入された。彼らは自身の国をもちたいと、たびたび支配する強国に対して反乱を起こしたが、五大国の会議で「お墨付き」を得たその大国が、強大な軍事力によりあっという間に鎮圧してしまったのである。一八一〇～二〇年代の平和とは、強国が自らの論理で弱者の犠牲の上に築いた平和にほかならなかった。

『民衆を導く自由の女神』（ドラクロワ画、七月革命を題材にしたもの）

また、オーストリアやプロイセン、ロシアでは強大な力を持った王侯たちが、商工業階級が国税も納めて国家に貢献するようになったにもかかわらず、相変わらず政治的な権利を与えずに市民たちを抑圧する政治が続いていた。もともとが貴族政治を信奉するゲーテもこの体制を批判するようなことはなかった。しかし時代はもはやこれら市民たちなくしては、政治も経済も社会も文化も成り立たない状況にさしかかっていたのである。

一八三〇年には保守反動化したフランスのブルボン復古王朝が、パリ市民を中心とする「七月革命」によって倒壊された。自由主義・国民主義の波はまたたく間にヨーロッパを席巻し、翌八月にはオランダに対するベルギー独立反乱が、続いてイタリア各地の反乱、年末にはポーランドで反乱が生じた。

ベルギーでの独立反乱は、これを支持するフランス七月王政とオランダを支援するロシア・オーストリア・プロイセンとの間で大戦争に発展する危険性も高まった。これを仲裁して平和裡にベルギーの独立を果たしたのが、メッテルニヒより柔軟な外交手法によってロンドンでの国際会議を主導した、イギリス外相のパーマストン子爵（一七八四〜一八六五）であった。「パクス・ブリタニカ（イギリスによる平和）」の始まりである。

そのパーマストン外相が入閣していたグレイ伯爵（一七六四〜一八四五）を首班とするイギリス政府は、ゲーテが亡くなった三カ月ほど後、長年の懸案事項となっていたひとつの改革を実現する。それまで主には地主貴族階級に独占されてきた選挙権を、下層中産階級（小売り店主層）にまで拡大する「第一次選挙法改正」（一八三二年六月）である。

イギリスでは、議会を構成していた地主貴族階級がより下の階級に対して柔軟な姿勢を示し、自らが改革の先頭に立つかたちで、貴族政治《アリストクラシー》をより健全に維持できていたと考えられる。グレイであれ、のちに「穀物法（農業利害を守るため外国産穀物に一定額の関税を課していた法律）」を廃止するサー・ロバート・ピール（一七八八〜一八五〇）であれ、政治の中枢を握るのは「無責任な中産階級」ではなく、自分たち「ジェントルマン階級」であると固く信じていた。その点はゲーテとも同じであった。

しかしゲーテとの決定的な違いは、その貴族政治を維持するためには、経済的・社会的に力をつけてきた中産階級や労働者階級の不満を、様々な改革を通じて緩和し、逆に彼らを体制内に取り込んでいくことが肝要であると、イギリスの貴族政治家たちが考えていた点にあろう。選挙法の改正も穀物法の廃止も、そのような下の階級の「ガス抜き」のための施策だったのである。

パーマストンにしても、メッテルニヒが自国内の自由主義者らの動きを強圧的な手段で抑え込んでいるのを見てこう述べている。

「メッテルニヒ侯爵はヨーロッパの政治的現状を頑なに維持することを保守主義と呼んでいるらしいが、われわれも保守主義者である。しかしそれは公衆から要請があった場合にはいずこにおいても改革や改良を説き、推進していく性格のものである。しかるにオーストリアの場合にはそのすべてを拒んでいる。［中略］そのような停滞は保守主義とは呼ばない。オーストリアの抑圧的で息の詰まるような政策は、間違いであると同時に爆発をもたらすことになろう。ちょうど密閉して蒸気の出口を封じられたボイラーのように」。

これはメッテルニヒと同様の「保守主義」を掲げたゲーテにも、ある程度は当てはまる指摘ではないだろうか。

ゲーテの死から一六年後の一八四八年三月、メッテルニヒはウィーン市民の革命によりあえなく失脚させられた。「ドイツ三月革命」の嵐は、ウィーンに限らず、ベルリンでも、ミュンヘンでも、ドレスデンでも吹き荒れた。そしてゲーテがかつて宰相として統治にあたったヴァイマールでも革命の狼煙《のろし》はあがった。さらにゲーテの生まれ故郷フランクフルトでは、自由主義的なドイツ憲法の制定を求めて国民議会まで召集されたのである。

†市民の時代のはじまり

『若きヴェルターの悩み』で一世を風靡《ふうび》し、「疾風怒濤」の先端を走ったゲーテもやはり「時代の子」ではあった。ただし彼が革新的な業績を示したのは文学の世界であった。

一八世紀後半の「ドイツ」文学界には明らかに「国民主義」と呼べるような動きが見られた。第五章でも紹介したとおり（195頁）、プロイセンのフリードリヒ大王は日常会話でもドイツ語を使わなかったばかりか、その著作もすべてフランス語で発表していた。彼はドイツ語がヨーロッパの隅から隅まで拡がるのは相当先のことであると断じ、ドイツ語もドイツ文化も見下していたのである。

これに反発したゲーテは自作をすべてドイツ語で書いた。こうした動きに共感を示していくのが、『童話』の編纂でも有名なグリム兄弟であり、彼らの尽力で一九世紀前半までには「ドイツ語文法」も整えられていくことになる。ゲーテは文化的・文学的な「国民主義」をいち早く牽引した功労者であった。

しかしそのゲーテも、こと政治的な側面ともなると途端に保守的な顔を見せてしまった。もともとは彼自身も「市民」階級の出身であったにもかかわらず、ゲーテは最後まで「貴族」であることにこだわりを見せていた。先にも記したとおり、その貴族主義がシラーを彼から引き離す要因になったとともに、ベートーヴェンとの違いも浮き彫りにした。

ゲーテとベートーヴェンが街を歩いているときに王侯貴族とすれ違い、前者がうやうやしくお辞儀したのに対し、後者が知らんぷりをして通り過ぎた、という逸話はあくまでも「作り話」と考えられる。ただしここには両者の違いも如実に表れている。

読者のなかには、小中高校のときに音楽室でバッハから始まる偉大な作曲家の肖像群をご覧になったかたも多いかと思われる。そのとき彼らにひとつの世代的断絶が見られたはずである。同じく古典派の巨匠ではあっても、モーツァルト（一七五六～一七九一）までは「カツラ（貴族文化の象徴）」をつけてお洒落をしているのに、次のベートーヴェンからはカツラを脱いでいかにも市民的な服装であった。

フランス革命の余波は音楽にも及んでいた。それまで公式な音楽はすべて王侯の独占物であり、偉大な作曲家は教会か宮廷の「専属作曲家」に限られていた。それが今日のような「フリー」の作曲家として登場できるようになったのがベートーヴェン以後のことなのである。もはや作曲家はご主人様の顔色をうかがいながら、彼ら好みの音楽だけ作る必要はなくなった。もちろん王侯が彼らの庇護者《パトロン》の一翼を担うことも続いたが、多くの作曲家は市民たちからの支援を受けて作品を生みだし、市民とともに生活していったのである。

こうした市民たちの政治参加を穏やかなかたちで進めていったのが、イギリスであり、フランスであった。一八世紀後半から一九世紀前半のドイツにあっては、「貴族」であることが、政治や経済はもとより文化の側面でも自らの能力を発揮できる前提のひとつであったのかもしれない。その点では、一八世紀前半の時点ですでに貴族を笑い飛ばしていたヴォルテールのような芸当は、時間的にも空間的にも、ゲーテには真似することなど難しかったのかもしれない。

さらに「パクス・ブリタニカ」の時代に入り、ヨーロッパ国際政治の調整役としてだけではなく、市民たちの時代を迎えるにあたり、イギリスは国内統治のありかたについても、ヨーロッパ大陸より一歩先んじていたとも言えようか。

そのイギリスがヨーロッパ大陸よりもうひとつ先んじていたのが、七つの海を支配する大英帝国としての世界的な植民地拡大のありかたであった。「長い一八世紀」のあいだに、イギリスはヨーロッパ諸国を出し抜いて世界の陸地面積の五分の一近くを支配するようになっていた。その帝国を維持する原動力となったのが、海軍力であり、航海技術であった。

ゲーテがヴァイマールで大往生を遂げたとき、イギリスから出航した小さな船に乗った二三歳の若者は、地球の裏側ともいうべきリオ・デ・ジャネイロをめざしてブラジル沿岸部を航行しているさなかにあった。この青年は世界一周の航海を終えてから四半世紀ほど後に、世界中を侃々諤々《かんかんがくがく》の論争に巻き込むような一冊の本を公表することになるが、その作品の「はしがき」には、「進化論の可能性」をいち早く予見した偉大なるドイツの先人ゲーテへの謝辞も見られたのである。

第七章 人類は進化する?

チャールズ・ロバート・ダーウィン（1809〜1882）

第七章関連年表

西暦	出来事
1760	この頃からイギリスで産業革命が始まる（～1830 年代）
1800	ナポレオン戦争（～15 年）
1809	チャールズ・ダーウィン生まれる（イングランド中西部・シュールズベリ）
1814	ウィーン会議（～15 年）：ナポレオン戦争の戦後処理問題を討議
1830	フランス七月革命
1832	イギリスで第一次選挙法改正成立：下層中産階級の男子世帯主に選挙権拡大
1833	イギリスで工場法制定：婦女子の就労・労働時間などを規制へ
1837	ヴィクトリア女王即位（イギリス）：大英帝国の時代の始まり
1840	アヘン戦争（～42 年）：イギリス東インド会社軍が清軍に勝利（中国）
1848	フランス二月革命・ドイツ三月革命
1851	ロンドンで第一回万国博覧会が開催
1852	ナポレオン 3 世即位：フランス第二帝政（～70 年）成立
1853	ロシア・トルコ戦争：翌 54 年から英仏がトルコ側について参戦 →クリミア戦争へ（～56 年）
1859	イタリア統一戦争（～61 年）：70 年に統一完成 ダーウィンの『種の起源』が刊行（イギリス・ロンドン）
1861	アメリカ南北戦争（～65 年）
1862	オットー・フォン・ビスマルクがプロイセン首相に就任
1864	デンマーク（第二次スレースヴィ）戦争：普墺連合軍がデンマーク撃破
1866	普墺戦争：プロイセンが 7 週間でオーストリアを撃破 →ドイツ連邦が解体
1867	イギリスで第二次選挙法改正成立：都市の男子労働者（世帯主）に選挙権拡大 →保守党・自由党の二大政党制がイギリスに定着へ
1870	普（独）仏戦争：プロイセンがフランスを撃破 →ナポレオン 3 世失脚：第二帝政が崩壊し、第三共和政（～1940 年）へ
1871	ドイツ帝国成立（1 月）：ヴィルヘルム 1 世（普国王）が初代皇帝に →ビスマルクが帝国宰相を兼任へ
1878	ベルリン会議：露土戦争の調停によりバルカン半島に新興国形成へ
1882	チャールズ・ダーウィン死去（イングランド南東部・ケント州）
1884	ベルリン会議（～85 年）：西欧列強によりアフリカ分割問題を討議

この章でとりあげる時代（一八三〇～八〇年）は、ヨーロッパにつかの間の平和がおとずれ、その平和の調整役として自由主義を重んじるパーマストン（一七八四～一八六五）のイギリス政府が尽力したことから、「パクス・ブリタニカ（ラテン語でイギリスによる平和の意味）」の時代とも呼ばれた。

イギリスは、ヨーロッパ諸国に先んじて大西洋での奴隷貿易を禁止し（一八〇七年）、世界に拡がる大英帝国内での奴隷制度も廃止した（三三年）。また、奴隷貿易禁止条約も積極的に各国間で結び、これに違反して横行する密貿易を世界最強のイギリス海軍《ロイヤル・ネイヴィー》を駆使して厳しく取り締まった。イギリスは倫理的な覇者を自任しているかのようであった。

しかしその陰で、いち早く「財政＝軍事国家」へと脱皮を遂げていたイギリスは、他の列強に先んじて世界大で情け容赦なく植民地を拡大していたのである。

長らく清王朝下の中華帝国との貿易赤字（その主な要因は中国から輸入された膨大な量の茶だった）に悩まされていたイギリス東インド会社は、アヘンを中国に持ち込み、これが原因でアヘン戦争（一八四〇～四二年）に発展した。この戦争に勝利するや、イギリスは経済的に中国を「半植民地化」していく方向へと着々と乗り出していく。

また東インド会社の統治下にあったインドの諸地域でも大反乱が生じ（一八五七～五九年）、これを鎮圧した後にイギリスはおよそ五六〇人にも及ぶ藩王たちと個別に交渉し、一八七七年には世界史上初めてひとつにまとまった「インド帝国」が創設された。歴代の皇帝にはヴィクトリア女王以降のイギリスの君主が収まっていく。

この間に、ヨーロッパ大陸ではイタリア統一戦争（一八五九～六一年）に始まり、ポーランド反乱（六三年）、デンマーク戦争（六四年）、普墺《ふおう》戦争（六六年）、普仏《ふふつ》戦争（七〇～七一年）が相次いだ。イギリスはこれに対してなす術《すべ》がなく、「パクス・ブリタニカ」は終焉を迎えたかに見えていた。

しかしヨーロッパの外側では、イギリスはアジア、アフリカ、カリブ海、オセアニアに広大な帝国を擁していった。これにようやく追いついたのが、ナポレオン三世治下（一八五二～七〇年）のフランスだった。

イギリスと組んで中華帝国とのアロー号戦争に勝利したフランスは、北京に在外公館を置き、通商上の利権まで獲得した。さらにアンナン（現在のヴェトナム北部から中部）やコーチシナ（同南部）を征服し、カンボジアまで保護下に置いた（一八五七～六三年）。フランス領インドシナの確立である。ナポレオンが普仏戦争に敗北して失脚した（一八七〇年）のちも、フランスは主に北アフリカ（サハラ砂漠周辺）を舞台に植民地を拡大した。

普仏戦争終結後には、ヨーロッパ各国が次々と海外に目を向け、植民地を獲得していく。いわゆる「帝国主義の時代」（一八七〇～一九一四年）の到来である。世界を股にかけての植民地獲得競争を采配したのも、当初はイギリスであった。「パクス・ブリタニカ」は地球大の規模で再び現出した。

このように白人ではない人々が生活する地域を、ヨーロッパの白人たちが軍事力や経済力で蹂躙《じゅうりん》する状況は、この章の主人公ダーウィンが考え出した「進化論」を悪用させた。ダーウィンと同年に生まれたイギリスを代表する詩人テニソン男爵（一八〇九～一八九二）でさえ、次のような詩を残している。「黒きオーストラリア人でさえ　死すときは白人となって生まれ変わりたいと望むものなり」。

†産業革命の時代

若きヨハン・ヴォルフガング・フォン・ゲーテ（一七四九～一八三二）が、ザクセン・ヴァイマール・アイゼナハ公爵カール・アウグストの下でドイツ中部の公国の統治に関わろうとしていた頃、イングランド中部の都市バーミンガムでは、測量士にして機械技術士だったジェームズ・ワット（一七三六～一八一九）が、同地の企業家マシュー・ボールトン（一七二八～一八〇九）との共同事業を立ち上げようとしていた。

ワットはその六年前の一七六九年、発明家トマス・ニューコメン（一六六三～一七二九）が製作した原初的な「蒸気機関」に改良を加え、石炭消費量を四分の一以下に減少させる機械の発明に成功を収めていた。ボールトンとの共同事業を開始した当初は、あまり売れ行きは芳《かんば》しくなかったが、その後もワットは改良を重ね、一七九〇年代までには綿工場や鉱山業などになくてはならない機械へと成長をとげさせていた。

ワットに限らず、この時期のイギリスでは紡績機《ぼうせきき》や新たな交通手段（蒸気船、蒸気機関車）など、様々な発明や発見が相次いだ。それまでは「工場制手工業《マニファクチュア》」に頼っていた工業生産は、機械を導入することで工場での大量生産が可能となったのだ。良質の商品が大量に安くできるのである。一七六〇年代頃からイギリスが世界に先がけて進めたこのような

スティーヴンソンによる最初の旅客鉄道

現象は、のち（一八八〇年代半ば）に「産業革命（Industrial Revolution）」という名前で呼ばれることになる。

一八世紀半ばのイギリスで産業革命が始まった理由はいくつか考えられる。イギリスでは、徒弟《とてい》制やギルド（同職組合）制が長く続いたドイツなどとは異なり、比較的早くから「生産の自由」が保証されるようになった。また、近代的な生産に必要なエネルギー源となる石炭や、原料となる鉄鉱石なども比較的豊富に産出された。さらに良質の鉄鉱石は、イギリスよりスウェーデンなどで産出されたが、海運国イギリスには豊富に入ってきた。

工場労働の始まりとともに、それまでは農場などで働いていた人々の多くが工業部門に移ったが、品種改良や農法改善にともない、こうした労働人口を養うことができるように農産物も大量に生産された（農業革命）。さらに工場で生産された工業製品を売りさばく広大な海外市場もこの時期までに開拓され（商業革命）、商業・金融業の先達だったオランダ（アムステルダム）からも豊富な資金が流入してきた（金融革命）。

こうした様々な要素は、なにもイギリスに特有の現象ではなかったが、一八世紀半ばのイギリスにはこれらの条件のすべてが高度に結晶化されていたのである。

もちろん「産業革命」が生み出したものはいいことばかりではなかった。労働者の賃金は大抵は低く、資本家との貧富の格差は拡がるいっぽうであった。資本家たちはより安く使える婦女子を雇用する場合も多くなった。労働者の住居は都市に集中し、各地にスラム街が生まれた。労働環境も生活環境も劣悪化した。綿工業の中心地マンチェスターでは、産業革命がピークを迎えた一八二〇年代末には、工場で働く労働者階級の平均寿命は一九歳に満たなかったなどとも言われている。

ただしこうした状況は、第六章でも論じたとおり（244頁）、地主貴族《ジェントルマン》階級出身の政治家たちにより徐々に改善されていった。また、「日が昇り、日が沈む」程度が合図であった農業生産における就労時間とは異なり、工場労働では「朝何時から夕方何時まで」という規則正しい生活態度が労働者に求められるようになった。「現代社会」のはじまりである。

このように一八世紀半ばのイギリスは、「産業革命」の始まりとともに、社会の全体が大きく変わる兆候を世界に先がけて示していたのである。しかしこの革命を推進した最も直接的な要因は、上記のいくつもの条件とともに、ワットのような発明家の存在とそれを支えるボールトンのような企業家の存在にあったといえる。一七世紀に端を発する「科学革命」と「合理主義」とがひとつの頂点をむかえたのである。

この科学革命と合理主義の「知性的な基盤」となったのが、地主貴族階級や専門職階級(内科医・法廷弁護士・国教会聖職者・大学教員・陸海軍将校など)、そしてこの時代に新たに富も知識も有することになった上層の商工業階級が公私ともに支える、様々な種類の「公《こう》共圏《きょうけん》」であった。イギリス各地の都市に博物館や図書館、美術館というかたちでも登場したが、一六六二年にチャールズ二世の肝いりで創設された「王立協会」(165頁参照)を模倣した、科学・芸術の振興協会やクラブ組織もまた各地に作られていったのである。

そのようなクラブのひとつが、一七六五年にバーミンガムに創設された「月光協会《ルナ・ソサイエティ》」。創設者は内科医で自然哲学者でもあったエラズマス・ダーウィン(一七三一～一八〇二)と上記のボールトン。やがてワットも会員に加わった。彼らは一カ月に一度集まり、科学や芸術、政治や経済、宗教にいたるまでありとあらゆる分野の話に興じた。会員の多くは専門職か製造業に属していた。

蒸気機関の改良で有名なワットは、当時イギリスでも興隆を見せつつあった陶器や磁器の製造についても関心を示した。その彼から磁器の原料や窯の建造について助言を受けたのがやはり月光協会の会員のひとりであったジョサイア・ウェッジウッド(一七三〇～一七九五)。カメオ柄で有名な陶磁器「ジャスパーウェア」などで一世を風靡《ふうび》し、ジョージ三世(在位一七六〇~一八二〇年)の王妃シャーロットからも御用達の陶工に取り立てられた、あの「ウェッジウッド」(一七五九年開設)の創設者である。

そしてエラズマスを父方、ウェッジウッドを母方の祖父としてそれぞれ持つ少年こそが、のちに「進化論」提唱の立役者として世界を驚愕させる、チャールズ・ロバート・ダーウィン(一八〇九~一八八二)そのひとであった。

「産業革命」が一八世紀半ばにイギリスに集中した様々な条件が結晶してできあがった現象とするならば、「ダーウィン」は一九世紀前半までにイギリスに蓄積された、専門職階級や実業家も含めた広義のジェントルマンたちの知識と経験の結晶化によって生みだされた賜物《たまもの》であったのかもしれない。

†自然科学へのめざめ

ダーウィンは、エラズマスの長男ロバートとウェッジウッドの娘スザンナの次男(五番目の子)として、イングランド中西部の街シュールズベリに生まれた。父は祖父と同じく内科医だったが、「産業革命」の波に抜け目なく乗っかり、当時隆盛期にあった運河建設や株への投資により、かなりの資産を築いていたようである。母はダーウィンがまだ八歳のときに他界した。以後は三人の姉たちが幼い弟の面倒をみることになった。

九歳から一六歳までの七年間は、自宅から一マイル（約一・六キロ）ほどの寄宿学校に入ったが、ここはラテン語などの古典教育ばかり重んじ、「祖父譲り」で何事にも好奇心旺盛なダーウィンにとっては退屈きわまりない学校生活であった。そのような彼をいつも支えてくれたのが五つ年上の兄エラズマスだった。

父ロバートはこの兄弟を自らと同じく内科医にしようと、一八二五年から二人をスコットランドの名門で自身も学んだエディンバラ大学へと行かせた。しかしこれもまたダーウィンには苦痛であった。彼は、ギルバート・ホワイト（一七二〇〜一七九三）の『セルボーン博物誌』を片手に、休みになると野山を散策した。この本に出てくる動植物や昆虫、鳥の生態を自分の目で確かめ、さらに祖父が著した『動物論』（一七九四年）からも触発され、ますますこの世界へと足を踏み込んでいった。

結局、ダーウィンは医学の学位を取らずに、一八二七年春にエディンバラを去った。父の薦めもあって、彼はイングランド国教会の聖職者になるべく、今度はケンブリッジ大学のクライスト学寮《コレッジ》へと進学する（二八年一月から）。ここで彼にとって運命的な出会いが待ち受けていた。植物学者のジョン・ヘンズロー（一七九六〜一八六一）の薫陶を受けたことである。ダーウィンは彼から様々なことを学んだ。ヘンズローはよく散歩をしながら好奇心旺盛なダーウィンに自然や哲学などについて語り聞かせていたため、いつしかダーウィンは「ヘンズローと散歩する男」として学内で知られるようになっていった。

特にダーウィンが基礎として学んだのが、クライスト学寮の大先輩でもあるウィリアム・ペイリー（一七四三～一八〇五）の『自然神学』（一八〇二年）だった。そこでは神やキリストを合理的に理解しようとする試みが説かれていた。この地上には神の設計《デザイン》が見られ、生物が環境に適応しようとするのも神のご意思なのだ。カトリック保守派やルター派の一部のように「聖書に書いてあることのみが真実」とするならば、『創世記』に記されているとおり、この世の中の生物はすべて最初から現在ある姿で創造されたことになる。

イングランド国教会は、教義的にも儀礼的にも、カトリックとプロテスタントの中間に位置し、悪い言葉を使えば「中途半端」な部分も見られたが、よい見方をすれば何事にも「寛容」だった。ヴォルテールも『哲学書簡』のなかで、このイングランド国教会に固有の「寛容さ」を絶賛している。ヴォルテールがイギリスへ亡命する一八世紀前半までには、国教会の正統派は「自然が人間の都合のよいように固定化されている」という考えをすでに捨て去っていた。

これがイギリスに固有の生物観を生みだすひとつの原動力になっていたのかもしれない。『自然神学』の著者ペイリーはもとより、『セルボーン博物誌』のホワイトも、そしてケンブリッジでダーウィンの指導教授となったヘンズローも、いずれもイングランド国教会の牧師であった。さらに、のちにダーウィンが「自然淘汰（生存競争において有利な個体差をもったものが生き残り、子孫は有利な変異を受け継ぐ）」という発想を得るヒントを与えてくれた、『人口論』（一七九八年）の作者トマス・マルサス（一七六六〜一八三四）もやはり国教会の聖職者だったのである。

ヘンズローの指導のおかげもあって、ダーウィンは一八三一年一月には一七八人中一〇位という優秀な成績で卒業することになった。ただし当初の目的であったはずの、国教会の聖職者になる道はあきらめた。彼自身も、ヘンズローや上記の先人たちのように、牧師となりながらも自然科学の探究を続けることはできたはずである。しかしそのような道はあえて採らず、彼は科学の探究のみに生きようと決心する。後述するように、父がかなりの遺産を残してくれる可能性も、特に働かなくてもいいという考えにつながったようだが、それ以上に彼は自然界の営みを追究していく運命に引き寄せられていたのかもしれない。

†世界一周への誘い

大学を卒業した年の夏、ダーウィンはウェールズ北部に地質調査のため出かけていた。九月に一度戻ってきた彼に一通の手紙が届けられた。差出人は恩師ヘンズローであった。

世界を周遊し測量を行うイギリス海軍の旅に同行しないかというのである。父ロバートは反対だった。それを説得してくれたのが「ジョス叔父さん」こと亡き母の弟ジョサイア・ウェッジウッド（二世）である。説得は功を奏し、父はダーウィン自身の旅費をもすべて出してくれることになった。

測量船の名は「ビーグル」。大砲を一〇門搭載し、長さ九〇フィート（約二七メートル）、重さ二四二トンという小型船である。主には南アメリカ大陸の沿岸などで測量を行うのが目的だった。船長を務めるのはロバート・フィッツロイ大佐（一八〇五～一八六五）。父は庶民院議員を務め、元首相グラフトン公爵の次男。母はロンドンデリー侯爵の次女で、メッテルニヒとともに「ウィーン体制」（第六章238頁）を築いた外相カースルレイの妹にあたった。さらに父方の先祖は、かのチャールズ二世が愛人に生ませた子どもであった。

鼻っ柱が強く、精神的にも不安定（躁鬱病の気があった）な状態も見られたが、すでに海外での測量経験もあり、今回は彼にとっても二度目の遠洋航海となった。地質学や生物学などに造詣の深い若者を捜していた彼に、ヘンズローがダーウィンを推薦したのである。

ここで「海洋大国」イギリスの当時の状況についても簡単に触れておきたい。一五世紀末からはスペインやポルトガルが「大航海時代」を牽引し、その後もオランダやフランスがあとに続き、イングランド（イギリス）はしばらくはこれら各国の後塵を拝していた。

測量船ビーグル（中央、オーウェン・スタンレー画）

しかし世界を股にかけた「海賊」の登場や、その後の商船と海軍の発展により、一八世紀までにはイギリスは他の追随を許さぬ海運国となっていた。これを助けたのもまた「科学」の力であった。

大西洋や太平洋などを航行するのは危険を伴うとともに、いま船がどこにいるのかも、つねに気にかけていなければなるまい。ガリレオによって天文学を駆使する方法も考案されたが、一八世紀初頭からはロンドン郊外のグリニッジ天文台長のジョン・フラムスティード（一六四六〜一七一九）による『天球図譜』が航海者によって広く用いられる基準となった。近代的な「経度」の登場である。しかし今度は洋上でその経度をより精確に測る必要が出てくる。船の大きなゆれや温度差に左右されない「クロノメーター（携帯用ぜんまい時計）」が発明されたのはこうした需要からであった。

一七三五年にイギリスの時計職人ジョン・ハリソン（一六九三～一七七六）によりこれが発明されると、航海技術はさらに飛躍的に発展を遂げた。クロノメーターもさらに改良され、それは「クック船長《キャプテン・クック》」ことジェームズ・クック（一七二八～一七七九）の「エンデバー」にも搭載された。ダーウィンに先立つこと半世紀以上前に、クックや彼に同行した植物学者ジョゼフ・バンクス（一七四三～一八二〇）により、南太平洋の測量や動植物の研究なども進められていたのである。

さらにダーウィンの航海から半世紀ほど後（一八八四年）には、世界の経度の中心地として、フランスのパリに競り勝って、グリニッジ天文台が選ばれた。いわゆる「グリニッジ子午線」である。一八～一九世紀のイギリスは「七つの海を支配する大英帝国」として地球全体を航海する術をもその手に収めてしまったかのようであった。

†ビーグルの旅と「ネオ・ヨーロッパ」

一八三一年一二月二七日、ビーグルはイングランド南西部のプリマス港デヴォンポートを出発した。最初の行き先は南米ブラジル。ダーウィンの手には学生時代からの愛読書の一冊『南アメリカ旅行記』がしっかりと握られていた。書いたのはドイツを代表する地理学者にして博物学の大家アレクサンダー・フォン・フンボルト(一七六九〜一八五九)。言語学者で政治家でもあった兄ヴィルヘルムとともに、ゲーテやシラーの親友だった人物である。ダーウィンはこの本をぼろぼろになるまで読み込み、いつかは自分も南米を訪れたいと心から願ってやまなかったのである。

翌三二年にブラジル(四〜七月)、アルゼンチン(七〜一一月)を廻り、測量や動植物と地質の調査、標本の採集などに勤しんだ。さらに一八三四〜三五年には南アメリカ大陸の西海岸へと移り、大陸北西部(現在のエクアドル)から沖合に九〇〇キロほどの場所にたどり着いたのは、一八三五年九月のことであった。「ガラパゴス諸島」である。

一九の大きな火山島と小さな島々や岩礁からなるこの地域を航行しているときに、ダーウィンは島によって棲息するフィンチ(フウキンチョウ科の小鳥)のクチバシの形や尾羽、体形などが微妙に異なっていることに気がついた。ただ当初はそれぞれ別の種かとも思い、彼はきちんと標本も分けずにいてのちのち悔やむことになる。航海当時には彼にはこれが「進化論」に結びつくとは思いもよらなかったのである。

ビーグルは、年末にはニュージーランドを廻り、一八三六年一月にはオーストラリアへと寄港した。シドニーに上陸してダーウィンは目を疑った。区画された市街やそこに建つ家々、人々の服装や生活様式など、いずれをとっても「故国イギリス」にいるかのような錯覚にとらわれたのである。南米大陸で見たスペイン系やポルトガル系の入植者によって造られた不衛生な街とは雲泥の差であった。

しかしその一方で、オーストラリアの固有種であるカンガルーが、入植者による乱獲で激減しているという現実もダーウィンは目の当たりにした。カンガルーは、その後の保護活動などもあり「絶滅」には至らなかったが、それまでダーウィンが見てきた風景には、彼自身も気づかなかったある「真実」が隠されていたのである。

二一世紀の今日、小麦や大豆など主要な農産物の一大生産地として世界中に輸出している国々の多く、たとえばアメリカ合衆国やカナダ、オーストラリアやニュージーランド、アルゼンチンやブラジルといった地域には、今から五〇〇年ほど前にはこれらの農作物はいっさい生息していなかった。さらに今や日本でもおなじみの「オージービーフ」で知られるオーストラリアにも、五〇〇年前には牛一頭いなかったし、人口（四八〇万人ほど）よりも羊（三八〇〇万ほど）のほうが圧倒的に多いといわれるニュージーランドにも、羊など一匹たりとも存在しなかったのだ。

小麦や大麦、ライ麦、大豆といった作物にしろ、牛や豚、羊や山羊といった動物にしろ、いずれもヨーロッパからアメリカ大陸やオセアニアへと運ばれ、ここで繁殖させられたのである。これもはじめはスペイン人やポルトガル人、次いでイギリス人によって行われ、数百年のうちにこれら農作物や畜産物の一大生産地へと変貌を遂げてしまった。この間に、当然のことながら「在来種」の動植物は絶滅させられるケースがあとを絶たなかった。

アメリカの歴史家アルフレッド・クロスビーは、このようにして生態系はもとより景観まで変えられてしまった南半球を中心とする地域を「ネオ・ヨーロッパ」と呼んでいる。

イギリスでは確かに、バンクスやダーウィンのようにこれらの地域の動植物の標本を持ち帰り、繁殖を試みたり、研究を深めることが行われている。世界に名だたる大英博物館（一七五三年設立）や、そこから枝分かれした自然史博物館（一八八一年開館）、さらにバンクスの肝いりで始められ、世界中から植物の種子を集めたキュー植物園（一八四〇年創設）などはその一端である。しかしその反面、イギリス人が入植したことで世界各地の動植物の多くが絶滅してしまったこともまた事実なのである。

†『種の起源』へ

オセアニアからアフリカ南部（ケープタウン）を経て、測量船ビーグルは故国イギリスへと戻ってきた。その途上で、南大西洋に浮かぶセントヘレナ島にも立ち寄り（一八三六年七月）、同地で亡くなったナポレオンの墓のすぐ近くでもダーウィンは調査を行った。

こののち一行は一〇月に帰国し、ダーウィンはまずケンブリッジで採集した標本の整理に取りかかり、翌三七年三月にはロンドンに移って、航海記の執筆に着手した。

しかし航海のさなかからダーウィンはたびたび体調不良に悩まされていた。それは帰国後もずっと船酔いのような状態で続き、胃痛や鼓腸（盲腸内にガスが溜まる症状）、頭痛や吐き気、めまいなどに終始襲われることになる。

そのような彼を支える存在として現れたのがエマ・ウェッジウッド。世界周遊を後押ししてくれたジョス叔父さんの娘で、ダーウィンよりひとつ年上の従姉《いとこ》であった。一八三九年一月に二人は結婚した。ロンドンでの生活がダーウィンの身体にさわるということで、四二年九月からはロンドン郊外のダウンズ（ケント州）に一五エーカー（約一万八〇〇〇坪）ほどの土地を購入し、ここに「終《つい》の棲家《すみか》」となる家を建てたのである。

二人の間には、結婚した年に生まれたウィリアムをあたまに、一〇人もの子どもが授かった。これといった定職に就いていなかったダーウィンではあったが、結婚祝いに父から一万ポンド（当時の中小貴族の年収に相当）を与えられ、エマも持参金が五〇〇〇ポンドもあり、加えて帰国直後からダーウィンには年に四〇〇ポンド（中産階級の年収に相当）の「生活費」が父から支給されていた。父が一八四八年に亡くなると、遺産として五万ポンドを相続したダーウィンは、「父親譲り」の投機の才を発揮し、隆盛が著しかった鉄道会社への投資もあり、一八五〇年代には年収が五〇〇〇ポンドもあったとされる。

専門職階級の上位の人々やジェントリ（中小地主）の平均年収が、一〇〇〇〜二〇〇〇ポンドという時代のことである。これだけあれば、いくら子だくさんでも妻子を充分養い、定職に就いていなくても執筆に専念できたことであろう。まさにダーウィンは「ジェントルマン」の特権を得た自然科学者であった。

帰国の翌年（一八三七年）六月、ちょうどイギリスにヴィクトリア女王（在位一八三七〜一九〇一年）が登場したのと時を同じくして、ダーウィンは航海による研究成果を次々と発表していった。一八三九年には王立協会、四〇年には王立地理学協会の会員にも選出され、学界でも徐々に地歩を固めていく。しかしこの時期にはすでに、ダーウィンの脳裏には「人類は猿から進化したのではないか」という考えが浮かんでいた。ロンドン動物園でオランウータンを観察したこと（三八年三月）と、マルサスの『人口論』を読み直したのがきっかけだった。マルサスが述べた、限られた資源を人間同士が争うという事象は、動植物にもあてはまるのではないか。

ヴィクトリア女王

「自然選択（natural selection）」という発想である。生物全体に生存と繁殖について優劣の差が見られるのではないか。同時期にダーウィンとは個別に、同じくイギリスの生物学者アルフレッド・ウォレス（一八二三〜一九一三）も同様の考えを持つようになっていた。そのようななかで親しくなったのが、若き論客トマス・ハクスリー（一八二五〜一八九五）だった。一八五三年に地質学協会で知り合い、その後彼をダウンズの自宅に招いて様々な意見交換をした。こうして自説を固め、満を持して発表したのが『種の起源』（一八五九年）である。

この本で提唱された「自然選択」や「性選択（クジャクの羽根やシカの角のように異性をめぐる競争を通じて起こる進化）」といった考え方は、学界にも社会にも衝撃を与えた。もともと「進化（evolution）」という概念は、ダーウィン自身の祖父エラズマスが半世紀以上前に使用していた。それに遠慮してなのか。ダーウィンは「進化」という言葉は最初に発表した『種の起源』では使っていない。一八五九年一一月に初版一二五〇部が出されるとまたたく間に売れてしまい、すぐさま第二版三〇〇〇部が刷られた。

地質学者でダーウィンにも影響を与えたチャールズ・ライエル（一七九七〜一八七五）やハクスリーは『種の起源』を絶賛したが、比較解剖学や生物学の泰斗リチャード・オーウェン（一八〇四〜一八九二）はダーウィンの説を真っ向から批判した。この批判を受けてオーウェンとの論争を繰り広げたのは、のちに「ダーウィンの番犬《ブルドッグ》」と呼ばれるハクスリーだった。

『種の起源』はロンドンで英語により発表されたが、翌一八六〇年にはドイツ語、オランダ語、六二年にフランス語、六四年にイタリア語とロシア語、といった具合に刊行から二〇年ほどの間にヨーロッパのほとんどすべての主要言語に翻訳されていった。この間にイギリスでは五回の改訂がなされ、ダーウィンの名は国中にとどろいた。

†『人間の由来』と思わぬ波紋

『種の起源』では「進化」という言葉はあまり用いていなかったダーウィンであるが、一八七一年に出版した『人間の由来』では「進化論」を前面に押し出していく。「人間が猿から進化した」という発想は、すでに述べたとおり、一八三八年前後から考え出していた。しかし彼の脳裏をよぎったのが「ガリレオ裁判」(第三章を参照)だったと言われる。ところが刊行と同時に『人間の由来』もあっという間に売り切れてしまい、刊行年内には五〇〇〇部を売った。ヴィクトリア時代の社会に「進化」という言葉が流行するきっかけをつくった作品だったのである。

しかしダーウィンの「進化論」は、彼自身が思いもよらぬ方向へと社会を導くことにもつながってしまった。哲学者にして社会学者のハーバート・スペンサ(一八二〇～一九〇三)が、ダーウィンの理論から「社会進化論」を構築するヒントを得たのである。生物が進化するのであれば、人間社会も進化するはずだ。そして「自然選択」で生き残る生物がいるのと同じく、人間社会も優れたものが生き残り、劣ったものは滅びるのが運命である。

スペンサは「適者生存（survival of the fittest）」という概念を打ち出したが、それは一八七〇年代から本格化したヨーロッパ列強によるアジア・アフリカの植民地化、すなわち「帝国主義（Imperialism）」を正当化する理論に利用されるようになってしまった。白人キリスト教文明が全世界を文明化するために劣等民族を支配下に置くという考えである。

さらに一九三〇年代には、ナチス・ドイツにより「適者生存」はユダヤ人の「ホロコースト（大量虐殺）」を正当化する理論にも使われた。いわゆる「優生学（生物の遺伝構造を改良することで人類の進歩を促進しようとする考え）」にも、ダーウィンの学説は悪用されていったのである。

確かにダーウィンは、スペンサから逆に刺激を受けて、『種の起源』の改訂版に「適者生存」という概念を採り入れるようにはなった。しかしそれは、のちに「社会ダーウィン主義」などと呼ばれることになる、人種差別や性差別、障害者差別を正当化する理論などとは一線を画する考えからであった。

事実、ダーウィンは奴隷制には心底から反対していた。測量船ビーグルで世界周遊の旅に出たとき、南米大陸で見られた奴隷制のあり方をめぐって、フィッツロイ船長（奴隷制肯定派）と真っ向から口論になり、あわやダーウィン自身が下船する一歩手前までいってしまったほどだった。

他方で、「進化論」は当然のことながら、厳格なキリスト教会からは受け入れられない考えだった。一九世紀後半のヨーロッパ諸国だけではなく、一九二〇年代にはアメリカ合衆国南部の諸州（テネシー、ミシシッピー、アーカンソーなど）でも、「進化論」を公立学校で教えることは禁じられたほどだった。

「進化」という言葉それ自体は、祖父エラズマスの時代から学問の世界にもある程度は浸透していたにもかかわらず、『種の起源』と『人間の由来』をめぐる一連の騒動や、両書から触発された他分野の研究者たちの理論や発言などから、それは「ダーウィン」と同義語のようになっていったのである。それだけではない。ダーウィンの唱える「進化」は決して「進歩」を意味するわけではなかったにもかかわらず、いつのまにか「国家の優劣」「民族の優劣」「人種の優劣」を区分する概念のように使われていった。

ダーウィン（さらにはスペンサ）自身の意図がなんであれ、彼らの故国イギリスを筆頭に、フランス、ドイツ、ロシアといった各国は世界規模で植民地を拡大していった。イギリスはヨーロッパ大陸では列強と衝突することはほとんどなかったが、いまや「七つの海を支配する大英帝国」は、「最強の国家が進化の名の下にその勢力を拡大するのは当然の

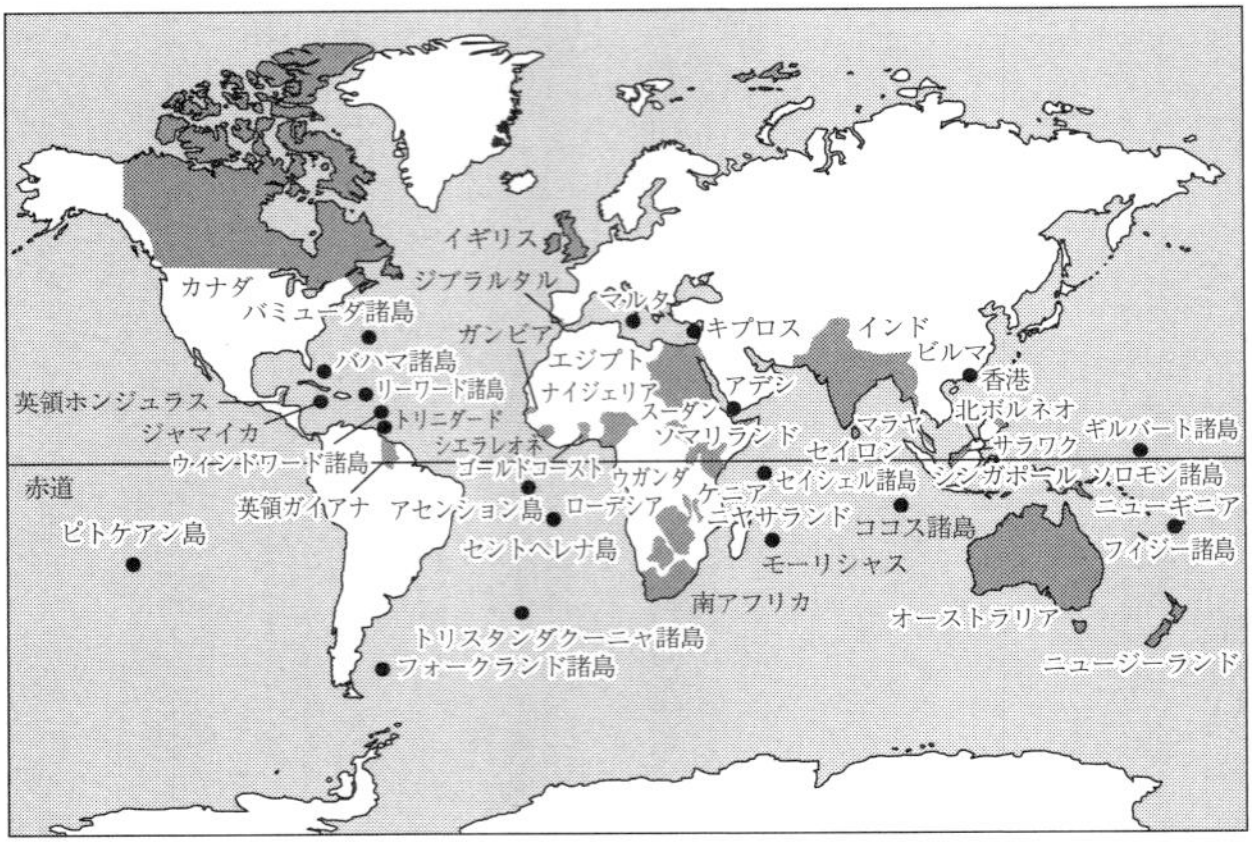

【地図】大英帝国時代のイギリス植民地（1901年。アミ部分が大英帝国領土。ただし、エジプトは保護国、スーダンはイギリスとエジプトの共同統治）

こと」という観念により、地球の陸地面積の五分の一以上を獲得していった。

新古典派経済学を牽引したケンブリッジ大学教授のアルフレッド・マーシャル（一八四二～一九二四）は、その主著『経済学原理』（一八九〇年）のなかで次のように述べている。「イギリスの地理的な位置が、この国をヨーロッパ北部で最も強力な人種のなかの最も強大な大国へと至らしめる要因となった」「イギリスは自然選択によって与えられた、いかなる重要な役割もこなせる唯一の国である」。

同じく「進化論」が訳されたヨーロッパ大陸の列強も、同じような論理を使ってアジア・アフリカの「劣等民族」を次々と支配していった。このためイギリスは、アフリカ大陸では最大の競争者であるフランスやドイツと、中央アジアでは「大英帝国の宝石」と呼ばれたインド帝国（およびその周辺）をめぐってロシアと、南太平洋（オセアニア周辺）ではやはりフランスやドイツと、そしてカリブ海や南米北部をめぐって新興の大国アメリカともにらみ合いを続ける状況となったのである。

こうした欧米大国のエゴにも「進化論」は利用されてしまったのだ。

†宗教と科学の相剋？

ダーウィン自身は、「進化論」をめぐる一連の論争のなかで、沈黙を守り続けていた。学問的に自身の言いたいことは「番犬」ハクスリーが代弁してくれていた。それと同時に「宗教」が絡む問題となると、ダーウィンは自身の宗教観を表に出すことを極力避けていたのである。

父から薦められたとはいえ、一度は聖職者をめざしたダーウィンである。また指導教授であり「人生の師」でもあったヘンズローをはじめ、熱心なキリスト教者に囲まれていたダーウィンも当初はキリスト教を信じていた。しかし彼自身も『自伝』で述べているとおり、「不信心はきわめてゆっくりとした速さで、私に忍びよってきたが、最後には完全なものになった」。彼がキリスト教信仰を最終的に捨て去ったのは、熱心な信者であった父の死（一八四八年）に続き、長女アニー（アン）をわずか一〇歳で亡くした一八五一年頃のことであったといわれる。

妻のエマはこれまた熱心なキリスト教徒であり、これ以後、信仰の問題をめぐっては夫婦間には生涯にわたって溝ができてしまった。「聖書が神の啓示であるとは信じられないし、ゆえにイエスを神の子とも信じていない」とはダーウィンの言葉である。ただし彼は続けてこう述べている。「神の存在を否定するという意味での無神論者ではない」。

後半生のダーウィンは、キリスト教の神だけが唯一の神ではないという感覚を強く抱くようになっていたのだろう。『種の起源』を書いていたときにも、彼は「神」の存在を信じていた。しかしそれは聖書に出てくる神とは異なり、生物の世界に「自然選択」や「性選択」、はては「進化」をもたらした、人間の理解をはるかに超えた存在としての「神」だったのかもしれない。

晩年になると、彼はよく「不可知論者（agnostic）」と呼ばれることを好んだ。「不可知論」とは、人間にはものごとの本質を認識するのは不可能であり、それゆえ神はいるともいないとも確証はできないとする考え方である。ダーウィンの「番犬」ハクスリーが考え出した理論で、ダーウィンもこれに賛同したとされる。

しかしダーウィンやハクスリーが生きた「ヴィクトリア時代」のイギリスは、世俗化や科学の進展が見られた時代であったいっぽう、きわめて道徳心・宗教心の強い時代でもあったのだ。ダーウィンが亡くなった一八八二年の段階で、ロンドンだけでもキリスト教の各種教派や分派が有した礼拝所の数は（市当局が把握しているものだけでも）一二五一に及んだとされる。これはパリ（一六九）と比べても圧倒的に多かった。

「産業革命」以後、工業化や都市化、社会の細分化が進むにつれ、キリスト教宗教団体は急激に増加した。一八七八年に正式に結成された「救世軍」をはじめ、様々な互助団体、慈善団体が登場した。一九世紀のイギリス人は実は信仰心の篤いものが多かった。

それと同時に、ヴィクトリア時代の人々は一般大衆に至るまで知的活動も活発だった。それは単なる好奇心というだけではなく、政治や社会、道徳などについても自らの見解を確立し、自分自身の世界を形成するうえで有効な手段と見られていたのである。

一九世紀後半のイギリスでは定期刊行物の種類が驚くほど急増していた。新聞も含めるとおよそ二五〇〇以上の定期刊行物が出版されていたとされる。それは政治や経済（業界）、宗教やジェンダー、そして科学や芸術など、あらゆる分野に及ぶ「専門誌（紙）」の世界である。『種の起源』も、こうした定期刊行物に採り上げられ、人々に買われていった。

二一世紀の今日、世界の科学者にとって自身の論稿が掲載されることが、すなわち世界に認められる一歩という地位を確立している総合学術誌『ネイチャー』(一八六九年創刊)も、この時代にイギリスで出版された定期刊行物のうちのひとつであった。

これにあわせて発展を遂げたのが「各種クラブ(アソシエイション)」の拡充だった。本章の冒頭でも記した、バーミンガムの「月光協会」は専門職階級や実業家たちが様々な分野の問題を討論する場であったが、一九世紀後半までにはこうした活動は労働者階級にまで拡がりを見せていたのだ。文学クラブや哲学クラブ、博物学や地質学、考古学や統計学、さらには神学や歴史学、地理学など、ありとあらゆる分野にわたって各都市にクラブが設立されていった。

一九世紀後半のイギリスは、これより一世紀ほど前の一八世紀半ばのフランスで「百科全書派」によって始められたような(第五章197頁)、知識の体系的な収集や分類、普及が国全体で広く見られたのである。

こうしたなかで、ダーウィンの「進化論」についても、様々なクラブや講演会、討論会などで侃々諤々《かんかんがくがく》の論争が繰り広げられたことであろう。しかしそれは「宗教と科学の相剋」というよりは、「信仰と理性の融合」のなかで進められたのではないだろうか。ダーウィン自身は、上記のとおり、その後半生においてはキリスト教信仰から離れてしまったが、他人の信仰に口をはさむことはなかったし、彼でさえもキリスト教とは異なった「何か」を信じていたのである。

「よき観察者こそがよき理論家である」という信念を抱いていたダーウィンは、自らの経験に基づき集めてきた資料によってのみ理論を構築し、こうした経験や資料から議論を展開していった。ダーウィンにとっての神は「自然」そのものであったのかもしれない。

†自助の時代

一九世紀後半のヴィクトリア時代のイギリスを代表する言葉は、「進化（evolution）」とともに「自助（self help）」でもあった。

ダーウィンの『種の起源』は、科学の専門書ということもあって、日本に本格的に紹介されるのは一八九六（明治二九）年の訳書（『生物始源』という題名だった）の刊行まで待たなければならなかった。むしろ『種の起源』と同じ、一八五九年に同じくイギリスで出版されたサミュエル・スマイルズ（一八一二〜一九〇四）の『自助論』のほうが、まず先に明治日本に絶大な影響を与えていたのである。

ダーウィンより三つ年下のスマイルズは、エディンバラ大学を卒業した内科医であった。まさにダーウィン自身が断念した道を歩んだことになる。彼は「産業革命」を牽引した、ワットや「鉄道の父」ジョージ・スティーヴンソン（一七八一〜一八四八）といった自身の努力と才能によって功なり名遂げた人物たちを『自助論』で採り上げた。この本の冒頭は「天は自ら助くるものを助く（Heaven helps those who help themselves）」であった。『種の起源』と『自助論』が出版される一五年前、ジャガイモが根元から腐ってしまう胴枯病がヨーロッパ全土を襲った。ジャガイモは各地で貧農たちの主食であったことから、多くの餓死者を出す結果となった。それは一八四八年のフランス二月革命や、ドイツ三月革命へと市民を駆り立てる事態にも発展した。イギリスでも、アイルランドで三年以上にわたり胴枯病が続いたため、一〇〇万人が餓死し、一〇〇万人が海外へ移住した。主な移民先となったのは、アメリカ合衆国やオーストラリアであった。これ以降はヨーロッパ各地で弱者への救済策も積極的に講じられていくようにはなる。

産業革命もピークを終え、イギリスでも労働者の労働環境や生活環境が徐々に改善されつつあった。さらに彼らにも（まだ男性世帯主という制限はあったが）国政での選挙権が与えられるようになると（一八六七年の第二次選挙法改正）、「自助の精神」はますます尊重されるようになっていった。ヴィクトリア時代の労働者は自らの仕事に誇りを持ち、「労働」を神聖視する傾向にあった。

こうしたなかで『自助論』はたちまち「ベストセラー」となり、初版二万部もあっという間に売り切れてしまった。そしてこの本にいち早く飛びついた日本人がいた。幕府留学生としてロンドンにいた中村正直（一八三二〜一八九一）。のちに福澤諭吉（一八三五〜一九〇一）らと日本の教育界を主導する人物である。中村は帰国後、一八七〇（明治三）年という早い時期に『西国立志篇』という邦題でスマイルズの訳本を刊行した。これもまた福澤の『学問のすゝめ』と並んで、一〇〇万部を超す近代日本最初の「ベストセラー」となったのである。

ヨーロッパから当時最新の科学的知識や技術を採り入れ、「文明開化」とともに「富国強兵」を進めていた明治日本にとって、「自助」は「進化」とともに、国民に希望を与える言葉になっていたのである。

その明治日本のお手本ともいうべき、産業革命期のイギリスで生まれ育ち、自らはすでに「ジェントルマン」の生活を送ることができていたものの、まさに努力と才能によって理論を構築したダーウィンは、皮肉なことに自国での評価はいまいちであった。彼は王立協会から王室メダルを授与されていたが、それは『種の起源』が出る六年前のことだった。「進化論」は依然として学界で論争が続いており、王立協会も歴代政府もその顕彰をすべきかどうか思いあぐねていたのであろう。

むしろ『種の起源』に対する高い評価は海外から与えられた。かつてヴォルテールにも与えられたプール・ル・メリット勲章がプロイセン国王から贈られてきた。さらにロシアもダーウィンを帝国学士院の通信会員に推挙した。

†科学に人生を捧げて

イギリス政府の最高指導者がダーウィンに直接会うことになるのは、一八七七年と遅まきのことであった。前首相でダーウィンと同い年の自由党の政治家ウィリアム・グラッドストン（一八〇九～一八九八）である。彼はダウンズにダーウィンを表敬訪問した。アイルランドに関わる数々の改革でも知られたグラッドストンの政治的姿勢を、ダーウィンも高く評価していた。そのグラッドストンは政権に返り咲いたのち、一八八一年にはダーウィンを大英博物館の管財人のひとりに推挙しようとしたが、すげなく辞退されてしまった。さらにこれは史料が残っていないが、あるいはこの前後の時期に、ダーウィンを「勲爵士《ナイト》」に叙すという打診もあったのかもしれない。

しかし、多くの家族や友人たちに支えられ、ダーウィンには名誉はもはや不要であった。「科学者としての私の成功は、それがどの程度のものかは別として、複雑で種々様々な心的素質と条件によって決定されてきた。これらのうちでも最も重要なものは、科学への愛。どんな問題でも長く考えぬく無制限の辛抱強さ、観察や事実の収集における勤勉さ、そして創案力と常識をともに付与されていることであった」。彼もまた「自助」の人として、ヴィクトリア時代を生きたのだ。

科学に全生涯を捧げたダーウィンは、一八八二年四月に心臓発作により七三歳でこの世を去った。その前年には終生仲の良かった兄エラズマスも一足先に鬼籍に入っていた。兄からの遺産として二五万ポンド相当の土地も相続し、彼自身もかなりの財産を残したので、妻や大勢の子供たちは莫大な遺産を相続することになった。長男のウィリアムは、父とは異なる道を歩み、銀行家になっていた。彼が遺言執行人として父の遺産のすべてを管理・分配したのである。

家族はみな、父が四〇年以上住み続けたダウンズの敷地に埋葬されるのを望んでいたが、ダーウィンの葬儀に駆けつけた二〇人以上の国会議員の進言により、彼の遺体はウェストミンスター修道院に葬られることとなった。「キリスト教から離脱した」ダーウィン自身がこれを聞いたらなんと思ったことであろう。しかしその彼も、敬愛するアイザック・ニュートンの隣に葬られたことで、少しは「怒り」も和らげたかもしれない。

ダーウィンが亡くなる一年ほど前、一八八一年三月にイギリスからはるか東端のロシア帝国の首都ペテルブルクで、皇帝アレクサンドル二世（在位一八五五～八一年）が暗殺されるという痛ましい事件が発生した。その首都からさらに東に一〇〇〇キロほどの場所にある、ヴォルガ河畔の小さな街でこの暗殺事件の一報を聞いた当時一一歳の少年は、ロシア社会の最底辺からまさに「自助」によって身を起こした父に育てられていた。この父は皇帝を心から敬愛しており、暗殺事件については家のなかでいっさい話すことが許されないほどだった。

しかしこの少年こそが、これより三七年後に、ロシアに三〇〇年続いた皇帝専制主義《ツァーリズム》を根底から覆すことになろうとは、このときは誰もが予想だにしなかったのである。

第八章 ヨーロッパの時代の終焉

レーニン（1870〜1924）

第八章関連年表

西暦	出来事
1854	クリミア戦争（～56年）：ロシアの地中海進出が英仏により阻止
1861	アレクサンドル2世により農奴解放令が制定（ロシア）
1870	ウラジーミル・ウリヤーノフ（レーニン）生まれる（ロシア南部・アストラハン）、この頃から西欧列強を中心に「帝国主義」が本格的に始まる（～1914年）
1871	ドイツ帝国成立（1月）：ヴィルヘルム1世（普国王）が初代皇帝に →オットー・フォン・ビスマルク（普首相）が帝国宰相を兼任へ
1878	ベルリン会議：ロシアの地中海進出が列強により再び阻止される
1881	アレクサンドル2世暗殺：アレクサンドル3世即位（ロシア）
1887	独露が再保障条約締結：ドイツはバルカン問題等でロシアへの支持を約束
1888	ヴィルヘルム2世即位（ドイツ）
1890	ビスマルクが帝国宰相（普首相）を辞任（3月）：再保障条約失効（6月）
1894	露仏同盟成立：こののち独墺同盟とのブロック化が欧州で進む 日清戦争（～95年）：これ以後、列強による中国（勢力圏）分割が進む アレクサンドル3世死去：ニコライ2世即位（ロシア）
1899	第二次ボーア（南アフリカ）戦争（～1902年）
1902	日英同盟成立
1904	日露戦争（～05年）：ロシアは東アジアでの勢力が大幅に減退
1905	ペテルブルクで「血の日曜日事件」（1月）
1908	オーストリアがボスニア＝ヘルツェゴビナを併合：セルビアが反発
1910	ジョージ5世即位（イギリス）
1912	第一次バルカン戦争（～13年）
1913	第二次バルカン戦争（6～8月）
1914	サライェヴォ事件（6月）：第一次世界大戦（～18年）
1917	ロシア三月革命（ロシア暦で二月革命）：帝政が崩壊 ロシア十一月革命（ロシア暦で十月革命）：ボリシェヴィキが政権獲得 アメリカが英仏側について世界大戦に参戦（4月）
1918	ブレスト＝リトフスク条約：ロシアが独墺と単独講和（3月） ドイツが連合軍と休戦：第一次世界大戦が終結（11月）
1919	ヴェルサイユ講和会議（1～6月）
1922	ソヴィエト社会主義共和国連邦（～91年）成立
1924	ウラジーミル・レーニン死去（ソ連・モスクワ郊外）

この章でとりあげる時代（一八七〇～一九一八年）は、ドイツ統一を成し遂げた宰相ビスマルクによって築かれた「ビスマルク体制」（一八七〇～九〇年）が崩壊し、ヨーロッパ国際政治が混乱に陥る一方で、地球大の規模に拡がった帝国主義戦争とも関連し、やがてヨーロッパが「第一次世界大戦」（一九一四～一八年）へと突入していく時期にあたる。

バルカン半島における民族問題と勢力圏をめぐるオーストリアとロシアの対立を緩和し、インド帝国とその周辺をめぐるイギリスとロシアの確執を仲裁するとともに、普仏戦争の敗北でドイツに恨みを抱くフランスがヨーロッパのいずれの大国とも同盟を結べないよう画策することで成り立っていたビスマルク体制は、とりあえずの平和を維持していた。

ヨーロッパで発言力を示すことのできないフランスの不満をそらすために、ビスマルクは「帝国主義」も利用した。折しもベルギー国王からアフリカ中央部における勢力圏確定について要請を受けていたビスマルクは、ベルリンで会議を開き、フランスに有利なかたちで列強とともにアフリカ分割を行ったのである（一八八四～八五年）。

このように、ヨーロッパに一定の平和をもたらした「調整役《バランサー》」としてのドイツの役割に不満を感じたのが、一八八八年にドイツ皇帝に即位した若きヴィルヘルム二世であった。ビスマルクが皇帝との対立で辞任すると（九〇年）、フランスはロシアに急接近し、露仏同盟が締結された（九四年）。ドイツはオーストリア、イタリアとの三国同盟（八二年に締結）の結びつきをさらに強固にしていく。

ヨーロッパに二つのブロックが現れるなかでも、イギリスは超然としており、いずれの側とも同盟関係を結ぶつもりはなかった。それは「光栄ある孤立（Splendid Isolation）」とも形容された。ところが世界規模でイギリスは、フランス（アフリカ・東南アジア等）、ロシア（中央アジア）、ドイツ（アフリカ・南太平洋）、アメリカ（南北アメリカ大陸・カリブ海）、そして新興国家の日本（東アジア）などと、植民地をめぐる勢力争いに巻き込まれていた。それは光栄などころか、世紀末までには「危険な孤立」となっていた。

エドワード七世の治世（一九〇一～一〇年）に、イギリスは日英同盟（〇二年）を締結したのを皮切りに、お互いの植民地勢力圏を確定した英仏協商（〇四年）、英露協商（〇七年）が次々と結ばれ、この「危険な孤立」からの脱却に成功を収めた。

ただし軍事力の強化に熱心なドイツとの間に折り合いをつけることは難しかった。それは英独建艦競争と呼ばれる海軍力の軍拡にまでつながった。このときにイギリスが開発した世界最大級の軍艦「ドレッドノート」から、当時の日本語に「弩級《どきゅう》」「超弩級《ちょうどきゅう》」という言葉まで生み出した。

海軍力増強のために冬でも凍らない港（不凍港）を確保したかったロシアは、オスマン帝国との露土《ろと》戦争による地中海進出を列強に阻まれた（一八七八年）後、極東では日露戦争での手痛い敗北でこれを諦め（一九〇五年）、英露協商によりインド洋やペルシャ湾に出られなくなると、再びバルカン半島（地中海）へと目を向けるようになった。

その先手を打つかたちでオーストリアがボスニア・ヘルツェゴビナ両国を併合したこと（一九〇八年）が、オーストリアとセルビア（ボスニア・ヘルツェゴビナの主流派と同じ民族であり、両国と併せて「大セルビア王国」の建国をもくろんでいた）との対立を生みだす最大の要因となった。

こうしたなかで、ヨーロッパは一九一四年六月二八日という日を迎えるのである。

†近代ロシアの苦悩

チャールズ・ダーウィン（一八〇九～一八八二）がダウンズの自宅で『種の起源』執筆の準備に取りかかろうとしていたとき、イギリスからはるか南東部の黒海沿岸にあるクリミア半島では、英仏連合軍がロシアと激しい死闘を繰り広げていた。クリミア戦争（一八五三～五六年）である。黒海最強と謳《うた》われたセヴァストポリ要塞が陥落し（五五年九月）、ロシアが譲歩するかたちで、翌五六年三月にパリで講和条約が結ばれた。

クリミア戦争は、ウィーン体制下の「ヨーロッパ協調」（第六章240頁）に終止符を打つ事件であった。それまでは鉄の絆を誇っていたロシア、オーストリア、プロイセンの「北方三列強」がこの戦争を契機に分断された。これ以後は、バルカン半島における勢力圏をめぐるロシア・オーストリア間の対立に加え、ドイツ統一問題をめぐってオーストリア・プロイセン間に確執も生じることとなった。北方三列強の仲間割れに乗じて、フランスのナポレオン三世（在位一八五二～七〇年）はその領土的野心を拡大し、イタリア統一戦争（一八五九～六一年）に積極的に関わる一方で、ライン左岸の領有を画策する。

さらにそれまでは「パクス・ブリタニカ（イギリスによる平和）」などと豪語していたイギリスが、この戦争で陸軍の弱体ぶりを露呈したばかりか、世界最強のイギリス海軍《ロイヤル・ネイヴィー》とい

クリミア戦争、セヴァストポリ包囲戦

えども、紛争地域が内陸部に限定されるようなときにはその効力を発揮できないことも明らかとなった。これ以後はヨーロッパ大陸の列強、とりわけ国民の声に押されてプロイセン主導によるドイツ統一を推進する首相のオットー・フォン・ビスマルク（一八一五～一八九八）などは、「イギリス陸軍がドイツ沿岸部に上陸してきたとしても、地方の警察に逮捕させればそれでいい」とあからさまにイギリスを無視する外交を展開していった。

クリミア戦争はロシアにとっても大打撃であった。世界最強の陸軍と要塞を誇っていたロシアが英仏軍に敗北を喫したのである。終戦から五年後の一八六一年、皇帝アレクサンドル二世（在位一八五五～八一年）は「農奴解放令」を発し、それまで奴隷扱いを受けて

ドイツ帝国の成立（ヴィルヘルム１世の即位宣言式、階下の白い軍服がビスマルク）

いた大半の農民たちは小作農に転じていった。とはいえ彼らの生活は苦しいままだった。

中世にはモンゴル帝国の支配下にあったロシアは、一四世紀から今日のモスクワ周辺にモスクワ大公国を建国した。織田信長（一五三四～一五八二）やエリザベス一世（一五三三～一六〇三）と同世代で「雷帝」と恐れられたイヴァン四世（一五三〇～一五八四）の時代に、東方ではタタールやカザン、西方ではウクライナにまでその勢力を拡張し、雷帝が没する頃までに大公国はヨーロッパで最大の領土を誇った。

しかしモスクワ大公国は脆弱な国家であった。ポーランドやスウェーデン、オスマン帝国といった強豪国にはさまれ、一六一三年にロマノフ王朝が成立してからも、「アジアの専制国家」としてヨーロッパ列強から蔑まれ続けていた。

転機がおとずれたのは、一七世紀末に登場したピョートル一世（在位一六八二～一七二五年）の時代になってからである。身長二メートル一三センチの巨漢の皇帝は、自ら職人の身になりすまし、俗に「大使節団」（一六九七～九八年）と呼ばれる視察団を組織して、イギリスやオランダ、ドイツ諸国など西欧を渡り歩き、当時最新の科学や技術を習得していった。同じく「西洋の衝撃」に遭遇し、欧米を視察した日本の「岩倉使節団」（一八七一～七三年）よりおよそ二〇〇年ほど前の出来事である。直後の北方大戦争（一七〇〇～二一年）で勝利したのち、大公国は正式に「ロシア帝国」を名乗ることになった。

「大帝」と呼ばれたピョートル一世は、ロシア正教会（かつての東ローマ帝国の正教会に起源を持つ）、正教徒、そして皇帝《ツァーリ》という三者を支配の拠り所とする「聖なるロシア」という心性を民衆に植えつけていった。大帝の時代以降にヨーロッパ国際政治の立役者の一角に躍り出たロシアは、ロマノフ王朝創設三〇〇周年を迎える頃（一九一三年）までには、二二八〇万平方キロの領土を誇っていた。七つの海を支配する大英帝国（三三八〇万平方キロ）には及ばなかったが、地続きでは世界最大の版図であった。

ピョートル１世

それはイヴァン雷帝の時代に比べ、実に五六二倍もの大きさに膨らんでいたのである。

とはいえこの広大な領土はロシアにとって足かせにもなっていた。皇帝が治めなければならない帝国には二〇〇に近い様々な民族が生活しており、言語や宗教、文化や経済発展のレベルも異なっていたのだ。臣民の大半は農業に従事し、農奴身分から解放されたものの、彼らは地主たちにこき使われ続けた。最も豊饒な国土の六分の一に相当する土地は、いまだにほんのひと握りの地主貴族階級に専有されていた。

このような帝国を支配できるのは、最大の地主でもあった皇帝による徹底的な専制主義しかなかった。ピョートル大帝以来、ロシアが強敵と対峙する戦法は「焦土《しょうど》戦術」だった。敵が進軍してくる経路をあらかじめ予想し、その一帯の住民は穀物や家畜とともに森に隠され、畑や製粉所、住居や橋に至るまですべて焼き尽くされた。現代に生きるわれわれには想像もつかないだろう。いきなり軍隊が土足で踏み込んできて強引に避難場所に移され、家へ帰ってみれば街や村ごと焼失しているのである。

その最たる事例は、ナポレオンのロシア遠征（一八一二年）であろう。同じく焦土戦術に遭い、食糧もろくに補給していないフランス兵たちがくたくたになってようやくモスクワに入城したその晩に、市内の八割を焼き尽くす史上最大の焦土作戦が待ち受けていたのだ。一九世紀半ばに至るまで、ロシアにはこのように徹底した皇帝専制主義《ツァーリズム》が国民生活のすべてに浸透していた。このため各地の反乱もすべて鎮圧されていた。

農業大国であったロシアは、一八六〇年代から大規模な工業化にも乗り出し、二〇世紀初頭までには世界第五位の工業大国になりおおせていた。このわずか半世紀ほどの間に人口も七四〇〇万人から一億六四〇〇万人へと激増した。しかしそれは、都市化や国内での移民、新しい社会階級の登場に加え、食糧供給難といった新たな問題を生みだした。

国富の大半は大地主や新興の商工業階級《ブルジョワジー》、高級官吏らに独占されていた。彼らは人口の二パーセント程度にすぎなかった。二〇世紀初頭になっても、国民の八〇パーセント近くは貧しい労働者や小作農で占められていたのである。

このような時代に「上流階級」から登場してきたのが、のちに「レーニン」という筆名で知られることになる、ウラジーミル・イリイーチ・ウリヤーノフであった。

†貴族階級からどん底の生活へ

レーニンの父イリヤ・ウリヤーノフは、前章でも紹介したスマイルズの「自助《セルフ・ヘルプ》」を体現したような存在であった。彼はヴォルガ河口部のカスピ海にほど近いアストラハンに貧しい仕立屋の小せがれとして生まれた。まさに最下層の町人身分であった。彼の母親はカルムイク人（一七世紀に西モンゴルから移住してきた遊牧民）であり、孫のレーニンにどことなく「アジア的な面影」が見られるのはこの祖母の影響であった。苦学してカザン大学を卒業したイリヤは教師から官吏になり、県の国民学校局長を務め世襲貴族となった。

レーニン（一八七〇～一九二四）はこの立志伝中の父と母マリヤ（カザンの医師の娘）の間にできた六人兄弟の次男坊として、ヴォルガ川中流の街シムビルスクに生まれた。父が世襲貴族に叙せられた二年後、レーニンはわずか九歳でシムビルスク中学（八年制）に入学する。成績はきわめて優秀で、努力家のイリヤにとっても自慢の息子であった。しかしその父親も、中学時代にキリスト教信仰から離れていった息子の態度は残念に思った。

順風満帆に思われたウリヤーノフ一家を悲劇が襲ったのは一八八六年のことであった。一月に父が脳出血で急死したのである。さらにレーニンより四歳年上でペテルブルク大学に通っていた兄アレクサンドルが、翌八七年三月に突然逮捕されてしまった。皇帝アレクサンドル三世（在位一八八一～九四年）暗殺計画（未遂に終わった）に関与していたためだった。早くも五月に兄は処刑された。早熟の兄は、カール・マルクス（一八一八～一八八三）の著作を愛読するなど、皇帝専制主義に批判的な態度を示していた。その点では兄とは気質が合わなかったレーニンだったが、突然の悲劇に衝撃を受けた。

衝撃を受けたのは彼だけではない。よりによって皇帝暗殺計画に連座したということで、ウリヤーノフ一家はもはやシムビルスクで生活を続けるわけにはいかなくなった。母は家を売り払い、自身が実家から相続していたカザンの土地へと引っ込むことにした。中学の卒業を目前に控えていたレーニンも退学処分の可能性があったが、度量の大きな校長のおかげで無事に卒業できただけではなく、優等賞の金メダルを授与され、カザン大学法学部への入学の推薦書まで与えられた。この校長が、のちに革命時にレーニン自身が対峙することになる、アレクサンドル・ケレンスキー（一八八一〜一九七〇）の父親であった。

一八八七年八月に晴れて父親と同じカザン大学法学部に入学したレーニンであったが、ここにさらなる悲劇が起こる。一二月に大学で開かれた学生集会に参加したという理由で、わずか四カ月で退学処分にされてしまったのだ。処分の背景には「兄の処刑」も影響していたようである。しばらくは自宅謹慎を命じられ、その後は母の許に戻って、かつて兄が心酔したマルクスの『資本論』を講読するサークルにも参加するようになった。ここで彼はマルクス主義に開眼するとともに、マルクス主義者たちが好んで論じたダーウィンの進化論や「適者生存」といった概念にも魅了されていったと思われる。

レーニンは旧弊なロシアを忌み嫌うようになっていた。農民たちはあまりにも「アジア的」であり、それはヨーロッパの文明化された人々から見れば遅れたものと映るだろう。レーニンがあこがれたのは、ヨーロッパ（西欧）的な新しいロシアであり、マルクスや彼が生みだしたドイツのマルクス主義、そしてドイツの工業や科学技術であった。

このようなある種のヨーロッパに対する屈折した心理は、当時のロシアの知識人階級に共通していたのかもしれない。一九世紀のロシアを代表する文豪フョードル・ドストエフスキー（一八二一～一八八一）は次のような言葉を残している。「ヨーロッパではわれわれは居候であり奴隷でもあったが、アジアでは主人として通用する」。

ロシアを新しくするためには最新の知識や教養を身につける必要がある。二〇歳のレーニンはペテルブルク大学に卒業検定の受験を申請した。四年分の勉強をわずかな時間だけで成し遂げなければならない。亡き父イリヤ譲りの努力により、一八九一年秋学期試験に一三四人中最も優秀な成績で、レーニンは見事に資格を取り、翌九二年からはサマーラで弁護士補の仕事についた。しかし依頼人は少なく、わずか一年半で仕事を辞めてしまった。その足でレーニンは単身ペテルブルクへと乗り込んでいく。

ペテルブルクではマルクス主義のサークルに入り、レーニンは理論的にも実践的にも、次第に頭角を現すことになる。一八九五年四月には、レーニンは念願の外国旅行を実現する。ロシアにおけるマルクス主義研究の先駆者ゲオルギー・プレハーノフ（一八五六～一九一八）などに会うのも目的のひとつだった。プレハーノフは当時、スイスのジュネーヴに亡命中であった。帰国後に、レーニンは他の社会主義グループと合同し、「ペテルブルク労働者階級解放闘争同盟」を結成する。

しかし帰国したばかりのレーニンを待ち受けていたのは、警察当局による逮捕であった。一八九五年一二月、解放闘争同盟の主要指導者とともに、レーニンは一年二カ月にわたり牢獄に入れられた。さらに九七年一月からは東シベリアのシュシェンスコエ村に流刑となった。ここで彼は三年の月日を過ごすこととなる。とはいえ一人ではなかった。流刑から半年後に、ペテルブルク時代の同志ナジェージダ・クルプスカヤ（一八六九～一九三九）と結婚するのである。

†革命家「レーニン」の誕生

一九〇〇年一月末に、レーニンは刑期を終えてシベリアをあとにした。七月にはスイスへと亡命し、一〇月には社会民主労働党（一八九八年創設）の機関紙『イスクラ（火花）』の創刊にこぎ着ける。この頃になると、ペテルブルクやモスクワなど全国で学生が街に繰り出して闘争を行うようになっていた。これに市民や労働者も加わる場面が増えていった。

一九〇一年五月に「レーニン」の筆名で活動するようになっていた彼は、この名前で『イスクラ』にも次々と論文を発表し、翌〇二年三月には初めての単著『なにをなすべきか』がシュトゥットガルトで刊行された。ここに「レーニン」の名は、ロシアのマルクス主義者の間でデビューを果たしたのである。一八世紀フランスで活躍したヴォルテールと同様に（第五章181頁）、反政府的な文章を発表するには筆名が必要であった。

ロシア史家の和田春樹によれば、「レーニン」とは「レニーフツィン（怠け者）」からつけられたのではないかとされている。自らを怠け者として絶えず反省しながら、おのれに鞭打って革命へ邁進していく、という心意気も込められていたのかもしれない。

一九〇三年七月には、ベルギーのブリュッセルで社会民主労働党の第二回党大会が開催された。この席で、党員は党組織に参加して活動する者のことを指すと指摘したレーニンに対し、彼の盟友ユーリー・マルトフ（一八七三～一九二三）は党組織の指導の下に党に協力する者にも党員資格を与えるべきと主張し、両者は対立した。前者はやがて「ボリシェヴィキ（多数派）」、後者は「メンシェヴィキ（少数派）」と呼ばれることになり、レーニンはボリシェヴィキの強力な指導者とみなされていく。

この党大会の前後に、レーニンはロシア国内に独自の出版社、印刷所、輸送手段を立ち上げている。これを手助けしたのが、「古儀式派」と呼ばれるキリスト教の一派であった。彼らは一六六六年にロシア正教会の「正統派」から異端視され、この年にニーコン総主教が進めようとした儀式改革に異を唱えた一派であった。一八世紀初頭にピョートル大帝がロシア正教を「国家宗教」に組み込んでからは、古儀式派に対する弾圧は強まった。

これ以後、一九〇五年に宗教寛容の勅令が出るまでは、古儀式派は地下活動を主に展開していく。彼らには長年の地下出版のノウハウや資金もあり、レーニンはそれを利用したかったとロシア政治史家の下斗米《しもとまい》伸夫は鋭く分析している。

これもやはりヴォルテールが、ルイ一四世以来のフランス王政による宗教不寛容政策に対して批判的な『ラ・アンリアード』を、ロンドンに亡命していたユグノーの出版・印刷業者らの力を借りて刊行したのと同じであろう（185頁）。

ただしレーニンの場合には、彼自身が強い影響を受けたマルクスがそうであったように、徹底した反宗教論者であった。一九〇五年に刊行する『社会主義と宗教』のなかでレーニンはこう論じている。「宗教は人民のアヘンである。宗教は一種の精神的な下等ウォツカであり、資本の奴隷は自分の人間としての姿を、またいくらかでも人間らしい生活に対する自分たちの要求を、この酒でまぎらわすのだ」。レーニンは「社会主義者たる者は無神論者でなければならない」と強く公言していた。

しかし彼は決して宗教の存在そのものを全否定していたわけではない。むしろ宗教は、革命を成就するために政治的に利用すべきだと考えていたようである。レーニンと同様に帝国から抑圧を受けてきた古儀式派は、こうしたレーニンにとって好都合な存在だった。

†日露戦争の余波

革命家としてのレーニンが頭角を現していた頃、彼を国外に放逐したロシア帝国は深刻な危機に直面していた。地続きの領土としては世界最大の版図を誇ったロシアは、陸軍力でも他のヨーロッパ列強を圧倒していた。しかし海軍力ともなると、世界最強のイギリスにはどうしても及ばなかった。領土の大半が北極海に面していたロシアでは、冬になると海が凍ってしまい、強大な艦隊を保持できなかったのである。

一九世紀を通じてのロシアの帝国政策の根幹に「不凍港の確保」という課題が残り続けていた。このため今や「ヨーロッパの瀕死の病人」と呼ばれて久しいオスマン帝国に再三挑発をしかけたロシアだが、クリミア戦争では英仏連合軍の介入により、地中海への進出を諦めざるを得なかった。

クリミア戦争を機に破綻しはじめたウィーン体制下のヨーロッパ協調は、ナポレオン三世とビスマルクの最後の闘争（普仏戦争：一八七〇～七一年）により、一八七一年一月一八日のプロイセン主導によるドイツ帝国成立によって幕を閉じた。そしてこれ以降は、新たにドイツ帝国宰相も兼任するようになったビスマルクを調整役《バランサー》とする「ビスマルク体制」の下で、ヨーロッパに新しい国際秩序が構築されることになった。

それはバルカンにおける勢力圏をめぐるロシアとオーストリアの対立を緩和し、ユーラシア大陸中央部におけるイギリスとロシアの確執（「大いなる競争《グレート・ゲーム》」と呼ばれた）を調整し、普仏（独仏）戦争後の領土割譲などでドイツに強い恨みを抱くフランスをヨーロッパ国際政治のなかで孤立化させる、という三本の柱からなる体制であった。

このビスマルク体制下でもロシアは引き続き、「不凍港の確保」に努めた。オスマンとの露土《ろと》戦争（一八七七〜七八年）に勝利をつかんだにもかかわらず、ビスマルクが議長を務めるベルリン会議でロシアの南下が阻止された背景には、バルカンでのオーストリアとの勢力均衡を維持し、イギリスが最も嫌う「インドへの道」を阻害するロシア勢力の排除を目的としたビスマルクの意図が見られたのである。

そこでロシアはより東方に不凍港を求めることになった。ここで目をつけられたのが、西方におけるオスマン帝国と並び、「眠れる獅子」からいまや（特に日清戦争での敗北後）「張り子の虎」となっていた清王朝の中華帝国だったのである。

それは「満洲《マンチユリア》」と朝鮮半島をめぐるロシアと日本の衝突にまでつながった。日露戦争（一九〇四〜〇五年）である。当初は巨大なロシア帝国がちっぽけな日本に負けるなど誰もが想像だにしなかった。この直前（一九〇二年）に極東での安全保障を目的として日本と同盟を結んだイギリスでさえ、この戦いは無謀であると反対していたほどだった。ところが大方の予想に反して、日本は陸海軍ともに善戦を見せた。

戦争のさなかにモスクワからウラジオストックを結ぶシベリア鉄道が完成したものの、陸軍の主力が西方に集中するロシアにとっては、極東への派兵はやはり無理があったのだ。一九〇五年一月には旅順が陥落し、五月には北方で最強を誇ったバルチック（バルト海）艦隊が長く疲れる航海の末に日本海海戦で殲滅《せんめつ》させられた。

西欧諸国から遅れることおよそ一世紀で、ロシアにも二〇世紀初頭までには専門職階級（インテリゲンツィア）や商工業階級が政治にも口を出すようになっていた。彼らは正当な市民権や政治的発言権（選挙権や被選挙権の獲得）を声高に主張した。

†「血の日曜日事件」のあとで

そのような矢先に生じたのが、一九〇五年一月の「血の日曜日事件」であった。ペテルブルクの冬の宮殿に、政治・社会改革の実現を要求する請願書を皇帝ニコライ二世（在位一八九四〜一九一七年）に届けるために集まった群衆に対して、守備隊が発砲したのだ。この事件で、皇帝は労働者階級から一身に憎悪を集めただけではなく、それまで皇帝専制主義をいやいやながらも支持してきた小作農まで敵に回すこととなった。

一九〇五年だけで、ロシアでは二八〇万人の労働者がストライキに打って出ていたが、これは同時期にヨーロッパのあらゆるところで生じたストの二倍以上の数字だった。一八六〇年代以降の工業化は確かに進展していた。ロシアはその豊富な資源をもとに、石炭、銑鉄、鋼鉄生産や石油、化学、電機産業も発展を見せていた。一八九〇年代からは、成長率は毎年八パーセントにのぼった。しかしその富は一部の者にしか享受されなかったのである。

アメリカ北東部のポーツマスで日本との講和条約が結ばれた翌月、皇帝は「十月勅書」を発し、国会（ドゥーマ）の開設を約束した。一一月にはモスクワで労働者代表ソビィエト（常設会議）が樹立され、ペテルブルクには五年ぶりに帰国したレーニンの姿があった。翌〇六年四月にロシア史上初の「憲法」が皇帝によって定められた。しかしその第四条には「全ロシア皇帝に最高専制権力が属す」と記され、国会と国家評議会の創設は約束されたが、皇帝専制主義は残されたのである。

ボリシェヴィキとメンシェヴィキに分裂していた社会民主労働党は、この年に行われた二度の選挙でも力を発揮できなかった。選挙で勢力を伸ばしたのは、立憲君主制とイギリス型の議会政治をめざした立憲民主党（カデット）だった。急ごしらえで国会を開設したところで、イギリスが九〇〇年もかけて醸成してきた議会政治や責任内閣制（議院内閣制）がそう簡単にロシアに根づくはずもなかった。

失意のレーニンは一九〇七年二月から再び亡命生活に入った。しばらくはジュネーヴとパリを行き来したレーニンは、一九一二年六月にはロシアからの情報がより伝わりやすいクラクフ（オーストリア領ポーランド）に移り住んだ。この間にロシアでは労働運動がさらに深刻化した。一九一二〜一四年には全国の工場の実に七五パーセントがストに突入した。日露戦争に敗北したロシア帝国の目は再びバルカン半島へと注がれるようになっていた。こうしたなかでボスニアの首都サライェヴォで世界を震撼させる大事件が発生する。

†帝国主義戦争を内乱に！

一九一四年六月二八日、サライェヴォでの軍事演習を視察に訪れていたオーストリアの帝位継承者フランツ・フェルディナント大公夫妻が、セルビア系の民族主義者の青年が放った銃弾に倒れた。オーストリア政府は青年の背後にセルビア政府の陰謀があると主張し、セルビア側はこれを否定したため、両国政府の話し合いは平行線をたどっていた。

ヨーロッパ国際政治に一時代を築いたビスマルクも、バルカンをめぐるオーストリアとロシアの対立には終始苦悩していた。ベルリン会議（一八七八年）でオーストリアにボスニア・ヘルツェゴビナの統治権が譲られ、三〇年後にオーストリアがここを併合するや、「大セルビア主義」を掲げ両国の吸収をもくろんでいたセルビアがこれに反発したのだ。

ビスマルク自身は、一八九〇年三月に若き皇帝ヴィルヘルム二世（在位一八八八～一九一八年）と対立して失脚し、そのわずか四年後にビスマルク体制下で孤立させられていたフランスがロシアと露仏同盟を締結した。東西から露仏両国にはさまれたドイツはオーストリアとの独墺同盟を強化した。これによりヨーロッパは二つのブロックに分かれ、一度火がつけば大陸全土を戦火がおおう、ナポレオン戦争以来の危険性が高まっていた。

そこに生じたのが「サライェヴォ事件」だったのだ。オーストリアの背後にはドイツがついていた。対するセルビアにはロシアが味方した。事件から一カ月後、オーストリアがセルビアに宣戦布告するや、わずか数日でロシア、ドイツ、フランスをも巻き込む大戦争に発展した。さらにドイツがパリ陥落をもくろんでベルギー領の通過を宣言すると、それまでベルギーの安全を守ってきたイギリスまで参戦してきた。

サライェヴォ事件。逮捕される暗殺犯

ヨーロッパには、かつてのメッテルニヒやパーマストン、ビスマルクのように調整役を務められる人物も国も存在しない状況となっていた。

列強間で国際会議を開き平和を取り戻そうとしていたイギリス外相のサー・エドワード・グレイ(一八六二～一九三三)は、八月三日に議会で宣戦を促す演説を終えて外務省の執務室に戻り、窓の外を眺めながらこうつぶやいた。「ヨーロッパの街という街から灯《あかり》が消えていく。そしてわれわれは、生涯二度とそれを見ることはないだろう」。その翌日、イギリスはドイツに宣戦布告したのである。

イギリスの参戦は、自治領となっていたカナダ、オーストラリア、ニュージーランド、南アフリカ連邦はもとより、植民地であるインド、さらには日英同盟で結ばれた日本まで参戦させる結果となった。後の世に「第一次世界大戦」(一九一四～一八年)と呼ばれることになる戦争の勃発であった。

サライェヴォ事件が起きた当初は、これが大戦争にまで発展するとはレーニンは露ほども思っていなかった。しかし大戦の勃発は、レーニンの身にも火の粉として降りかかってきた。オーストリア領ポーランドに亡命していたことで、戦争勃発からわずか一〇日後にレーニンはスパイ容疑でオーストリア警察に逮捕された。さらにその一〇日後に釈放された彼は妻とともにスイスのベルンに逃亡した。当時彼は、国際的な社会主義者連合である「第二インターナショナル」の再興を計画していたのだが、大戦の勃発によりそれぞれの組織が属する国ごとでの国民主義《ナショナリズム》が優先され、計画は水泡に帰してしまった。

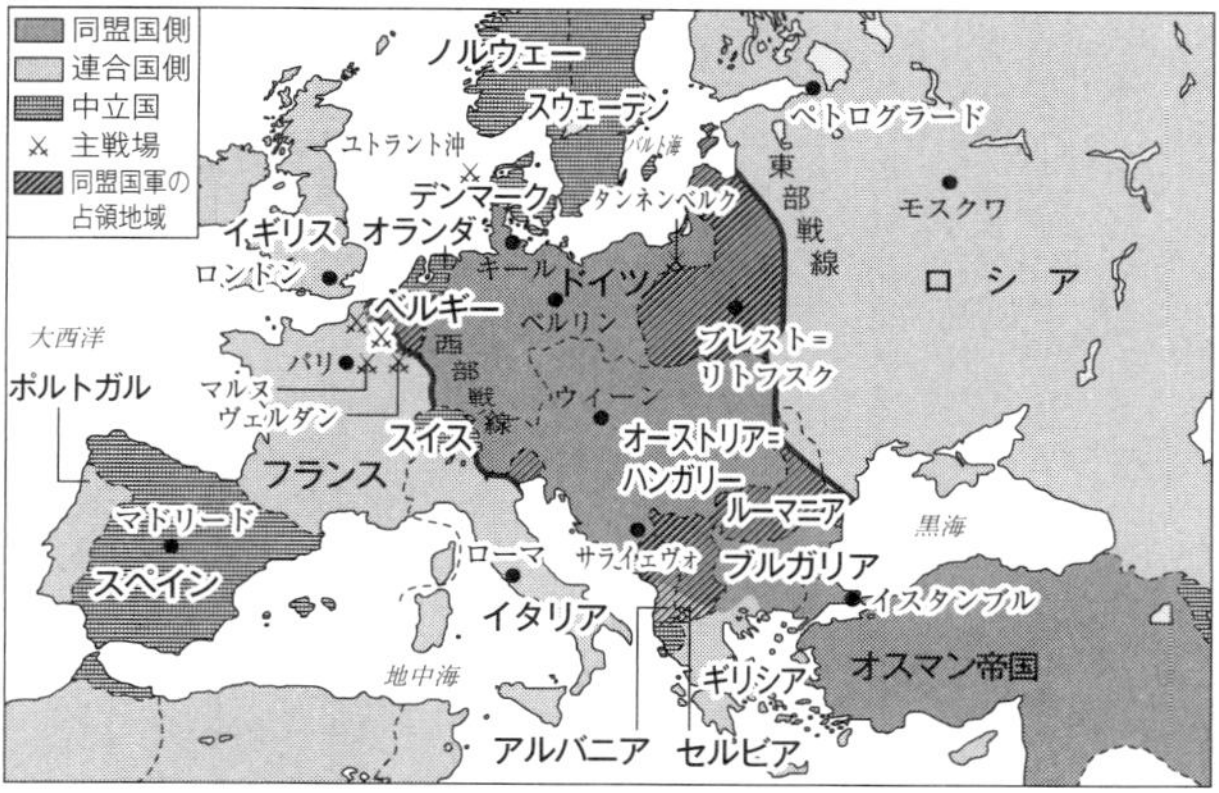

【地図】第一次世界大戦中のヨーロッパ

こうしたなかで、レーニンはこの大戦の原因を欧米を中心とする帝国主義に求め、ニコライ・ブハーリン（一八八八～一九三八）の論文などにも触発されながら、『資本主義の最高の段階としての帝国主義』、いわゆる『帝国主義論』を一九一六年までに書き上げた。

レーニンの分析によれば、①生産と資本の集中化がきわめて高度な発展段階に到達し、その結果として独占が成立しており、②銀行資本と産業資本が融合した「金融資本」を基盤とする金融寡占制が成立し、③商品輸出ではなく資本輸出が格段に重要な意義を帯び、④資本家の国際独占団体が形成され、それにより世界が分割され、⑤資本主義列強が領土の分割を完了していること、という五つの特徴が帝国主義には見られる。

第一次大戦の主要参戦国である、イギリス、ロシア、フランス、ドイツの四カ国だけで、世界の陸地面積の約六〇パーセントと人口の約五〇パーセントを支配していたのである。まさにこの大戦は帝国主義戦争であり、この大戦から人類を救うためには、帝国主義と資本主義を打倒し、世界戦争を世界革命に転じていく必要がある。レーニンはそう結論づけた。

まず手始めは長年自分たちを苦しめてきたロシアの皇帝専制主義を打倒することにある。レーニンらボリシェヴィキのスローガンは「帝国主義戦争を内乱に！」となった。

†総力戦の時代へ

レーニンの思惑どおり、皇帝ニコライ二世は緒戦で苦境に陥っていた。戦争が始まった一九一四年の前半だけで、ロシアでは三〇〇〇件以上のストライキが発生し、民主共和国の実現や八時間労働日、地主所有地の接収などを訴えていた。ところが皇帝が毅然としてドイツとオーストリアに宣戦布告を発するや、国民の目は敵国に注がれるようになった。階級や身分を超え、愛国主義的な熱狂が国中を包んだ。もはや反政府的なストライキなどすべて中止させられた。皇帝は国民の不満をそらすことに成功を収めたかのようだった。

しかしこの熱狂は一カ月ももたなかった。八月末のタンネンベルクの戦いで、ドイツ軍により包囲され、ロシア側の死傷者は五万人、捕虜も九万人以上を出す大敗北となった。さらに戦争それ自体が、一〇〇年前のナポレオン戦争はおろか、四〇年ほど前の普仏戦争のような「限定戦争」とは異なる性格を持つようになっていた。すなわち、国民の数パーセントが貴族出身の職業軍人もしくは義勇兵として戦闘に参加し、何か決定的な戦闘の後で外交官の間で講和が結ばれるという、一九世紀以前の戦争ではもはやなくなっていた。それは老若男女のすべての国民を総動員しなければ相手に勝てない「総力戦（total war）」へと大きく変わっていたのである。

第一次世界大戦
ガスマスクを着用し塹壕に隠れる兵士

この一世紀の間に、人類は機関銃、毒ガス、有刺鉄線、戦車、装甲艦（鋼鉄でおおわれしかも蒸気で動く戦艦）、潜水艦、魚雷、戦闘機といったそれまでの戦争とは殺傷能力が格段に違う殺人兵器を次々と発明していた。

戦場に駆けつけた兵士たちは、真っ先に砲弾のえじきとなった。第一次大戦中の兵員死傷者の実に七割近くが砲撃によるものだった。普仏戦争時にドイツ側で戦死した者のうち、砲撃によるのは八パーセント程度であったものが、第一次大戦では八〇パーセントにまで膨れあがっていた。兵士たちはお互いに塹壕《ざんごう》を掘って、敵が心身ともに憔悴《しょうすい》するのを待った。戦闘は長期化し、泥沼化した。動員される兵士の数もそれまでとは比べものにならないほどに達した。ロシアは最終的に一二〇〇万人も戦場に送り込んだとされている。

大量に兵士を動員したところで勝つとは限らなかった。貴族出身の将校たちは、塹壕で苦しむ兵士たちに時には殴る蹴るの乱暴をふるった。小作農出身のある兵士はこう回想している。「なぜ見ず知らずのドイツ人を殺さなければならないのか。むしろこのイヤな上官を撃ち殺したほうが気が晴れるくらいだ」。兵士たちの士気は下がり、貴族出身の鼻持ちならない上官たちに対する殺気がますます高まりつつあった。

一九一五年の半ばには東部戦線のロシア軍は総崩れとなった。一〇〇万人もの捕虜をだし、遺棄兵器を補充するために日本から小銃を購入しなければならないほどだった。この「大退却」に直面し、ニコライ二世は自ら最高司令官に就任し、首都から遠く離れたモギリョフ(現在のベラルーシ共和国マヒリョウ)に設営した大本営へと向かった。この時期に皇帝自身が首都に不在という状況は、政治的不安定を助長する行為だった。

それ以上にもし敗戦ともなれば、その責任を皇帝が一身に背負うことにもなる。周囲は反対したがニコライは聞かなかった。レーニンが「帝国主義戦争」と呼んだこの大戦にはもうひとつ別の名前があった。「いとこたちの戦争」。ドイツ皇帝ヴィルヘルム二世の母とイギリス国王ジョージ五世（在位一九一〇〜三六年）の父は姉弟であり、そのジョージの母とニコライ二世の母は姉妹の関係にあった。三人は戦前には仲良くお互いの国を行き来し、親交を深めていたものである。すべてはこの大戦によって変わってしまった。

しかしニコライは時宜をわきまえ、日々の政務は大臣たちに、戦争は陸海軍の軍人たちに任せ、総動員態勢で国を支えてくれている国民の間にもっと入り込み、国民の愛国心を鼓舞すべきだったのかもしれない。

東部戦線カルパティア山脈（1915 年）

実の兄弟以上に仲の良かったジョージ五世などは、政府や陸海軍と協力しつつ、大戦中は国民の間をできるだけ廻って「国民とともに戦う」という姿勢を前面に押し出していた。国王が慰問に訪れた連隊の数は四五〇、病院に見舞いに訪れたのは三〇〇回、軍需工場や港湾で働く人々への激励も三〇〇回、そして自ら勲章や記章を授与した者の数は五万人を超えていたのだ。

そればかりではない。戦争が始まるや、国王は軍服以外の新調は差し控え、食卓からもいっさい酒類を排した。暖房や照明の使用も最小限に抑え、風呂もお湯を張るのは五〜六センチだけ。あとは水で済ませた。一〇〇年以上の伝統を誇るダービーの日の晩餐会でもスープ、魚、鶏肉、マカロニだけが饗され、赤身肉もワインも出なかった。同盟国のフランス大統領が官邸で興じた宴会では、キャヴィア、子羊の鞍下肉、ウズラや雉のローストが数々の銘酒とともに出されていたというのに。

立憲君主制の国イギリスの国王ジョージ五世は、国民の模範になるべく努力した。彼が「ニッキー」と慕ったニコライ二世は、あまりにも頑なに皇帝専制主義を貫こうとしていた。それがまた総力戦の時代にあってロマノフ王朝の悲劇にもつながったのである。

†二月革命から十月革命へ

戦況の悪化とともにロシアを苦しめたのが食糧の不足であった。もともとロシアは世界最大の穀物輸出国であり、大戦前には年平均で一一五〇万トンもの穀物を海外で販売していた。ところが最大の穀倉地帯でもあるバルト地方や西部地域、ウクライナなどが緒戦で戦場になり、さらに占領されたことで事態は悪化する。特にロシアでは西部地域に幹線鉄道路が集中していたのだが、これが寸断され、農村から都市部への食糧供給ルートが機能不全を起こしていた。

一九一七年二月二三日。この日は「国際女性の日《デー》」にあたったが、その女性たちが首都ペトログラード（大戦中にペテルブルクが「敵性言語」であるドイツ語からロシア語に変化）の大通りを行進し「パンを寄こせ！」といっせいに立ち上がった。翌二四日には二〇万人もの労働者がストライキに突入し、二五日には中産階級や学生もデモに参加した。

政府は各地に駐屯する兵士を集めて群衆への銃撃を命令したが、逆に各地で兵士の反乱を引き起こす結果となった。首都から遠く離れた大本営にいたニコライ二世にはこの状況を把握できていなかった。三月一日には一七万人の兵士たちが蜂起し、帝政打倒を叫んだ。ようやく事態の深刻さに気づいた皇帝であったが時すでに遅きに失していた。

ドゥーマの臨時委員会は立憲君主制の樹立を掲げ、ニコライ二世に代わり、当時一二歳のアレクセイ皇太子を帝位にすえて、政務を代行できればそれでよかった。しかし皇帝はあまりにも頑なだった。ニコライは帝位を息子ではなく、弟のミハイル大公に譲る決意を固める。アレクセイは先天性の血友病であり、この時期に帝位には耐えられないと判断したのであろうが、当のミハイルも泣き出すばかりでとても皇帝の器ではなかった。

三月二日、ここに三〇〇年にわたって続いたロマノフ王朝は倒壊され、リヴォフ公爵を首班とする臨時政府が成立した。新しい政府は、言論・集会・ストの自由を認め、普通・

秘密・平等選挙に基づく憲法制定会議の召集を宣言し、地方自治体の民主化も言明した。「二月革命」は成功を収めた。しかし前途はきわめて多難であった。臨時政府は「連立内閣」の形態をとってはいたが、それは西欧に見られるような議会に対して責任を負う諸政党からなる内閣とはほど遠いものだった。そもそも総選挙に基づく議会が存在しておらず、この政権は各党派から出された大臣たちが「個人の意思」で参加しているにすぎなかったのである。さらに臨時政府の中枢を占める立憲民主党は、新たに「帝国臣民」の身分から解放された人々に「市民になれ」と呼びかけた。

しかし本書第五章以降で見てきたとおり、イギリスやフランス、ドイツのような「啓蒙主義」の時代も経ておらず、「基本的人権の尊重」といった考えも浸透していないロシアには、そもそも「市民階級」と呼べるような人々は存在していなかった。帝国は支配階級と彼らから抑圧を受ける小作農・労働者階級とに大きくは二分され、その中間となるべき「市民」などほとんどいなかったのだ。

立憲民主党はこうした市民の平等選挙に基づく議会制民主主義を理想としており、これを実現できればよいと考えていた。しかしこの風雲急を告げるさなかに、亡命先のスイスから一〇年ぶりに帰国したレーニンは違っていた。彼は「国際規模での社会革命の開始」を明言し、戦争を民主的に終わらせるためには「資本による支配」と手を切り、すべての権力は貧農や労働者階級からなるソヴィエトへ委譲すべきであると訴えた（民主集中制）。いわゆるレーニンの「四月テーゼ」である。

この発想にはレーニンが否定する臨時政府はもちろん、彼の側近たちでさえついていけなかった。むしろボリシェヴィキ党外にいたレフ・トロツキー（一八七九～一九四〇）が

ロシア革命、ペテログラードでのデモ（1917年7月）

この考えに同調し、レーニンに急速に接近していく。七月にはレーニンは「すべての権力をソヴィエトへ」をスローガンにデモを先導したとの理由で、臨時政府により逮捕状が出されてしまった。この「七月事件」を機に彼は再び地下に潜らざるを得なくなった。

とはいえ寄せ集めの臨時政府では、広大な旧ロシア帝国を統治することは難しかった。その最大の要因が民族問題だった。革命当時の国内では

ロシア人は四四パーセントを占めているにすぎず、東方にはアジア系の諸民族が、西方にもウクライナ、リトアニア、ポーランドといった様々な文化圏がひしめいていた。旧帝国の周縁部では、自分たちの言語や宗教、文化を維持し、政治的な自治権を要求する声が高まりを見せていた。このあたりが、海外に帝国が拡がるイギリスとは異なり、地続きの帝国主義を進めたロシア独自の難題だった。

紆余曲折を経たのち、七月には司法相や陸海軍相を歴任したケレンスキーが新たに臨時政府の首相に就任した。レーニンがシムビルスク中学でお世話になったあの校長の息子である。帝政時代に人権派弁護士として名を馳せ、二月革命でも実質的な主導権を握っていた英才が頂点にのぼりつめたのである。しかしその彼をもってしても、ロシアの混乱は収まらなかった。一九一七年秋までにロシアの工業は大幅に落ち込んだ。工場は閉鎖され、失業者が街に溢れた。食糧の不足もこれに追い討ちをかけた。

「パン、平和、土地」「すべての権力をソヴィエトへ」「地主と資本家どもの政府を打倒せよ」。いずれもレーニンが掲げていたスローガンが街中で聞かれるようになっていた。九月末に、ペトログラードに秘かに戻ったレーニンは中央委員会を説得し、権力の奪取を呼びかけた。一〇月二四日、レーニンを支持する赤衛兵たちがペトログラードの橋や駅など主要個所を占領し、翌二五日には国立銀行や中央郵便局、電話局も彼らに掌握された。

ここに臨時政府は倒壊され、レーニンが唱えた「プロレタリア社会国家の建国」への第一歩が踏み出されることになった。これが「十月革命」である。

近代ヨーロッパの否定

赤衛兵に占領された冬の宮殿に姿を現したレーニンは、早速に全ロシア労兵ソヴィエト大会を開催し、相次いで重要な布告を発し、これを採択させた。

まずはすべての交戦国に対する民主的な講和交渉を即時に進める「平和に関する布告」である。ここでは「無賠償・無併合・民族自決」が条件として掲げられ、「政府は秘密外交を廃止し、自らすべての交渉を全人民の前で完全に公然とおこなう」という文言も盛り込まれた。それは「秘密外交」や「領土補償」を当然のこととし、一五世紀半ばのイタリアで始まり、その後西欧各国へと拡がり、「長い一八世紀」の時代を経て、メッテルニヒ、パーマストン、ビスマルクによって担われてきた、「ヨーロッパ近代外交史」のすべてを否定する宣言でもあった。

事実、英仏露に途中から宣戦布告してきたオスマン帝国の支配下にあったアラブ諸族に独立国の建国を約束する一方で、三列強により中東の分割も裏で進めていた「サイクス＝ピコ協定」（一九一六年五月）の存在などが、ここで世界に明らかにされたのである。

この「秘密外交の廃止」や「民族自決」という考え方は、レーニンによる布告の二カ月後にアメリカ連邦議会で演説を行った第二八代大統領ウッドロウ・ウィルソン（一八五六～一九二四）による「一四カ条の平和原則」とも符合する内容であった。第一次世界大戦にロシア二月革命の直後から連合国（英仏）側について参戦したアメリカこそが、戦後の世界に最大の経済・軍事大国として登場することになるのだが、奇しくも思想的にはまったく相容れることのなかったウィルソンとレーニンが、真っ先にヨーロッパ近代を彩ってきた外交のあり方を否定したわけである。

さらに出されたのが「土地に関する布告」であった。土地の私有制は永久に廃止され、すべての土地は全人民の財産とし、すべての土地を無償で農民の手に引き渡したのである。これもまた「私的所有権の尊重」を築き上げた「ヨーロッパ近代史」の否定であった。

この二つの布告はソヴィエト大会で圧倒的な支持を受けて採択されたのである。レーニンは新政権の指導者として名実ともに新たなロシアに君臨することとなった。

そのレーニンがここに確立したものが、民主集中制と一党独裁制に基づく「党国家《パーティー・ステート》」である。党を政府より上の存在に置き、党と国家をほぼ一体にするこの体制は、その後、中華人民共和国（一九四九年建国）や朝鮮民主主義人民共和国（一九四八年建国）などで採用され、まさに現代における「アジア的専制」のさきがけともなった。

レーニンはこのように様々な側面から「ヨーロッパ近代史」を覆そうとしたのだ。

†内戦とレーニンの死

しかしロシアの現実はレーニンにとっても厳しいものとなった。一九一七〜一八年の冬は食糧事情はさらに悪化し、ペトログラードでのパンの配給は一人一日あたり五〇グラムにまで落ち込んでいたのである。世界一の穀物輸出国であったはずのロシアが五万トンに近い小麦を輸入せざるを得なくなった。

「平和に関する布告」にあったとおり、レーニン政府はドイツ、オーストリアなど同盟国側と即時の講和（一九一八年三月のブレスト＝リトフスク条約）を締結した。とはいえこれはロシアにとってかなり苛酷なものだった。講和の代償として、ロシアはバルト三国やフィンランド、ポーランド、ウクライナなど広大な領土に関する権利を放棄しなければならなかったのである。しかし国民は戦争の終結に安堵したのだ。

これと同時期に、レーニンは首都をモスクワに移した。食糧問題の解決のために、政府は食糧独裁令を公布し、各地の農村に強制的に食糧を徴発させた。これには農民の不満だけではなく、ボリシェヴィキと連立を組んでいた社会革命党（エスエル）からも反発が高まった。反ボリシェヴィキを標榜する諸党派は白衛兵を組織し、ここに赤軍（ボリシェヴィキ）と白軍（反ボリシェヴィキ）との内戦（一九一八〜二二年）が始まった。

英仏米や日本など連合国側が社会主義の拡張を恐れてこれに介入することもあったが（日本では「シベリア出兵」といわれた）、もともと盤石《ばんじやく》で五〇〇万人を超える大軍を誇った赤軍に対し、白軍（二〇〇万）は横の連係プレーも取れず、何より農民や労働者たちからの充分な支持を得られなかったため、内戦は赤軍勝利のうちに終焉を迎えた。

しかしこの間も食糧危機は続き、一九二一年の飢饉は壮絶をきわめた。なかには人肉を食べてしのいだ人々もいた。栄養失調はチフスや赤痢での病死も招き、内戦が終わるまでには一〇〇〇万人以上の命が失われたといわれている。

命が危うかったのはレーニンもしかりであった。内戦勃発の直後（一九一八年八月）、レーニンはピストルで三発撃たれ、そのうちの二発が命中した。このときの後遺症がのちの病の一因になったとされる。

一命をとりとめたレーニンは、内戦後の再建に取り組んだ。彼が目をつけたのが正教会だった。ロシア皇帝の庇護の下で莫大な富をむさぼってきた正教会こそは、皇帝専制主義の残滓《ざんし》でもあった。教会の土地財産はすべて没収され、一九二〇年末までには全国六七三もの修道院も解散させられた。教育から宗教色も一掃された。ただしレーニンが「弾圧」を加えたのは皇帝の庇護下にあった正教会であり、彼が利用してきた古儀式派には弾圧は及ばなかったとされる。

ヨーロッパ近代史のなかで激動の歩みを見せたキリスト教という宗教をも、レーニンはこのように否定して見せた。

そのレーニンも内戦が終結したあたりから急激に健康を害するようになっていた。一九二二年五月に脳軟化症による最初の発作が彼を襲った。右手足がマヒし、言語障害もあらわれたが、半年後には何とか恢復《かいふく》した。しかし一二月に再び発作が起こり、今度は右半身が完全にマヒしてしまう。彼には自身の後継者を誰にするかなど問題が山積みされていた。それも翌二三年三月の最後の発作で絶望的となった。もはや彼はしゃべることも、文字を書くこともできなくなってしまったのである。

その最期は一九二四年一月二一日におとずれた。この日の午後六時五〇分にレーニンは息を引き取った。五三年にわたったまさに波乱の人生に幕を閉じたのである。葬儀委員長を務めたのは彼が晩年に信頼を失ったヨシフ・スターリン（一八七八〜一九五三）だった。

そのスターリンなどの強い主張により、レーニンの遺体には防腐処理が施され、永久に保存することが決まった。一九二二年に成立したソヴィエト社会主義共和国連邦（ソ連）の政庁（中枢府）が置かれたクレムリン宮殿前の赤の広場に、「レーニン廟」が建設された。レーニンが亡くなる一年少し前にエジプトで発見された「ツタンカーメンの王墓」の

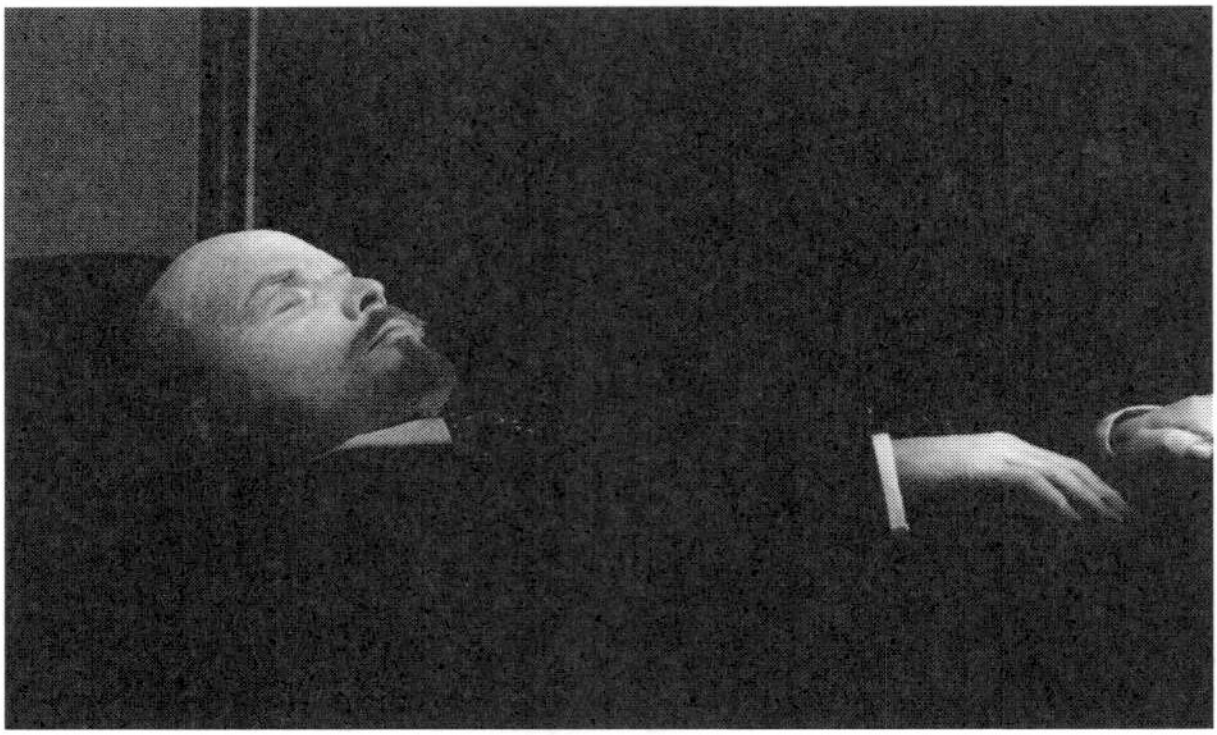

レーニン廟に安置されたレーニンの遺体
（©SPUTNIK/時事通信フォト、1993年撮影）

影響があったとする研究者もいる。八月一日から一般公開されるようになったこの廟には、これ以後の七〇年で七〇〇〇万人以上の人々が訪れたとされる。

無神論者で知られたレーニン自身が、あたかも「革命の神」であるかのように崇拝され、神話となったのだ。彼の死後に、全国の学校や工場、社交場には「レーニン・コーナー」が設けられ、彼の偉業を讃える写真や書籍などが置かれた。かつて帝政時代に、そこには職場で祈る人たちのために「イコン（正教会の聖画）」が飾られていたものである。

レーニンを「神」に祭り上げたひとりで後継者となったスターリンも、一九五三年に亡くなると同じく遺体処理を施され、レーニン廟に祭られた。ただしその後の「スターリン批判」のあおりを受け、六一年には撤去された。「革命の神」の足跡を追ったのはスターリンだけではなかった。レーニンが「四月テーゼ」で訴えた、国際的な社会革命の実現に呼応するかのように、自らの国で革命を成功させたベトナムのホー・チ・ミン（一九六九年）、中国の毛沢東（一九七六年）、そして北朝鮮の金日成（一九九四年）にもそれぞれ「廟」が築かれて、その遺体は聖遺物のように今日でも祀《まつ》られている。

「レーニン」という存在は、彼がある意味で利用した「第一次世界大戦」とともに、彼があれほどまでにあこがれた「ヨーロッパの近代」に終わりを告げる決定打となったのかもしれない。

おわりに　ヨーロッパ近代とはなんであったのか

†世界大戦の余波――貴族政治から大衆民主政治へ

最後に「レーニン」とともに、「ヨーロッパの時代」の息の根を止めてしまった第一次世界大戦とその後の顛末についても簡単にお話ししておかねばなるまい。

史上初の本格的な「総力戦」となった第一次世界大戦では、すべての交戦国をあわせて六四〇〇万人もの人々が動員された。それまでは貴族階級出身の将校や義勇兵同士が戦場で華々しく戦功を競い合っていたのが、階級や身分に関係なく国家総動員のかたちで大量殺戮兵器に臨む戦闘へと大きく様変わりしていた。

君主制をとっていた国々では王侯たちが、共和制をとっていた国々では商工業階級《ブルジョワジー》たちが、いざ戦争ともなれば率先して戦場へ駆けつけ国を守っていた中世以来の「高貴なる者の責務（Noblesse oblige）」の時代は終わりを告げた。いまや五体満足な成年男子はすべて戦場に駆り出され、残された女性たちは武器弾薬や軍需物資を作るために工場に勤労動員させられていた。国を守るのは老若男女すべての責任となった。「国民の責務（National oblige）」の時代の到来である。

責務を果たすのであるから、権利を与えられて然るべきであろう。大戦が終結するや、勝った側でも負けた側でも、成年男子のすべてに投票権が与えられる男子普通選挙権や、女子選挙権が次々と実現していった。それは王侯たちが支配した「貴族政治（aristocracy）」の時代から「大衆民主政治（mass democracy）」の時代への転換をも意味した。

それを象徴するかのように、ヨーロッパでは大戦を契機に次々と王朝や帝国が姿を消していった。それまでは自分たちの皇帝や国王が戦《いくさ》に負けた場合には、臣民たちはむしろ彼らを鼓舞・激励し、起死回生のために周辺に集まったものである。しかしそれは戦争がまだひと握りの国民だけに直接的に関係していた時代のことだった。

いまや戦争は国民一人一人の生活に直結していた。自分の父親や夫、息子、さらに近隣の友人たちが戦場で命を落としていくにつれて、敵国への憎悪は深まった。それ以上に、もし「敗戦」ともなれば、その全責任が戦争指導者たる王侯たちに課せられていったのだ。敗戦を機に、この五〇〇年にわたりヨーロッパ国際政治を主導したオーストリアのハプスブルク王朝やドイツのホーエンツォレルン王朝が崩壊した。さらにオスマン帝国も滅亡した。そして第八章で見たとおり、やはり戦況の悪化も要因となってロシア帝国も倒壊した。

勝ち残った側も安穏《あんのん》とはしていられなかった。イギリスでは大戦中に「ドイツ憎し」の声が朝野を問わずに高まった。かつて歴代の君主たちがドイツやオーストリアの王侯たちに与えたガーター勲章（イギリス最高位の勲章）は剝奪され、ドイツ系の王朝名（サックス・コーバーグ・ゴータ）はよくないということで、一九一七年七月にはこの国にゆかりの深い城下町から「ウィンザー王朝」へと変更せざるを得なくなっていた。

†「新外交」の時代

大衆民主政治の余波はもちろん外交の世界にも影響を与えた。奇しくもレーニンとウィルソンとが時を同じくして否定した「秘密外交」に基づくそれまでのあり方は「旧外交」と蔑まれ、「公開外交」による「新外交」が各国で推進されるようになった。とはいえ、それは新外交の時代になったからそのまま世界も平和の時代を迎えた、ということまでは意味しなかった。国際政治学者の高坂正堯《こうさかまさたか》は、大戦前までの「古典外交」の時代を支えたのは、同質の文化を持つ者が抗争し、交流する世界であり、交際の作法は貴族社会のそれに基づき、しかも各国が相当の自立性を備えた国際社会であったと喝破している。

高坂の言葉を借りれば、「同質性、貴族性、自立性」こそがそれまでの外交のあり方の基本であり、同じ価値観と正義と秩序を重んじる貴族出身の外交官が活躍したのが、一九世紀までのヨーロッパ国際政治であった。

それも第一次世界大戦とともに終焉を迎えた。敗戦国ドイツの戦後処理問題を話し合うため、戦勝各国はパリ郊外のヴェルサイユ宮殿「鏡の間」に集まった。一九一九年一月一八日のことだった。それは四八年前の同じ日、同じ場所で成立したドイツ帝国を葬り去るための儀式であった。しかも、大戦の引き金となった「サライェヴォ事件」から五周年にあたる六月二八日に調印されたヴェルサイユ条約は、敗戦国のドイツに苛酷な領土要求と賠償金を課したものとなった。

これより一世紀ほど前、ナポレオン戦争後のウィーン会議には、敗戦国フランスからも代表が毎回出席し、自国の被害を最小限にとどめることが可能であった。しかし一九一九年のヴェルサイユでは、ドイツの代表団はいっさい審議には参加させてもらえず、震える手で条約に署名する以外になかったのである。

これもまた戦勝各国が「総力戦」によって国民に過剰な負担を強いて得た勝利であったことも理由であったが、その国民から苛酷な要求を敗戦国に突きつけるよう外交団の背後に無言の圧力がのしかかるようになった、大衆民主政治に基づく「新外交」の時代に特有

パリ講和会議での「四巨頭」（左からロイド・ジョージ英首相、オルランド伊首相、クレマンソー仏首相、ウィルソン米大統領）

の現象だったのかもしれない。

衰退したのは貴族の文化だけではない。貴族そのものも大戦で大きな痛手を受けたのだ。大戦勃発とともに、「高貴なる者の責務」を果たそうと、西部戦線（ドイツ・フランス・ベルギー国境）でも東部戦線（ドイツ・オーストリア・ロシア国境）でも、我先にと戦場に駆けつけたのが、各国の貴族や富裕階級やその子弟であった。そして彼らを待ち受けていたのが情け容赦のない砲撃と機関銃だった。

戦争が始まった一九一四年の半年間だけで、イギリスでは貴族およびその子弟の実に二割近くが命を落としたとされている。第二次世界大戦後の首相で大戦勃発時にオクスフォード大学の学生だったハロルド・マクミラン（一八九四〜一九八六）は、従軍を終え復学したときに啞然とした。学友の三分の一が戦死し、「オクスフォードはまるでゴーストタウンだった」とのちに彼は回想している。事実、オクスフォード大学から志願した兵隊の戦死率は、平均戦死率の二倍に近かったといわれている。

それはオクスフォードに限ったことではない。勝った側でも負けた側でも、戦後の自国およびヨーロッパの復興を担っていかなければならない「エリート」たちの多くが失われてしまったのである。彼らはその名も「失われた世代（lost ganeration）」と呼ばれた。

これに戦後におとずれた大衆民主政治の波に乗るかたちで、彼らの「穴」を埋めることになったのは、エリートや大学教育とは無縁の鍛冶屋の小せがれ（ムッソリーニ）や美術学校の受験に失敗した下級官吏の息子（ヒトラー）たちであった。彼らの動きを止めるにはもはや貴族も富裕層も、そして何より「ヨーロッパ近代」も力を失っていたのである。

†ヨーロッパの近代——神の時代から人間の時代へ

本書でこれまで述べてきたように、古代ローマ帝国が崩壊したのちの中世ヨーロッパはまさに「神の時代」であった。人々はキリスト教の神を畏《おそ》れ、敬い、神のために生きた。それがルネサンスの時代（第一章）に入ってからは「人間」を再評価する動きが現れた。

人間の肉体も精神も決してくだらないものではない。むしろすばらしいものなのだ。これを表現する画家や彫刻家は、それが自身の作品なのだと署名を入れるようになった。

さらに宗教改革（第二章）により、「神との関係」それ自体も個々人に限定できるようになった。それまではローマ教皇庁を頂点に戴く教会（あるいは聖職者）なくしては、人は信仰にも救いにも与《あずか》れなかった。それが個々人の信仰のみによって義とされる時代へと変わっていったのだ。この「個人」の登場こそがヨーロッパ近代のはじまりだった。

それはやがて近代科学の発展（第三章）や、個々人の権利や信仰を尊重するという考え（第四章）が拡がり、人々の生活に浸透していくことによって、最初はほんのひと握りの知識人階級や芸術家にのみ通用していた「個人」が、より多くの人々にも適用されるようになっていく。それを促進したのが、啓蒙主義（第五章）であり、市民革命（第六章）であった。一八世紀前半までは、こうした知識や芸術は王侯貴族にのみ独占されてきたが、フランス革命後の一九世紀以降には、専門職階級や商工業階級、さらに世紀終わり頃までには労働者階級も、「個人」としての尊厳を保てるようになっていた（第七章）。

それを大きく変えてしまったのが第一次世界大戦であった。もちろん政治的には、それまで「差別」を受けてきた、世帯主でない男子や女性たちにも選挙権や被選挙権が与えられ、真の意味での「民主政治」が到来するようにはなっていた。さらに経済的にも、ひと握りの上流階級にのみ独占されていた富（生産手段や土地）が、すべての人に平等に分け与えられるような状況も見られるようになってきた（第八章）。

しかし世界大戦とともに、ヨーロッパ近代がそれまで築いてきた「個人」というものが、再び衰微してしまうような状態に戻ってしまったのである。

総力戦により、人々は身分や階級はもちろん、氏素性に関係なく、戦場に送り出されていった。彼らの多くが自身のこれまでの人生とは縁もゆかりもない場所で命を落とした。現代の戦争はもはや「英雄」など必要としなくなった。必要なのは銃や大砲を撃ち、戦艦や戦闘機を操縦し、魚雷や爆弾を相手に撃ち込む兵士だけで事足りるようになったのだ。第一次世界大戦が終結した翌年から、ヨーロッパ各国では戦没者追悼の記念式典を大々的に催すようになった。そのための慰霊碑も各地に造られていった。

しかし二一世紀の今現在でも、各国の要人（国賓など）が公式に訪問し、真っ先に訪れるのは、イギリスはロンドンのウェストミンスター修道院（寺院）の西側扉近くに設けられた「無名戦士の墓」であり、同じくパリ中央部エトワール凱旋門のすぐ下にある「無名戦士の墓」なのである。各国の要人たちは必ずここに花輪を捧げ、第一次世界大戦だけではなく、その国が関わってきたすべての戦争で亡くなった英霊たちに頭《こうべ》を垂れる。

†個人と責任

第一次大戦後はたしかに「大衆」の時代に大きく移り変わっていったのかもしれない。しかしそれはすべての大衆が「個人」になったことまでは意味しなかった。

二〇世紀のアメリカはもとより、世界を代表する企業家ヘンリ・フォード（一八六三〜一九四七）は、それまで職人が一から作っていた自動車をベルトコンベアーに乗せて、各部品ごとに担当者を決めて大量に生産する方式を編み出したことでもよく知られている。その彼の有名な言葉はこうだ。「私の工場では、ハーヴァード［大学］出身であろうと、シンシン［刑務所］出身であろうと関係ない」。アメリカに端を発し、第一次大戦後にはヨーロッパや世界を席巻した「大衆消費社会」は、その大半を占める労働者をもはや「個人」としては扱わず、彼らは「従業員」あるいは「消費者」でしかなくなってしまった。

こうした状況はアメリカの不況（一九二九年一〇月）にはじまる「世界恐慌」のなかで、やはり「失業者」とひとくくりにされた大勢の人々を生みだした。それは経済状況が最も厳しくなったドイツやイタリアで「全体主義（個人の自由を否定して国家の全体性を優先する）」を生みだし、定着させていくひとつの要因になったのではないか。

人々が「神」から解放され、「個人」の尊厳が重要視されるようになったヨーロッパの近代において、それは王侯貴族から専門職・商工業階級という「市民」へと徐々に拡がりを見せていった。それを「民主化の過程」と呼ぶことも可能であろう。

しかし、ここで忘れてはならないことは、「高貴なる者の責務」を信じこれを実践してきた王侯貴族はもちろんとして、種々の人権を享受されて「市民」として扱われるようになった人々には、必ず「個人」としての「責任ある態度」が要求されたことである。

たしかに選挙権がより下の階級や年齢層、さらに女性たちにまで拡大されたことは歴史的に見て重要なことである。しかし選挙権とは、単に権利や政治的権力を意味したわけではない。一九世紀前半のイギリスを例にとってみても、それは共同体における正規の構成員としての資格と、そこで責任ある態度をとる能力まで示すものになったのだ。実際に、一八七二年に「秘密投票制度」が導入されるまで、選挙での投票は公的な責任ある行為として、それぞれの地方の新聞でも報道され、選挙人名簿にも記録されたのである。

秘密(無記名)投票という制度は、たしかに選挙腐敗を防ぐ有効な手段にはなりえたし、その後の議会政治にとってもきわめて大切な基盤になったことは疑う余地もない。しかしそれは同時に、「秘匿性」という名の下に有権者に「無責任な態度」をとらせる温床にもならなかったか。選挙権とはイギリスに限らず、ヨーロッパでは「権利」ではなく「責務」として始まった。それがいつしか「権利」であるという考えにすり替わり、支持している政党や候補者がいないという理由などで、投票を拒否できる（選挙には行かない）という考えにもつながっているのではないだろうか。

それは政治や選挙という問題に限らない。二一世紀の今日《こんにち》においては、コンピューターやインターネット（スマートフォン）の急激な発達によって、この「匿名性」がより前に出て、社会に様々な問題を起こしているように思えてならない。個々人が「責任ある態度」を捨てて、「匿名」の世界のなかで無責任な態度を見せる。こうした傾向は今後もさらに拡がっていく可能性が高い。

ヨーロッパ近代史が生みだした、「責任ある態度」に裏打ちされた「個人」という考えかたを、二一世紀のわれわれはもう一度見直してみてもよいのではないか。

それは今現在のわれわれの世界はもとより、われわれの子や孫が住む未来に対しても、さらにはヨーロッパ近代を生みだした過去に対しても、しっかりとした「責任ある態度」を示していくためにである。

二〇一四年八月四日。ロンドンの国会議事堂（ウェストミンスター宮殿）のすぐ目の前にあるウェストミンスター橋から、午後一一時ちょうどに青い閃光が夜空へと放たれた。まさにこれよりちょうど一〇〇年前の同じ日、同じ時間に、イギリスはドイツに宣戦布告したのである。第八章で紹介したグレイ外相の言葉（310頁）がいみじくも予見していたかの

ウェストミンスター橋から放たれた閃光（2014年8月4日23時）

ように、その後の世界は二度と「灯《あかり》」を見ることはなく、終戦からわずか二〇年後には二度目の世界大戦に突入し、さらにそれから七〇年以上を経過したいまも世界中で戦火が途絶えることはない。

ウェストミンスター橋から夜空に放たれた閃光は、ヨーロッパに、さらには世界全体にもう一度「灯」をともし、人々に今後も見せていくのだとサー・エドワード（グレイ）に約束した、今日のイギリス人たちの「責任ある態度」なのかもしれない。

＊

本書は、二〇一三年に筑摩書房編集部の増田健史氏より依頼を受け、執筆に至ったものである。増田氏は当初より、「ヨーロッパの近代を大胆かつ繊細に描いて欲しい」と要望されたが、もともとがイギリスの政治外交史に特化して研究を進めてきた浅学非才の著者にとってそれは荷の重い作業であった。

「はじめに」にも記したとおり、政治外交史が専門でありながら、「宗教と科学の相剋」を切り口にヨーロッパの近代について自身の思うところをつづってみた。増田氏による、たびたびの叱咤激励がなければ書くことはできなかったが、本書が氏の当初の要望に少しでも添っていればと念じるだけである。

読者もお気づきのとおり、「ヨーロッパ近代史」と銘打ったわりには、本書の記述から抜け落ちている地域や事象、人物や事件も多々あると思われるが、そちらは「はじめに」や「主要参考文献」で記した先学たちのより優れた著作をお読みいただきたい。本書を執筆するにあたって、これらの先行研究はもちろん、本書では紹介しきれなかった数多くの研究に助けられたことは言うまでもない。

このたびの執筆にあたり、まずは編集担当の増田氏に心より感謝したい。氏に対しては、執筆のご依頼があってから、著者自身の諸般の都合によって完成がだいぶ遅れてしまい、申し訳ない気持ちでいっぱいである。

また、本書と同じちくま新書から『近代中国史』(二〇一三年)という名著をお出しになった岡本隆司先生(京都府立大学教授)には、原稿の段階から様々なご助言を賜った。本書は先生の名著とは比ぶべくもないものではあるが、ここに謝辞を呈したい。

そしていつも著者の研究活動を支えてくれている家族にも感謝する。

本書では直接的に採り上げなかった第二次世界大戦（一九三九～四五年）以後、それまではわが国にとって「近代化」「文明化」のお手本だった「ヨーロッパ」の相対的な価値は減少し、「アメリカ」こそが、文化でも経済や技術でも時代の最先端をいく関心対象となってしまった。しかし「おわりに」でも述べたが、二一世紀の今日の日本人にとっても「ヨーロッパ」はまだまだ多くのことを教えてくれるのではないか。本書が読者にとって「ヨーロッパ」に目を向けてもらえる一助になればと願ってやまない。

二〇一八年一一月一一日　第一次世界大戦終結から一〇〇周年の日に

君塚直隆

主要参考文献

＊ここでは、各章に関わる文献のなかで、書店や図書館で比較的入手しやすいものだけを採り上げた。

はじめに

岡本隆司『世界史序説』ちくま新書、二〇一八年。

下田淳『ヨーロッパ文明の正体』筑摩選書、二〇一三年。

玉木俊明『ヨーロッパ覇権史』ちくま新書、二〇一五年。

福井憲彦『近代ヨーロッパ史』ちくま学芸文庫、二〇一〇年。

古田博司『ヨーロッパ思想を読み解く』ちくま新書、二〇一四年。

マックス・ヴェーバー（大塚久雄訳）『プロテスタンティズムの倫理と資本主義の精神』岩波文庫、一九八八九年。

E・L・ジョーンズ（安元稔・脇村孝平訳）『ヨーロッパの奇跡』名古屋大学出版会、二〇〇〇年。

ジャレド・ダイヤモンド（倉骨彰訳）『銃・病原菌・鉄』上下巻、草思社文庫、二〇一二年。

リン・ホワイト（青木靖三訳）『機械と神』みすず書房、一九九九年。

マイケル・マン（森本醇・君塚直隆訳）『ソーシャルパワー：社会的な〈力〉の世界歴史I』NTT出版、二〇〇二年。

マイケル・マン（森本醇・君塚直隆訳）『ソーシャルパワー：社会的な〈力〉の世界歴史Ⅱ』上下巻、NTT出版、二〇〇五年。

第一章

飯塚浩二『東洋史と西洋史とのあいだ』岩波書店、一九六三年。

木下長宏『ミケランジェロ』中公新書、二〇一三年。

斎藤泰弘『ダ・ヴィンチ絵画の謎』中公新書、二〇一七年。

高階秀爾『フィレンツェ』中公新書、一九六六年。

西村貞二『レオナルド＝ダ＝ヴィンチ』清水書院、二〇一七年。

皆川達夫『中世・ルネサンスの音楽』講談社学術文庫、二〇〇九年。

アレッサンドロ・ヴェッツォシ（高階秀爾監修・後藤淳一訳）『レオナルド・ダ・ヴィンチ』創元社、一九九八年。

ジェフリー・パーカー（大久保桂子訳）『長篠合戦の世界史：ヨーロッパ軍事革命の衝撃 1500〜1800年』同文舘出版、一九九五年。

第二章

小牧治・泉谷周三郎『ルター』清水書院、一九七〇年。

君塚直隆『近代ヨーロッパ国際政治史』有斐閣、二〇一〇年。

徳善義和『マルティン・ルター』岩波新書、二〇一二年。

深井智朗『プロテスタンティズム』中公新書、二〇一七年。

ジョセフ・ペレ（塚本哲也監修・遠藤ゆかり訳）『カール5世とハプスブルク帝国』創元社、二〇〇二年。

第三章

伊藤和行『ガリレオ』中公新書、二〇一三年。

君塚直隆『近代ヨーロッパ国際政治史』有斐閣、二〇一〇年。

皆川達夫『バロック音楽』講談社学術文庫、二〇〇六年。

ジャン＝ピエール・モーリ（田中一郎監修・遠藤ゆかり訳）『ガリレオ』創元社、二〇〇八年。

第四章

宇野重規『西洋政治思想史』有斐閣アルマ、二〇一三年。

加藤節『ジョン・ロック』岩波新書、二〇一八年。

君塚直隆『近代ヨーロッパ国際政治史』有斐閣、二〇一〇年。

田中浩・浜林正夫・平井俊彦・鎌井敏和『ロック』清水書院、一九六八年。

玉木俊明『近代ヨーロッパの誕生』講談社選書メチエ、二〇〇九年。

玉木俊明『ヨーロッパ覇権史』ちくま新書、二〇一五年。

第五章

宇野重規『西洋政治思想史』有斐閣アルマ、二〇一三年。

君塚直隆『近代ヨーロッパ国際政治史』有斐閣、二〇一〇年。

屋敷二郎『フリードリヒ大王』山川出版社、二〇一六年。

ヴォルテール（丸山熊雄訳）『ルイ十四世の世紀（一）〜（四）』岩波文庫、一九五八〜八三年。

ヴォルテール（福鎌忠恕訳）『ヴォルテール回想録』中公クラシックス、二〇一六年。

ヴォルテール（斉藤悦則訳）『寛容論』光文社古典新訳文庫、二〇一六年。

第六章

君塚直隆『パクス・ブリタニカのイギリス外交――パーマストンと会議外交の時代』有斐閣、二〇〇六年。

君塚直隆『近代ヨーロッパ国際政治史』有斐閣、二〇一〇年。

星野慎一『ゲーテ』清水書院、一九八一年。

ヨハン・ヴォルフガング・フォン・ゲーテ（木村直司訳）『色彩論』ちくま学芸文庫、二〇〇一年。

ジョン・ブリュア（大久保桂子訳）『財政＝軍事国家の衝撃――戦争・カネ・イギリス国家 1688-1783』名古屋大学出版会、二〇〇三年。

第七章

アリステア・ホーン（大久保庸子訳）『ナポレオン時代』中公新書、二〇一七年。

江上生子『ダーウィン』清水書院、一九八一年。

大野誠『ジェントルマンと科学』山川出版社、一九九八年。

大野誠『ワットとスティーヴンソン』山川出版社、二〇一七年。

小関隆『近代都市とアソシエイション』山川出版社、二〇〇八年。

長谷川貴彦『産業革命』山川出版社、二〇〇八年。

アルフレッド・W・クロスビー（佐々木昭夫訳）『ヨーロッパの帝国主義』ちくま学芸文庫、二〇一七年。

パトリック・トール（平山慶監修、南條郁子・藤丘樹実訳）『ダーウィン』創元社、二〇〇一年。

第八章

飯田洋介『ビスマルク』中公新書、二〇一五年。

池田嘉郎『ロシア革命』岩波新書、二〇一七年。

君塚直隆『近代ヨーロッパ国際政治史』有斐閣、二〇一〇年。

木村靖二『第一次世界大戦』ちくま新書、二〇一四年。

下斗米伸夫『ロシアとソ連　歴史に消された者たち』河出書房新社、二〇一三年。

下斗米伸夫『神と革命　ロシア革命の知られざる真実』筑摩書房、二〇一七年。

中野徹三・高岡健次郎『レーニン』清水書院、一九七〇年。

和田春樹『レーニン』山川出版社、二〇一七年。

ロバート・サーヴィス（河合秀和訳）『レーニン』上下巻、岩波書店、二〇〇二年。

ロバート・サーヴィス（中島毅訳）『ロシア革命』岩波書店、二〇〇五年。

A・J・メイア（斉藤孝・木畑洋一訳）『ウィルソン対レーニン——新外交の政治的起源 1917–1918年』I・II巻、岩波書店、一九八三年。

ウラジーミル・レーニン（角田安正訳）『帝国主義論』光文社古典新訳文庫、二〇〇六年。

おわりに

君塚直隆『近代ヨーロッパ国際政治史』有斐閣、二〇一〇年。

木村靖二『第一次世界大戦』ちくま新書、二〇一四年。

高坂正堯『古典外交の成熟と崩壊』I・II巻、中公クラシックス、二〇一二年。

コリン・マシュー編（君塚直隆監訳）『オックスフォード ブリテン諸島の歴史9 19世紀 1815–1901年』慶應義塾大学出版会、二〇〇九年。

ちくま新書
1377

ヨーロッパ近代史《きんだいし》

二〇一九年一月一〇日　第一刷発行

著者　君塚直隆（きみづか・なおたか）

発行者　喜入冬子

発行所　株式会社 筑摩書房
東京都台東区蔵前二―五―三　郵便番号一一一―八七五五
電話番号〇三―五六八七―二六〇一（代表）

装幀者　間村俊一

印刷・製本　株式会社 精興社

ISBN978-4-480-07188-0 C0222

ちくま新書

1019
近代中国史
岡本隆司
中国とは何か？　その原理を解く鍵は、近代史に隠されている。グローバル経済の奔流が渦巻きはじめた時代から、激動の歴史を構造的にとらえなおす。

1082
第一次世界大戦
木村靖二
第一次世界大戦こそは、国際体制の変化、女性の社会進出、福祉国家化などをもたらした現代史の画期である。戦史的経過と社会的変遷の両面からたどる入門書。

1147
ヨーロッパ覇権史
玉木俊明
オランダ、ポルトガル、イギリスなど近代ヨーロッパ諸国の台頭は、世界を一変させた。本書は、軍事革命、大西洋貿易、アジア進出など、その拡大の歴史を追う。

1177
カストロとフランコ
――冷戦期外交の舞台裏
細田晴子
キューバ社会主義革命の英雄と、スペイン反革命の指導者。二人の「独裁者」の密かなつながりとは何か。未開拓の外交史料を駆使して冷戦下の国際政治の真相に迫る。

1255
縄文とケルト
――辺境の比較考古学
松木武彦
新石器時代、大陸の両端にある日本とイギリスは独自の非文明型の社会へと発展していく。二国を比較することでわかるこの国の成り立ちとは？　驚き満載の考古学！

1295
集中講義！　ギリシア・ローマ
桜井万里子
本村凌二
古代、大いなる発展を遂げたギリシアとローマ。これらの歴史を見比べると、世界史における政治、思想、文化の原点が見えてくる。学びなおしにも最適な一冊。

1342
世界史序説
――アジア史から一望する
岡本隆司
ユーラシア全域と海洋世界を視野にいれ、古代から現代までを一望。西洋中心的な歴史観を覆し、「世界史の構造」を大胆かつ明快に語る。あらたな通史、ここに誕生！

ちくま新書

465
憲法と平和を問いなおす
長谷部恭男
情緒論に陥りがちな改憲論議と冷静に向きあうには、そもそも何のための憲法かを問う視点が欠かせない。この国のかたちを決する大問題を考え抜く手がかりを示す。

722
変貌する民主主義
森政稔
民主主義の理想が陳腐なお題目へと堕したのはなぜか。その背景にある現代の思想的変動を解明し、複雑な共存のルールへと変貌する民主主義のリアルな動態を示す。

1005
現代日本の政策体系
——政策の模倣から創造へ
飯尾潤
財政赤字や少子高齢化、地域間格差といった、わが国の喫緊の課題を取り上げ、改革プログラムのための思考を展開。日本の未来を憂える、すべての有権者必読の書。

1013
世界を動かす海賊
竹田いさみ
海賊の出没ポイントは重要な航路に集中する。資源を海外に頼る日本の死活問題。海自や海保の活躍、国際連携、資源や援助……。国際犯罪の真相を多角的にえぐる。

1033
平和構築入門
——その思想と方法を問いなおす
篠田英朗
平和はいかにしてつくられるものなのか。武力介入や犯罪処罰、開発援助、人命救助など、その実際的手法と背景にある思想をわかりやすく解説する、必読の入門書。

1050
知の格闘
——掟破りの政治学講義
御厨貴
政治学が退屈だなんて誰が言った？　行動派研究者の東京大学最終講義を実況中継。言いたい放題のおしゃべりにゲストが応戦。学問が断然面白くなる異色の入門書。

1111
平和のための戦争論
——集団的自衛権は何をもたらすのか？
植木千可子
「戦争をするか、否か」を決めるのは、私たちの責任になる。集団的自衛権の容認によって、日本と世界はどう変わるのか？　現実的な視点から徹底的に考えぬく。

ちくま新書

1199
安保論争
細谷雄一
平和はいかにして実現可能なのか。安保関連法をめぐる激しい論戦のもと、この重要な問いが忘却されてきた。外交史の観点から、現代のあるべき安全保障を考える。

1241
不平等を考える
――政治理論入門
齋藤純一
格差の拡大がこの社会に致命的な分断をもたらしている。不平等の問題を克服するため、どのような制度を共有すべきか。現代を覆う困難にいどむ、政治思想の基本書。

1262
分解するイギリス
――民主主義モデルの漂流
近藤康史
EU離脱、スコットランド独立――イギリスは政治の機能不全で分解に向かいつつある。もはや英国議会政治は民主主義のモデルたりえないのか。危機の深層に迫る。

1327
欧州ポピュリズム
――EU分断は避けられるか
庄司克宏
反移民、反グローバル化、反エリート、反リベラルが世界を席巻！ EUがポピュリズム危機に揺れる理由は、その統治機構と政策にあった。欧州政治の今がわかる！

1331
アメリカ政治講義
西山隆行
アメリカの政治はどのように動いているのか。その力学を歴史・制度・文化など多様な背景から解説。アメリカン・デモクラシーの考え方がわかる、入門書の決定版。

1345
ロシアと中国 反米の戦略
廣瀬陽子
孤立を避け資源を売りたいロシア。軍事技術が欲しい中国。米国一強の国際秩序への対抗……。だが、中露蜜月の舞台裏では熾烈な主導権争いが繰り広げられている。

1372
国際法
大沼保昭
いまや人々の生活にも深く入り込んでいる国際法。「生きた国際法」を誰にでもわかる形で、体系的に説き明かした待望の入門書。日本を代表する研究者による遺作。